国际贸易实务
（第二版）

International Trade Practice

李权　编著

北京大学出版社
PEKING UNIVERSITY PRESS

图书在版编目(CIP)数据

国际贸易实务/李权编著. —2 版. —北京:北京大学出版社,2011.9
(21 世纪经济与管理精编教材·经济学系列)
ISBN 978-7-301-19396-9

Ⅰ. ①国… Ⅱ. ①李… Ⅲ. ①国际贸易-贸易实务-高等学校-教材 Ⅳ. ①F740.4

中国版本图书馆 CIP 数据核字(2011)第 169701 号

书　　　名：国际贸易实务(第二版)
著作责任者：李　权　编著
责 任 编 辑：马　霄
标 准 书 号：ISBN 978-7-301-19396-9/F·2853
出 版 发 行：北京大学出版社
地　　　址：北京市海淀区成府路 205 号　100871
网　　　址：http://www.pup.cn
电　　　话：邮购部 62752015　发行部 62750672　编辑部 62752926　出版部 62754962
电 子 邮 箱：em@pup.cn
印　刷　者：涿州市星河印刷有限公司
经　销　者：新华书店
　　　　　　787 毫米×1092 毫米　16 开本　19.25 印张　378 千字
　　　　　　2000 年 10 月第 1 版
　　　　　　2011 年 9 月第 2 版　2011 年 9 月第 1 次印刷
印　　　数：0001—4000 册
定　　　价：37.00 元

未经许可,不得以任何方式复制或抄袭本书之部分或全部内容。
版权所有,侵权必究
举报电话:010-62752024　电子邮箱:fd@pup.pku.edu.cn

目录 contents

引言　　/ 1

第一部分　国际货物贸易的基本环节

第一章　合同的标的：品质、数量和包装　　/ 7
第一节　品质　　/ 7
第二节　数量　　/ 10
第三节　包装　　/ 11

第二章　贸易术语和商品的价格　　/ 16
第一节　贸易术语　　/ 16
第二节　商品的价格　　/ 21

第三章　国际货物运输　　/ 26
第一节　运输方式　　/ 26
第二节　提单　　/ 31

第四章　国际货物运输保险　　/ 35
第一节　保险的基本原则　　/ 35
第二节　保障范围　　/ 38
第三节　保险险别　　/ 40
第四节　承保责任起讫　　/ 43
第五节　陆运、空运货物与邮包运输保险　　/ 44

第五章　国际货款的收付　　/ 47
第一节　支付工具　　/ 47
第二节　支付方式（一）——汇付和托收　　/ 52
第三节　支付方式（二）——信用证　　/ 56

第六章　检验、索赔、不可抗力和仲裁　　/ 69
第一节　检验　　/ 69
第二节　索赔　　/ 71

第三节 不可抗力 /74
第四节 仲裁 /77

第二部分 世界贸易组织运行机制

第七章 世界贸易组织简介 /81

第八章 关税减让制度 /90
第一节 关税概述 /90
第二节 关税减让 /99

第九章 禁止数量限制 /103
第一节 进口配额 /103
第二节 数量限制的运用 /106
第三节 自愿出口限制 /107

第十章 公平贸易制度 /112
第一节 补贴与反补贴 /112
第二节 倾销和反倾销 /118

第十一章 限制其他非关税壁垒 /125
第一节 政府采购制度 /125
第二节 原产地规则 /130
第三节 海关估价制度 /133
第四节 装运前检验制度 /135
第五节 技术、环境壁垒与社会责任标准 /136

第十二章 对区域贸易协定的宽容 /143
第一节 国际经济一体化的形式和发展概况 /143
第二节 国际经济一体化的经济学分析及与多边贸易体制的关系 /151
第三节 "新区域主义"与亚洲区域合作 /160

第十三章 农产品贸易制度 /162
第一节 《农业协议》的主要内容及国际影响 /162
第二节 动植物卫生检疫措施 /165
第三节 中美农业合作谈判成果 /168

第十四章 纺织品与服装贸易制度 / **172**

第一节 《纺织品与服装协议》 / 172
第二节 中美、中欧纺织品贸易摩擦及谈判 / 174
第三节 后配额时代中国纺织品服装业的发展 / 177

第十五章 与贸易有关的投资措施制度 / **183**

第一节 《与贸易有关的投资措施协议》 / 183
第二节 TRIMs 与中国"走出去"战略 / 185

第十六章 服务贸易制度 / **189**

第一节 服务贸易概述 / 189
第二节 《服务贸易总协定》 / 191
第三节 服务贸易的全球与区域发展 / 194

第十七章 与贸易有关的知识产权制度 / **198**

第一节 与贸易有关的知识产权概述 / 198
第二节 《与贸易有关的知识产权协议》 / 201
第三节 TRIPs 对中国的影响 / 203

第十八章 世界贸易组织运行机制的理论依据 / **206**

第一节 自由贸易的理论依据 / 206
第二节 贸易保护的理论依据 / 225

附录 / **230**

主要参考书目 / **301**

后记 / **303**

引 言

中国的"入世"揭开了东西方经济文化交流的新的序幕,国际贸易已经日益成为人们关注的焦点。为了更好地展示国际贸易实务知识,本书从微观和宏观不同层面揭示国际贸易运行机制的特征。

一、什么是国际贸易

国际贸易是国家(地区)与国家(地区)之间的贸易。

为了更好地理解"国际"的概念,应区分国际贸易与对外贸易、国际贸易与国内贸易以及国际贸易与世界贸易这三组概念。

国际贸易与对外贸易这两个概念的内涵是基本一致的,但角度不同。国际贸易是从全球的角度考察国家(地区)与国家(地区)之间的贸易;而对外贸易是从一个国家(地区)的角度看待该国(地)与其他国家(地区)之间的贸易。因此,对于某一个国家(地区)而言,只能有对外经济贸易关系。

国际贸易与国内贸易区分的界限是地理范围还是国籍?对这一问题的理解直接关系到很多现实问题。例如:跨国公司的母公司与在其他国家(地区)的子公司之间的贸易是不是国际贸易呢?由于两个公司有相同的国籍,很可能被认为是国内贸易。然而国际贸易与国内贸易的划分是以地理界限为标志的,因此对上一问题的回答应该是肯定的,即这是国际贸易。在美国的对外贸易中有相当大的比例是属于美国跨国公司内部交易,从这个角度看,美国巨额贸易逆差的相当大一部分并未流入外人田,巨额贸易逆差与美国人的高消费形成并存的两大景致。

世界贸易是国际贸易与国内贸易的总称,我们可以从世界贸易组织最根本的原则——非歧视原则去理解这一点。非歧视原则包括最惠国待遇原则和国民待遇原则两个方面,前者要求每一成员方平等地对待其贸易伙伴,后者要求每一成员方平等对待外来产品和服务的提供者,二者共同构成了多边贸易体制对世界贸易的规范原则。

那么什么是贸易?在萨缪尔森与诺德豪斯合著的《经济学》(第16版)中是这样定义的:"贸易是所有强暴欲的天敌。它促使人们独立并充分意识到自身的重要性,引导人们管理自己的事务并教会他们如何走向成功。因此,贸易鼓励人们追随的是自由而不是革命。"在英文字典中,贸易是关于分配、交换和销售的商务,或这类商务的任何分支。可见贸易的含义非常宽广。

二、国际贸易产生的经济学分析

微观经济学中,局部均衡分析的国内市场均衡如图1所示:

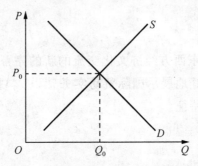

图1 封闭经济下国内市场的均衡

横轴代表产量(Q),纵轴代表价格(P)。当供给(S)=需求(D)时,国内市场达到均衡。均衡价格为P_0,均衡产量为Q_0。

是什么打破了这种自给自足的均衡状态呢?将视线放宽到包括国际市场,如果国际市场的价格水平与国内均衡价格P_0不一致,会出现什么情况呢?当世界价格水平低于P_0时,理性的消费者会选择消费更低价格的商品。在该价格上,消费者愿意消费更多数量的商品,而国内生产者面临比P_0低的价格,却只愿意提供比Q_0少的商品,这导致需求大于供给。供给不足的部分由进口来补充。当世界价格水平高于P_0时,理性的生产者会选择在更高的价格上销售其商品。在该价格上,生产者愿意提供更多数量的商品,而国内消费者面临比P_0高的价格,却只愿意消费比Q_0少的商品,这导致供给大于需求。过度供给的部分出口到国外市场。

P_w代表世界价格水平。图2显示,当$P_w<P_0$时,国内供给量为Q_1,国内需求量为Q_2,供给缺口Q_1Q_2由进口,即国外市场满足本国的过度需求。图3显示,当$P'_w>P_0$

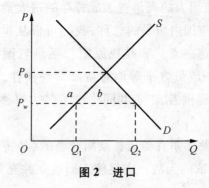

图2 进口

时，国内供给量为 Q_2，国内需求量为 Q_1，需求缺口 Q_1Q_2，本国的过度供给通过出口提供到国外市场。

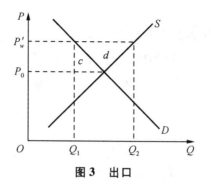

图 3　出口

贸易的获利是什么？在图 2 中，由于进口使价格下降，生产者剩余①减少 a，消费者剩余②增加 $(a+b)$，社会净福利增加 b。在图 3 中，由于出口使价格上升，生产者剩余增加 $(c+d)$，消费者剩余减少 c，社会净福利增加 d。

三、国际贸易的基本范畴

按照世界贸易组织的规则，贸易应涵盖三个基本范畴，即：货物贸易、服务贸易和技术贸易。这三者的划分并不是绝对的，通常是互相交融，以占总价值主导地位的因素作为区分的标准。

1. 货物贸易

当前的货物贸易存在三种形式并存的局面：

第一种是实物贸易，即买方付款与卖方交付符合合同的实际货物相对应。

第二种是纸上贸易，即买方付款与卖方交付全套合格单据相对应，这是目前国际贸易中使用最广泛的传统货物贸易形式。

第三种是无纸贸易，即电子商务在国际贸易领域的应用。1997 年 11 月，世界电子商务会议将电子商务定义为：对整个贸易活动实现电子化，即买卖双方依据计算机网络进行各类商贸活动。目前电子商务有 B to B（Business to Bussiness，简称 B2B）、B to C（Business to Consumer，简称 B2C）、C to C（Consumer to Consumer，简称 C2C）、B to A（Business to Administration，简称 B2A）等各种形式。例如新加坡贸易发展局建立了名为 Tradenet 的网络，用计算机系统审核一般性货物的进出口申请表，合格的申请表由计算机系统自动认可并发放进出口许可证，不合格的则由计算

---

① 生产者剩余是生产者销售的价格与实际销售的价格之间的差额，在图形上是供给线、价格线与纵轴相夹的部分。
② 消费者剩余是消费者愿意支付的价格与实际支付的价格之间的差额，在图形上是需求线、价格线与纵轴相夹的部分。

机系统提请修改。这是典型的 B to A 形式。在美国等发达国家,电子商务已非常普及。

2. 服务贸易

在世界贸易组织的《服务贸易总协定》(GATS)中,服务贸易包括跨境提供、境外消费、商业存在、自然人移动四种形式(详见第十六章)。

中国在服务贸易领域有着巨大的发展潜力和发展空间,是有战略眼光的跨国企业的重要目标。

3. 技术贸易

技术的交易通常以许可贸易的方式进行,即技术权利人在一定条件下,将技术的使用权、产品的制造权、产品的销售权及产品的进口权授权其他国家(地区)的企业、公司或个人使用。大量的技术贸易是附着在商品贸易和服务贸易中进行的。

世界贸易组织《与贸易有关的知识产权协议》(TRIPs)为国际技术贸易的健康开展奠定了法律基础(详见第十七章)。

本书将从目前我国具有相对优势地位的货物贸易入手,逐渐扩展到服务贸易、技术贸易领域;从感性认识的实务操作开始,逐渐提高到理性认识的开放经济贸易政策和发展战略。

第一部分
国际货物贸易的基本环节

第一章 合同的标的：品质、数量和包装

[本章概要]　国际贸易的正常进行,需要合同的维系和保障,商品品质、数量和包装是合同的重要条款。本章介绍了合同品质条款的各种表示方法以及合同的卖方需要承担的默示担保义务;展示了商品数量的计量单位和计量方法,以及数量机动幅度的各种表示方式;说明了商品的运输包装、销售包装以及特殊类型的包装方式和应注意的问题。

第一节　品　　质

商品的品质(quality)是商品的外观形态和内在素质的综合,是关系到交易顺利进行的重要因素。在买卖活动中,商品品质主要受制于两方面的约束:第一是合同的品质条款,第二是卖方的默示担保义务。

一、合同的品质条款

品质的表示方法有两类:一类是以实物表示品质,另一类是凭说明表示品质。

1. 以实物表示品质,包括看货买卖和凭样品买卖

看货买卖(sale by inspection)的做法是:买方或其代理人通常先在卖方存放货物的场所验看货物,一旦达成交易,卖方应按买方验看过的商品交货。只要卖方交付的是买方验看过的货物,买方就不得对品质提出异议。这种做法多用于寄售、拍卖和展卖业务中。

凭样品买卖(sale by sample)是以样品表示商品品质并作为交货依据。实践当中有三种作法:

第一种是卖方样品(seller's sample),即以卖方提供的样品作为品质依据进行买卖。一般在买卖合同中规定:"品质以卖方样品为准。"(quality as per seller's sample)日后卖方所交正货(bulk)品质只要与其提供的样品一致,买方便不得提出品质方面

的异议。

第二种是买方样品(buyer's sample),即在买卖合同中规定:"品质以买方样品为准。"(quality as per buyer's sample)日后卖方所交正货必须与买方样品一致。

第三种是对等样品(counter sample),即卖方根据买方提供的样品加工复制出一个类似样品交买方确认,经确认后的样品即"对等样品"。日后卖方所交正货品质必须以对等样品为准。

值得注意的是,买卖双方以介绍商品为目的而寄出的样品最好标明"仅供参考"(for reference only)字样,以免与标准样品混淆。

2. 凭说明表示品质,即用文字、图表、照片等方式来表示

具体表示方法有:凭规格(specification)买卖、凭等级(grade)买卖、凭标准(standard)买卖、凭说明书和图样(descriptions and illustrations)买卖、凭商标或品牌①(trade mark or brand name)买卖以及凭产地名称(name of origin)买卖等。

比如在农产品贸易中常用到的F. A. Q. 即凭标准买卖的品质表示方法。F. A. Q. (fair average quality,良好平均品质)指一定时期内某地出口货物的平均品质水平,一般指中等货。但各国对F. A. Q. 的标准理解有差异,在我国一般指大路货,而美国所确定的标准高一些。所以在实践中双方还应约定具体规格作为品质标准。

另一种G. M. Q. (good merchantable quality,上好可销品质)指卖方所交货物只要保证为上好的、适合于销售的品质即可。这种标准一般用于木材或冷冻鱼类货品。

3. 品质的机动幅度和品质公差

为了避免因交货品质与卖方合同稍有不符而造成违约,应在合同中规定一些变通方法,常用的是"交货品质与样品大致相符"等类似条款,或规定品质增减价条款②以及品质公差(quality tolerance)。品质公差是指国际上公认的产品品质的误差。为了明确起见,应在合同中订明一定幅度的品质公差。

应该注意,订立合同时必须熟悉相关产品的品质公差,以免造成不必要的损失。例如在1988年中国半漂布出口案中,中国某外贸公司签订的出口半漂布的合同中规定:一等品,"每100米允许10个疵点,每个疵点让10公分"。而当时任何国家也达不到每100米只有10个疵点的技术水平。这样的出口合同使我方处于极其不利的地位。

---

① 商标:生产者或商号用来识别其所生产或出售的商品的标志。品牌:工商企业给其制造或销售的商品所冠的名称,以区别于其他企业同类产品。一个品牌可用于一种产品,也可用于一个企业的所有产品。

② 品质增减价条款即根据交货品质情况调整价格。

二、卖方的默示担保义务①

根据1980年《国际货物销售合同公约》(详见附录一)及各国的相关法律规定,即使在合同中没有做出明确约定,卖方也应承担品质担保和权利担保两项义务:

1. 品质担保义务包括适销性担保和特定用途担保

适销性担保指卖方保证其所出售的货物能满足生产、销售此货物的一般使用目的。特定用途担保指卖方保证其所出售的货物应该满足买方在购买货物时所表明的特定目的。

在某些情况下,卖方的品质担保义务可以排除,例如:在买卖合同中使用"依现状"、"含各种残损"等措辞;经过买方检验或买方拒绝检验,对于检验本应发现的缺陷,卖方可以不承担责任;根据双方的交易习惯或行业惯例,卖方不承担品质担保义务。

但是,值得注意的是,假如卖方使用格式条款②为自己免责,该条款应该是公平的。各国法律对格式条款免责事项有效的要求条件不同,按照中国和美国的法律规定,提供格式条款的一方对于免责事项有提请对方注意的义务(如使用大写字母、彩色字、斜体字等);而法国的法律规定,只要对方加以注意就应该知道的免责条款是有效的。

另外,由于产品的缺陷而给消费者或其他人造成人身伤亡和财产损失的产品责任是不能排除的。因此,假如一位汽车供应商在买卖合同中写明"卖方只负责更换汽车零部件"来免除自己的其他责任,一旦由于汽车本身的缺陷使驾驶者或乘车人遭受了人身伤亡或财产损失,这一免责条款是无效的,有责任的供应方必须做出赔偿。

2. 权利担保义务

卖方所交付的货物,必须是第三方不能提出任何权利或请求的货物,除非买方同意在受制于这种权利或请求的条件下收取货物。

对于第三方权益问题③,1980年联合国《国际货物销售合同公约》未作具体规定,这一司法空白留给了各国的法律。法国法的回答是第三方可以将货物"追夺"回来。美国法则注重保护"善意的买方"的利益,它有权保留货物。英国法原则上保护第三方的利益,但规定了两种例外情况:第一种是货物在惯常出售此类货物的公开市场和营业时间内销售;第二种是经货物所有权人同意而实际占有某项货物的买卖中间商有权出售其实际控制的货物。中国《合同法》对这一问题未作规定。

---

① "默示担保义务"一词来源于英美法。
② 格式条款又称"共同条件",即由一方拟订,对方要么接受、订立合同,要么放弃订立合同。如车、船票、行李托运单、飞机票等常订立格式条款。
③ 第三方权益问题指货物的真正所有权人是否可以将货物从买方手中索回。"第三方"指除买方和卖方之外的提出对货物的权利或请求的一方。

第二节 数 量

货物数量的多少对交易双方至关重要,没有货物数量的交易不成为交易,所以买卖双方必须格外注意货物数量的表示。

一、计量单位和计量方法

1. 计量单位

不同商品应采用不同的计量单位。如农副产品常用重量单位,大多数工业制成品则按数量计算。因此要根据交易商品的不同类别确定合适的计量单位。

值得注意的是,由于公制、英制、美制、国际单位制[①]等度量衡制度不同,同一计量单位所表示的数量存在差异。如"吨"在公制国家为"公吨",即1 000千克;在英制国家为"长吨",为1 016千克;在美制国家为"短吨",为907千克。国际单位制的实施和推广,促进了计量制度的国际化和标准化。

2. 计量方法

以重量的计量方法为例,有毛重(gross weight)、净重(net weight)等不同计量方法。一些低值农产品往往采用"以毛作净"的计量方法;而棉花、羊毛、生丝等因含水量变化而重量不稳定的商品则采用"公量"(conditioned weight)计算:

$$公量 = 净重 \times \frac{1 + 标准含水率}{1 + 实际含水率}$$

对于马口铁和钢板之类的商品,由于有统一的规格、形状和尺寸,只要知道单件的重量就可以计算总重量,因此采用理论重量(theoretical weight)计算,即从件数推算出总重量。

二、数量的机动幅度

数量机动幅度(quantity allowance)是指在买卖合同的数量条款中规定卖方实际交货数量可多于或少于合同所规定数量的一定幅度。它有几种表示方法:

1. 溢短装条款(more or less clause)

又称增减条款(plus or minus clause),即在规定具体数量的同时,在合同中规定允许多装或少装的一定百分比。卖方交货数量可以在允许增减的范围内浮动。

对溢短装部分货物的计价有两种方法:一种是按合同价格计算;另一种是按装船时的市场价格计算。采用后一种方法,主要是为了防止在市价波动时,享有溢短装权利的一方故意多装或少装。如果合同未明确规定溢短装部分的作价方法,一般

---

① 国际单位制是国际标准计量组织在公制的基础上颁布的度量衡制度。

按合同规定的价格计算。

2. "约量"

一般情况下不应采用"约"数(approximately or about)来表示数量的机动幅度,以免引起纠纷。如果合同中使用了"约"数条款,在以信用证支付①的前提下,可以参照《跟单信用证统一惯例》(1993年修订本,即国际商会第500号出版物,简称"UCP500"),将"约"解释为"±10%"。

3. "数量公差"

在以信用证支付的合同下,根据UCP500,在满足三个条件的前提下,数量可以有±5%的机动幅度:第一,信用证未做出相反规定;第二,支取金额不超过信用证金额;第三,货物数量不是按包装单位或个数计算。

第三节 包 装

商品的包装是主要的交易条件之一,也是保护商品在流通过程中品质完好和数量完整的重要条件。在实际业务中,商品的包装应力求符合科学、经济、牢固、美观、适销等要求。

一般情况下,合同的包装条款应明确规定包装材料、包装方式、包装规格等内容,包装条款必须严格执行。

例如在中国自行车出口案中,我方出口一批自行车,合同包装条款规定:木箱装,C.K.D.,我方将自行车用木箱装好后发送对方,却被拒收,原因是C.K.D意味着"completely knocked down"(完全拆散包装),我方的包装方式不符合合同要求。这样的一时疏忽给我方带来了不必要的损失。

有时合同中仅作笼统规定,如"适合海洋运输包装"(seaworthy packing)、"习惯包装"(customary packing)或"卖方惯用包装"(seller's usual packing)等术语,但由于缺乏统一解释,容易引起纠纷。

若合同对包装事项无约定,按1980年《国际货物销售合同公约》第35条的要求:货物应按同类货物通用的方式装箱或包装;如果没有此种通用方式,则按足以保全或保护货物的方式装箱或包装。

也有些货物是不需要包装的,如"散装货"(bulk cargo, cargo in bulk)、"裸装货"(nude cargo)。

根据在流通过程中所起作用的不同,商品包装可分为运输包装和销售包装两大类。

---

① 参见第五章第三节"信用证"。

一、运输包装(transport packing)

又称大包装、外包装(outer packing),即将货物装入特定容器,或以特定方式成件或成箱包装。其作用有二:一是保护货物在长时间和远距离运输中不被损坏或散失;二是方便货物的搬运、储存和运输。运输包装上一般有三种标志:

1. 运输标志(又称"唛头")(shipping mark)

联合国欧洲经济委员会简化国际贸易程序工作组,在国际标准化组织和国际货物装卸协会的支持下,曾制定标准运输标志,向国际贸易界推荐使用。标准运输标志包括四项内容:

(1)收货人或买方的名称字首或简称;

(2)参照号码,例如买卖合同号码、订单号码或发票号码等;

(3)目的地;

(4)件数号码,包装货物每件的顺序号和总件数均需标上,如"No. 1/100"、"No. 2/100"直到"No. 100/100"。

标准运输标志不使用几何图形或其他图形,这是为了方便刻唛、喷唛、节省时间和费用,以及便于在制单和信息传递中使用打字机、电传机和电子通信设备。

2. 指示性标志(indicative mark)

一些国际组织,如国际标准化组织(ISO)、国际航空运输协会(IATA)、国际铁路货运协会(RID)分别制定了包装储运指示性标志。我国基本上采用这些标志。例如:

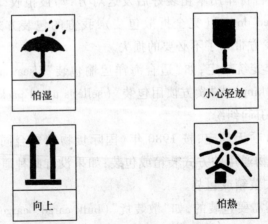

3. 警告性标志(warning mark)

如《国际海上危险货物运输规则》(简称《国际危规》)规定的危险性标志:

除以上三种标志外，运输包装的其他空白位置（非唛头区）往往还刷有其他标志，如

```
GROSS WEIGHT      54 kgs              （毛重）
NET WEIGHT        52 kgs              （净重）
MEASUREMENT       42×28×18 cm         （体积尺码）
MADE IN CHINA                         （原产地）
```

二、销售包装（selling packing）

又称小包装（small packing）、内包装（inner packing）或直接包装（immediate packing），是在商品制造出来后以适当的材料或容器所进行的初次包装。销售包装除了保护商品品质外，还有促销作用。

目前销售包装上常使用物品条码标志（product code）。国际通用的条码标志主要有两种：一种是美国统一代码委员会编制的 UPC 条码（universal product code）；另一种是由欧洲十二国成立的欧洲物品编码协会，后改名为国际物品编码协会编制的 EAN 码（European article number），已成为国际公认的物品编码标识系统。

中国物品编码中心于1991年4月代表中国加入国际物品编码协会，该协会分配给中国的国别号为"690"、"691"、"692"。

三、定牌、无牌和中性包装

定牌、无牌和中性包装是国际贸易中的通常做法。我国在出口业务中，一些出口企业有时应客户的要求,采用这些做法。

1. 定牌

定牌即买方要求在出口商品和/或包装上使用买方指定的商标或牌名的做法。

案例 1.1

1994 年中国 T 恤出口案

1994 年第 15 届世界杯足球赛到来之际,阿根廷进口商 A 向我方一乡镇企业 B 订购 8 万件印有"可口可乐"英文标志的无领 T 恤衫,价值 128 000 元。B 昼夜赶制。但在比赛中阿根廷队意外地被淘汰出局,阿根廷球迷观看比赛的热情大减,A 原计划让阿根廷球迷手拿"可口可乐"饮品、身着"可口可乐"T 恤以烘托气氛的梦想破灭,便以我方某一工作失误为由拒收货物。我方只好将货物运回处理。货到香港报关时被香港海关认定侵犯"可口可乐"商标权,该批货在香港被销毁。

【分析】 从该案例中总结教训,在定牌交易中,为了避免工业产权的纠纷,出口方可以采取两种做法:一是在合同中注明"如发生工业产权争议由买方负责";二是订约前要求买方提供合法使用该商标或牌名的有效证明文件并留存。

2. 无牌

无牌即买方要求在出口商品和/或包装上免除任何商标或牌名的做法,它主要用于一些尚待进一步加工的半制成品,如供印染用的棉坯布,或供加工成批服装用的呢绒和绸缎等,其主要目的是避免浪费、降低费用成本。国外有的大百货公司、超级市场向我方订购低值易耗的日用消费品时,也有要求无牌包装的,其原因是,无牌商品无需作广告,可降低销售成本,实现薄利多销。

3. 中性包装

中性包装是在商品的内外包装上不注明生产国别的包装。这种做法在国际上屡遭非议,应该慎用。

[本章小结]

通过本章学习,应当熟练掌握商品品质的各种表示方法,作为出口方,明确自己对所售商品品质承担的明示和默示担保责任;同时,了解不同计量单位和计量方法的差异性,掌握数量机动幅度的主要表示方法;另外,明确商品包装的重要性,以及在运用定牌、无牌、中性包装等特殊合作方式时应注意的知识产权问题等。

[思考题]

1. 卖方在货物品质方面的义务有哪些?
2. 卖方在交货数量上可以做哪些机动幅度的选择?
3. 若采用定牌交易,出口方有何注意事项?

第二章 贸易术语和商品的价格

[**本章概要**] 贸易术语是国际贸易合同价格条款的重要组成部分,它说明了价格的构成以及买卖双方关于风险、责任和费用的划分,以确定买卖双方在交货、接货过程中应尽的义务。本章介绍了有关贸易术语的国际贸易惯例及其最新修订情况;重点分析了六种常用贸易术语的基本特征和异同以及它们之间的价格换算;展示了固定作价、非固定作价等不同作价方法以及外贸效益的核算指标。

第一节 贸易术语

贸易术语(trade terms)又称贸易条件、价格术语(price terms)或价格—交货条件,它说明价格的构成及买卖双方有关风险、费用和责任的划分,以确定买卖双方在交货和接货过程中应尽的义务。

一、有关贸易术语的国际贸易惯例

1.《国际贸易术语解释通则》(Incoterms)

1936年国际商会首次公布《国际贸易术语解释通则》,1953年、1967年、1976年、1980年、1990年、2000年、2010年分别做出了补充和修订。顺应EDI技术①的广泛使用及运输技术发展的需要,《1990年国际贸易术语解释通则》(国际商会第460号出版物,以下简称《通则》)于1990年7月1日实施。该《通则》允许当事人通过EDI提供各种单据(如商业发票、清关单据、交货证明单据及运输单据等),并对集装箱运输、多式联运、滚装运输货物的集合化问题做了专门规定。在《通则》的基础

---

① EDI技术即电子数据交换(electronic data interchange)技术。它指按照协议,具有一定结构的标准经济信息,经过电子数据通信网络,在商业伙伴的电子计算机之间进行交换和自动处理。其三大基本技术元素是:统一的标准格式文件、通信方式、软件系统。

上,伴随目前国际贸易中无关税区的广泛发展、贸易过程中更广泛地使用电子信息以及货物买卖在运输方式上不断变化的大趋势,《2000年国际贸易术语解释通则》于2000年1月1日正式实施,包括四组共13种术语(见表2.1)。

表2.1 《2000年国际贸易术语解释通则》的十三种贸易术语

	贸易术语	风险转移界限	出口清关责任费用承担者	进口清关责任费用承担者	适用的运输方式
E组	EXW(Ex Works)工厂交货	卖方所在地货交买方处置时	买方	买方	任何方式
F组	FCA(Free Carrier)货交承运人	货交承运人监管时	卖方	买方	任何方式
	FAS(Free Alongside Ship)船边交货	装运港船边	卖方	买方	水上运输
	FOB(Free on Board)装运港船上交货	装运港船舷	卖方	买方	水上运输
C组	CFR(Cost and Freight)成本加运费	装运港船舷	卖方	买方	水上运输
	CIF(Cost、Insurance and Freight)成本、保险费加运费	装运港船舷	卖方	买方	水上运输
	CPT(Carriage Paid To)运费付至	货交承运人监管时	卖方	买方	任何方式
	CIP(Carriage and Insurance Paid To)运费、保险费付至	货交承运人监管时	卖方	买方	任何方式
D组	DAF(Delivered At Frontier)边境交货	货交买方处置时	卖方	买方	任何方式
	DES(Delivered Ex Ship)目的港船上交货	货交买方处置时	卖方	买方	水上运输
	DEQ(Delivered Ex Quay)目的港码头交货	货交买方处置时	卖方	买方	水上运输
	DDU(Delivered Duty Unpaid)未完税交货	指定目的地货交买方处置时	卖方	买方	任何方式
	DDP(Delivered Duty Paid)完税后交货	指定目的地货交买方处置时	卖方	卖方	任何方式

在这些术语中可以归纳出以下几点:第一,卖方承担运输风险的只有D组。第

二,卖方有投保义务的术语是CIF、CIP。第三,只适用于水上运输(海洋运输及内河运输)的术语是FAS、FOB、CFR、CIF、DES、DEQ。第四,清关责任和费用的承担者一般出口是卖方,进口是买方;例外的是EXW(出口清关责任和费用由买方承担)、DDP(进口清关责任和费用由卖方承担)。

2000年《通则》对1990年《通则》有关贸易术语的规定做出了一些调整,主要体现在四个方面:

第一,FAS和DEQ清关责任和费用的承担者不同。FAS在1990年《通则》中出口清关责任和费用由买方承担,而2000年《通则》中由卖方承担。DEQ在1990年《通则》中进口清关责任和费用由卖方承担,而2000年《通则》中由买方承担。

第二,FCA的交货条件不同。1990年《通则》分为铁路、公路、内河、海运、空运、未指明运输方式、多式联运等不同情况分别对交货条件做出规定。2000年《通则》简化为两种情况:一种是合同约定交货地点是卖方所在地,则货物装上买方的装货车辆即完成交货;另一种是在其他情况下,货物在卖方车辆上尚未卸货而交给买方处置时,即完成交货。

第三,对于买卖双方义务的编排方式不同。1990年《通则》采取相互对应的标准化规定方法,将买卖双方的义务分别用10个项目列出。买方为$A_1 \cdots A_{10}$,卖方为$B_1 \cdots B_{10}$。2000年《通则》的编排方式是逐项相互平行,以资对照(参见附录二)。

第四,对"承运人"概念的扩展。1990年《通则》中"承运人"是在运输合同中,通过铁路、公路、海上、航空、内河运输或这些方式的联合运输,承担履行运输或承担办理运输业务的任何人。2000年《通则》中"承运人"是在运输合同中,承诺通过铁路、公路、空运、海运、内河运输或上述运输的联合方式履行运输或由他人履行运输的任何人。

在使用2000年《通则》时,除了应注意这些变化外,还应关注下列四个方面的问题:

第一,对有关术语的界定。如"托运人"、"交货"、"通常"、"费用"、"港口、地点、点和所在地"、"船只"、"查对"等。

第二,2000年《通则》将重点放在卖方的交货义务上。

第三,所有术语都规定:若买方没有按约定受领货物或没有给予卖方完成交货义务的必要指示时,风险和费用在交货前就可以转移。这等于未给予买方任何拖延风险和费用转移的机会。

第四,电子单据可以取代提单作为货物交至船上的证明和运输合同的证明,但难以取代其物权凭证和交货依据的功能(详见第三章)。当然在某些条件下,双方可约定以电子方式通信、使用具有同等作用的电子信息取代纸面运输单据。

2010年9月27日,国际商会在巴黎召开国际贸易术语解释通则2010(2010年

《通则》)全球发布会,正式推出2010年《通则》,它于2011年1月1日正式生效。

2010年《通则》按照运输方式的不同,将贸易术语分成两组,并主要对2000年《通则》的D组术语进行了删改和增补,包括了两组共11种贸易术语。具体而言:第一组,适用于各种运输方式的术语,包括EXW、FCA、CPT、CIP、DAT、DAP和DDP;第二组,仅适用于水运的术语,包括FAS、FOB、CFR、CIF。相对于2000年《通则》而言,新增项是DAT(Delivered At Terminal)和DAP(Delivered At Place),删除项为DAF、DES、DEQ、DDU;原来的E组、F组、C组术语基本没有变化。

值得注意的是,作为国际贸易惯例,2010年《通则》在适用的时间效力上并不存在"新法取代旧法"的问题,当事人在订立贸易合同时仍然可以选择2000年《通则》甚至1990年《通则》;但是,外贸人员应该学习和掌握新的规则,才能更好地满足贸易实践的需要。

2.《1932年华沙—牛津规则》(W. O. Rules 1932)

该规则由国际法协会制定,简称W. O. Rules 1932(Warsaw-Oxford Rules 1932)。该规则规定了CIF合同的性质以及买卖双方所承担的费用、责任和风险。它对《通则》的重要补充作用体现在,《通则》并不涉及所有权的转移问题,而W. O. Rules 1932规定:所有权转移的标志是卖方将装运单据(提单)交给买方。对所有权问题的明确有利于处理相关纠纷。例如在台湾高雄地方法院讨论案中,债务人乙欠债权人甲100万美元,获悉乙与美商丙签订CIF出口合同,这批货正在装运港装船中,于是甲申请对这批货查封以偿还乙所欠债务。当执行人员赶至码头时,货物已装上船。执行人员是否可以查封?

按照W. O. Rules 1932的解释,只有当卖方乙将单据交付银行时,才发生这批货物所有权的转移。这时货物虽已装上船,但未完成交单,所有权尚未转移,可以查封。

3.《1941年美国对外贸易定义修订本》(*Revised American Foreign Trade Definitions* 1941)

1919年美国九个大商业团体制定了《美国出口报价及其缩写》(*The U. S. Export Quotations and Abbreviations*),后因贸易习惯的变化,在1940年举行的第27届美国对外贸易会议上做了修订,并于1941年7月31日经美国商会、美国进口商协会和美国全国对外贸易协会所组成的联合委员会通过,称为《1941年美国对外贸易定义修订本》(简称《美国定义》)。《美国定义》对Ex Point of Origin(原产地交货)、FOB、FAS、C&F、CIF和Ex Dock等六种贸易术语做了解释,它不仅在美国使用,而且为加拿大和一些拉美国家所采用。

值得注意的是,《美国定义》将FOB分为六种类型,只有其中的第五种FOB Vessel与《通则》中的FOB含义大体一致,但仍有区别,主要表现在《通则》中FOB由卖方负责办理出口清关手续并承担相关费用,而该定义中 FOB Vessel 要求买方支付卖方协助其提供出口单证的费用以及出口税和因出口而产生的其他费用。

二、六种常用的贸易术语

1. 适用于水上运输的三种常用贸易术语

我国外贸运输中绝大部分涉及海洋运输,所以首先应了解和掌握适用于水上运输的 FOB、CFR、CIF 三种常用贸易术语。

三种术语的区别体现在三个方面:

首先,后面跟的地点性质不同。FOB(Free on Board)后跟装运港名称;CFR(Cost and Freight)和 CIF(Cost、Insurance and Freight)后跟目的港名称。

其次,运输、保险工作的承担方不同。FOB 由买方负责安排运输和投保;CIF 由卖方负责安排运输和投保;CFR 运输由卖方负责,保险由买方负责。

值得注意的是,在 CFR 术语下,由于运输和保险责任的分离,卖方有一项十分重要的义务,即及时向买方发出装船通知以便买方办理投保,否则应由卖方承担责任。

最后,价格构成不同。FOB 是成本价;CFR = FOB + 运费(F);CIF = CFR + 保险费(I) = FOB + F + I。

三种术语的共同点是共同拥有两个重要特征:

第一,风险转移均以装运港船舷为界。即货物一旦越过装运港船舷,风险即由卖方转移到买方。在实践中常将 CIF 称为"到岸价",这是不科学的。"到岸价"意味着卖方负责将货物送到目的港并承担货物到达目的港以前的一切费用。而 CIF 术语下卖方承担的只是正常运费和约定的保险费,并不承担运输风险。相比之下,将 DES(Delivered Ex Ship)称为"到岸价"更为合理。DES 意味着卖方在目的港船上完成交货,承担在此以前的一切费用和风险。

那么,是否意味着只要货物越过装运港船舷,卖方就不承担任何责任呢?并非如此。只要买方能证明货物的缺陷在装船前就已经存在,而且这种缺陷在正常检验中很难发现,就可以向卖方索赔。即使货物已抵达目的港,只要未超过索赔期,索赔权利即有效。当然也可以事先在合同中约定"以到岸品质为准"作为检验方式来保护买方的利益。

第二,象征性交货,即卖方只要提交全套合格单据就算完成了交货义务,卖方凭单索款,买方凭单付款。"象征性交货"又称"纸上贸易"或"单据买卖",是相对于"实际交货"(又称"实物交易")而言的。"实际交货"时卖方应交付与合同相符的货物,卖主凭货索款,买方凭货付款。

由于"象征性交货"中单据的独特作用,在实践中会出现伪造单据、骗取货款的行为。关于这一点,在第三章(提单)和第五章(信用证)中将做进一步说明。

2. 适用于各种运输方式的三种贸易术语

假如货物的运输涉及水上运输之外的其他运输方式,常用的贸易术语有 FCA (Free Carrier,货交承运人)、CPT(Carriage Paid To,运费付至)、CIP(Carriage、Insurance Paid To,运费、保险费付至)三种,其后都跟"指定地点"。这三种术语对买卖双方义务的规定分别对应于 FOB、CFR 和 CIF。其风险划分的界限以承运人为界,货交承运人则风险从卖方转移到买方;都属于象征性交货。FCA 是成本价,CPT = FCA + 运费(F),CIP = CPT + 保险费(I) = FCA + F + I。

与 FOB、CFR、CIF 相比较,FCA、CPT、CIP 在风险和费用的划分、交货地点和单据处理等方面具有更大的灵活性。随着在推广使用中的不断成熟和完善,适应现代化集装箱运输的 FCA、CPT 和 CIP 具有广阔的发展天地。

第二节 商品的价格

一、价格换算公式

$$\begin{cases} CIF = CFR + I = FOB + F + I \\ I = 保险金额 \times 保险费率 \\ 保险金额 = CIF \times 投保加成① \\ 含佣价 = 净价/(1-佣金率)② \end{cases}$$

例题:中国 A 公司某商品对外报价为每箱 \$100 $CIFC_5$ 伦敦,英方要求改报 $FOBC_5$ 天津新港。已知每箱货物运费为 10 美元,投保加 1 成,保险费率为 0.5%。请问 A 应如何改报?

解法 1:
$$I = CIFC_5 \times 投保加成 \times 保险费率$$
$$= 100 \times 1.1 \times 0.5\% = 0.55(美元)$$
$$CIF = CIFC_5 \times (1 - 佣金率)$$
$$= 100 \times (1 - 5\%) = 95(美元)$$
$$FOB = CIF - I - F = 95 - 0.55 - 10 = 84.45(美元)$$
$$FOBC_5 = \frac{FOB}{1 - 佣金率} = \frac{84.45}{1 - 5\%} \approx 88.89(美元)$$

解法 2:
$$CIF = CIFC_5 \times (1 - 佣金率)$$
$$= 100 \times (1 - 5\%) = 95(美元)$$

---

① 除非另有约定,投保加成率为 10%,即保险金额 = CIF 货价 × 1.1。
② 包含佣金的价格即含佣价,常用"$FOBC_5$"(佣金率 5% 的 FOB 含佣价)等简化形式表示;净价是不含佣金和折扣的价格。

$$I = CIF \times 投保加成 \times 保险费率$$
$$= 95 \times 1.1 \times 0.5\% \approx 0.52(美元)$$
$$FOB = CIF - I - F = 95 - 0.52 - 10$$
$$= 84.48(美元)$$
$$FOBC_5 = \frac{FOB}{1 - 佣金率}$$
$$= \frac{84.48}{1 - 5\%} \approx 88.93(美元)$$

将 FOB、CFR、CIF 分别换成 FCA、CPT、CIP,价格换算公式原理不变。

二、作价方法

1. 固定作价

完整的固定作价由四部分组成:

例如 "每公吨 100 英镑 CIF 伦敦"
　　　计量单位 金额 计价货币 贸易术语

固定作价有明确、具体、肯定和便于核算的特点,但它易受到价格变动风险的冲击。当行市变动过于剧烈时,一些不守信用的商人为逃避巨额损失,很可能寻找各种借口撕毁合同。为减少价格风险,在采用固定作价时,首先应对价格前景作出准确判断,以此作为定价依据;其次,要慎重选择订约对象,对客户的资信情况要有把握。在国际市场行情变幻莫测的情况下,为了减少风险、促成交易、提高履约率,应考虑采用一些变通的作价方法。

2. 非固定价

非固定价有三种形式:第一种是暂不固定价格,例如"以某年某月某日某地有关商品交易所该商品收盘价为准"或"由双方在某年某月某日协商确定价格"这种方式缺乏明确的作价标准,容易给合同带来较大的不稳定性,一般只应用于双方有长期交往,已形成比较固定的交易习惯的合同。

第二种是暂定价格,例如"每件(400磅)5 000港元 CIF 香港(备注:上列价格为暂定价,于装运月份15天前由买卖双方另行协商确定价格。)"。

第三种是滑动价格,对于成套设备、大型机械以及一些初级产品等货物,从合同成立到履行完毕需较长时间,可能因原材料、工资等变动而影响生产成本,导致价格的波动幅度较大。为避免承担过大的价格风险,保证合同的顺利履行,可采用滑动价格。例如规定基础价格(P_0),同时规定备注:以上基础价格将按下列调整公式根据××(机构)公布的×年×月的工资指数和物价指数予以调整。

调整公式: $P_1 = P_0 \left(a + b \times \dfrac{M_1}{M_0} + C \times \dfrac{W_1}{W_0} \right)$

P_1：调整后价格；

$M_0(M_1)$：订约时（交货时）原材料批发价格指数；

$W_0(W_1)$：订约时（交货时）工资指数；

$a、b、c$：管理费、原材料成本、工资成本各占货物单位价格的比率（由买卖双方订约时商定，$a+b+c=100\%$）。

作价方法的选用十分重要，直接关系到买卖双方的切身利益，甚至影响合同履行的可能性。

案例 2.1

西屋公司案

20 世纪 70 年代，美国西屋公司为了推销其生产的核反应堆，向客户保证：1975—1988 年，以每磅 8—10 美元的价格提供 60 000 公吨以上铀（核反应堆燃料）。西屋公司有 6 000—7 000 公吨存货，签订了 14 000 公吨的期货合同。1975 年 1 月铀的市场价上升为每磅 30 美元，为履行其承诺，西屋公司要承担近 20 亿美元的损失，会导致其破产。西屋公司拒绝履行合同，其客户向法院起诉。后该案经双方协商庭外解决。

【分析】 该案中西屋公司为了推销其产品，采用了固定作价，这意味着西屋公司应承担价格上升的风险。假如采用其他作价方法，可以不同程度地分散价格风险，当然在推销核反应堆的效果上会受到影响。既然采用了固定作价，西屋公司可以采用更有力的配套措施，如加强价格预测、增加存货量及购买的期货合同量等。

三、外贸效益核算指标

我国外贸企业一般必须对拟出口的商品做成本核算，只有在有盈利的情况下，才与外商达成交易。这需要对外贸效益核算指标做出估算。

我国常用的外贸效益核算指标有：

1. 出口商品换汇成本（换汇率）

$$出口换汇成本 = \frac{出口商品总成本（人民币元）}{FOB 出口外汇净收入（美元）}$$

（1）出口商品总成本（退税后）= 出口商品购进价（含增值税）+ 定额费用 − 出口退税收入。

（2）增值税：以商品生产流通和劳务服务各个环节的增值额为课税对象征收的

一种流转税。

（3）定额费用：包括银行利息、工资支出、邮电通信费用、交通费用、仓储费用、码头费用以及其他管理费用等。定额费用 = 出口商品购进价 × 费用定额率（5% — 10% 不等，由各外贸公司按不同出口商品实际经营情况自行核定）。

（4）出口退税收入 = 出口商品购进价（含增值税）÷（1 + 增值税率）× 退税率。

2. 出口商品盈亏率

$$出口商品盈亏率 = \frac{出口销售总收入 - 出口总成本（人民币）}{出口总成本（人民币）} \times 100\%$$

3. 出口创汇率

$$出口创汇率 = \frac{成品出口净收入 - 原料成本（外汇）}{原料成本（外汇）} \times 100\%$$

该指标常用于"三来一补"[①]的贸易方式。

[本章小结]

本章系统介绍了 Incoterms 最近两版的修订情况，展示了国际贸易惯例在交易中的重要作用及其特征。通过本章学习，应当了解贸易术语在国际贸易中的运用及其功能，明确其在确定买卖合同性质、决定交货条件以及进行商业报价等方面的重要作用；重点要掌握六种常用贸易术语的风险转移和象征性交货特征，熟练运用价格换算公式，熟悉不同作价方法的使用。

[思考题]

1. 六种常用贸易术语有何异同？
2. 2010 年《通则》与 2000 年《通则》相比有哪些主要变化？
3. 不同作价方法各有何特点？
4. 美方 A 从英方 B 进口一批货物，签订合同所使用的贸易术语为"FOB 里斯本"[②]。后因葡萄牙政府拒绝签发出口许可证而未能交货，请问根据 2000 年《通则》，责任应由谁承担？

假如英方 B 从美方 A 进口一批货物，签订合同所使用的贸易术语为"FOB Vessel 里斯本"，因葡萄牙政府不签发出口许可证而未能交货，请问责任由谁承担？

5. 我方从泰国出口方 A 处进口一批香米，签订"CFR 上海"合同。货物离港后不久沉没，因 A 方未及时向我方发出装船通知，我方未办理投保，故无法向保险公司索赔。请问谁应承担责任？

---

① "三来"指来样加工、来料加工、来件装配；"一补"指补偿贸易（compensation trade），是在信贷的基础上，一方进口机器设备或技术，不用现汇支付，而用产品或劳务偿还的一种贸易做法。
② "里斯本"即装运港。

6．一份CIF合同规定："卖方保证货物于12月1日抵达目的港。"请问该合同在履行时会出现何种问题？

7．中方A与英方B签订"CIF利物浦"合同。后由于两伊战争爆发苏伊士运河不能通航，船必须绕道非洲好望角。由于绕航多支付的运费由谁承担？

第三章 国际货物运输

[本章概要]　国际货物运输是货物从卖方转移到买方的过程,涉及托运人、承运人、收货人等多方当事人,跨越国家和地区的地理界限,运输单据是付款的主要凭证之一。本章介绍了国际货物运输的常用方式及重要地区的独特运输方式,重点分析了运输单据的性质、功能、困境及其出路,展示了现代集装箱运输及国际多式联运在国际贸易中的运用。

国际货物运输的特点是线长面广、风险大、情况复杂多变,因此必须谨慎选择合理的运输方式、正确缮制和运用运输单据并掌握与此有关的运输知识。

第一节　运输方式

国际货物运输有水、陆、空等多种方式,它们有各自的特点和经营方式。选择何种运输方式,关系到运费的高低、速度的快慢以及货物的安全。

一、海洋运输

海洋运输(sea transport 或 ocean transport)是国际贸易中最主要的运输方式,它具有运量大、运费低廉、不受道路和轨道限制的优点。我国对外贸易货物运输大部分是通过海洋运输完成的。按船舶的营运方式,海洋运输可分为班轮运输和租船运输两种。

1. 班轮运输(liner transport)

也叫定期船运输,它是在一定航线上,在一定的停靠港口,定期开航的船舶运输。它具有两个特点:第一个特点是"四固定",即航线、停靠港口、船期均固定,运费率也相对固定。班轮运费按班轮运价表(liner's freight tariff)的规定,由基本运费和可能存在的附加费两部分构成。基本运费的计算标准有多种,如:"W"表示重量吨,即以货物的毛重计收;"M"表示尺码吨,即以货物体积计收;"W/M"表示按货物重量或尺码从高计收;"A.V."或"ad val."表示按货物的 FOB 总值征从价运费。

例题:某企业以 CIF 合同出口柴油机一批,共 15 箱,总毛重为 5.65 公吨,总体积为 10.676 立方米。在青岛装中国远洋运输公司轮船,经香港转船至苏丹港,试计算该企业应付船公司多少运费。

解:第一步查表。按柴油机的英文名称 diesel engine,查阅货物分级表,属于 10 级货,计费标准为 W/M;然后在"中国—香港航线费率表"中查出 10 级货自青岛至香港费率为 22 美元,香港中转费为 13 美元;再从"香港—红海航线费率表"中查出 10 级货费率为 95 美元;最后查"附加费率表",了解到苏丹港要收基本运费 10% 的港口拥挤附加费。

第二步计算。因为 10.676 > 5.65,故应用尺码吨计费。每尺码吨运费:$22 + 13 + 95 + 95 \times 10\% = 139.5$(美元);总运费 $139.5 \times 10.676 = 1489.302$(美元)。

班轮运输的第二个特点是承运人负责配载①、装卸货物并承担装卸费用(班轮运输下承运人的义务和免责见附录三)。

2. 租船运输(charter transport)

租船运输以租赁整船为多,也可租用部分舱位。与班轮运输相比,其特点为:第一,航运时间、航线、停靠港口和船方收取的运费(或租金)由租船人和船方临时议定。第二,货物装卸费用的承担由租船人和船方临时议定。因此若使用租船运输方式,可对 FOB、CFR 和 CIF 三种术语采用一些变形以明确相关权利和义务。

如 FOB 术语由买方租船、卖方装货,因此应界定卖方在装货过程中所承担的费用,可考虑采用五种变形:

FOB liner terms (FOB 班轮条件):卖方不承担装货费;

FOB under tackle (FOB 吊钩下交货):卖方承担货物到达装运港船舶吊钩为止的装货费,包括可能存在的驳船费;

FOB stowed (FOB 包括理舱):卖方承担装货费,并负责将货物堆好码好、进行合理垫隔和整理,即还须承担理舱费;

FOB trimmed (FOB 包括平舱):卖方负责装货费,并负责对货物进行调动和平整以保持船舶承受压力均衡和航行安全,即承担平舱费。

FOB stowed and trimmed (FOB 包括理舱和平舱):卖方承担装货费,并负担理舱费和平舱费。

CFR 和 CIF 术语由卖方租船,买方负责接货,故应界定接货过程当中买方对卸货费用的承担责任。为此可使用这两种术语各自的四种变形:

---

① 配载指货物在船舱的安置方法。

CFR（CIF）liner terms：卖方承担卸货费；

CFR（CIF）landed：卖方承担卸货费（包括驳船费和码头费）；

CFR（CIF）ex tackle：买方承担货物离开船舶吊钩以后的卸货费（包括驳船费和码头费）；

CFR（CIF）ex ship hold：买方自行启舱，并负责舱底卸到码头的费用。

租船运输可以分为三大类：第一类，程租船（voyage charter；trip charter），即船舶按航程租赁，依照承租人与出租人双方事先约定的条件，船舶按时到达装货港装货，再驶抵卸货港卸货，以完成整个航程的运输任务。租船又可分为单程程租船、来回程程租船、连续航次程租船等。

由于装卸的延误会造成船舶周转速度放慢等船方的损失，而程租船船方得到的运费中并不包括这一部分损失的弥补，程租船运输通常应规定滞期费和速遣费问题。滞期费（demurrage）是指因装卸任务未能在规定期限内完成从而给船方造成损失，有关责任方应给予船方一定的赔偿费。速遣费（despatch money）指因提前完成装卸任务给船方带来利益，船方给予负责装卸货物的一方一定的奖励，通常为滞期费的 1/2。

第二类，期租船（time charter），即租船方所付租金率取决于船舶的装载能力和租期长短，如规定：按月每载重吨若干金额或整船每天若干金额计算。除非另有规定，租船方可将租赁的船舶作为班轮营运，或作为程租船经营，甚至再转租给第三方，自己充当二船东。

第三类，航次期租（time charter on trip basis，TCT），是近年来国际上发展起来的介于程租船和期租船之间的一种租船方式。它以完成一个航次运输为目的，按完成航次所花的时间，以约定的租金率计算租金。

二、集装箱运输

自从 1966 年正式用于国际航线以来，集装箱运输获得了飞速发展，使运输的理念从"港至港"变成了"门至门"。国际标准化组织（ISO）第 104 技术委员会规定，集装箱应具备下列条件：

（1）能长期反复使用；

（2）途中转运时可以不动容器内货物直接换装；

（3）能快速装卸，并能从一种运输工具直接和方便地换装到另一种运输工具上；

（4）便于货物的装满和卸空；

（5）每个容器有一立方米（即 35.32 立方英尺）或以上的容积。

在国际航运上运用的主要是 20 英尺和 40 英尺两种规格的集装箱。在查看集装箱运费表时，通常会涉及以下术语：

FCL (full container load) 整箱装,
LCL (less than container load) 拼箱装①,
CY (container yard) 集装箱堆场,
CFS (container freight station) 集装箱货运站,
door to door "门到门" 服务,

box—rate 包厢费率 $\begin{cases} \text{FAK (freight for all kinds)（见表 3.1）} \\ \text{FCS (freight for classes)（见表 3.2）} \\ \text{FCB (freight for class and basis)（见表 3.3）} \end{cases}$

集装箱海运运费由船舶运费和一些有关费用组成，目前基本上分为两大类：一类是沿用的件杂货运费计算方法，即以每运费吨作为计费单位；另一类是以每个集装箱作为计费单位，即包厢费率。总的趋势是包箱费率的计算方法逐步取代传统件杂货运费的计算方法。

表 3.1　中国—新加坡航线集装箱费率 (FAK)　　　（美元，in USD）

装 港	货 类	CFS/CFS Per F/T	CY/CY 20'FCL	CY/CY 40'FCL
大连	杂货	78.50	1 250.00	2 310.00
新港	杂货	70.00	1 150.00	2 035.00
上海	杂货	70.00	1 150.00	2 035.00
苔埔	杂货	63.00	950.00	1 750.00
…	…	…	…	…

表 3.2　中国—澳大利亚航线集装箱费率 (FCS)　　　（美元，in USD）

基本港：Brisban, Melbourne, Sydney, Fremantle

等 级	计算标准	20'(CY/CY)	40'(CY/CY)	LCL(per F/T)
1—7	W/M	1 700	3 230	95
8—13	W/M	1 800	3 420	100
14—20	W/M	1 900	3 510	105

表 3.3　中国—地中海航线集装箱费率 (FCB)　　　（美元，in USD）

基本港：Algiers, Genoa, Marseilles—FOS

等 级	LCL per W	LCL per M	FCL 20'(CY/CY)	FCL 40'(CY/CY)
1—7	131.00	100.00	2 250.00	4 200.00
8—13	133.00	102.00	2 330.00	4 412.00
14—20	136.00	110.00	2 450.00	4 640.00

① FCL 与 LCL 的划分以发货人人数为标准。FCL 整箱货物属一个发货人，LCL 有两个或两个以上发货人。一般来说，只有达到集装箱容积 75% 或载重量 95% 才能成为一箱货。

三、国际多式联运

根据《联合国国际多式联运公约》所下的定义,国际多式联运(international multimodal transport)是指按照多式联运合同,以至少两种不同的运输方式,由多式运输经营人将货物从一国境内接管货物的地点运至另一国境内指定交付货物的地点的一种运输方式。构成国际多式联运应具备下列条件:

(1) 必须有一个多式联运合同。多式联运合同(multimodal transport contract)是指多式运输经营人与托运人之间订立的凭以收取运费、负责完成或组织完成国际多式联运的合同。它明确规定了多式联运经营人和托运人之间的权利、义务、责任和豁免。

(2) 必须使用一份包括全程的多式联运单据。多式联运单据(multimodal transport document)是指证明多式联运合同以及证明多式联运经营人接管货物、并负责按照合同条款交付货物的单据。根据发货人的要求,它可以做成可转让的,也可以做成不可转让的。它应由多式联运经营人或其授权人签发。其主要内容应包括:货物种类及主要标志、货物外表状况、多式联运经营人的名称和主要营业所、发货人名称、收货人名称(经发货人指定)、多式联运经营人接管货物的地方和日期、交货地点、交货日期和期间、表明该单据可转让或不可转让的声明、单据签发日期和地点、运费的支付、多式联运经营人或其授权人的签字等。

(3) 必须至少有两种不同运输方式的连贯运输。值得注意的是,我国《海商法》还规定:必须有至少一种运输方式是海运才构成国际多式联运。

(4) 必须是国际上的货物运输。

(5) 必须由一个多式联运经营人对全程负责。多式联运经营人(multimodal transport operator)指其本人或通过其代表订立多式联运合同的人。他可以是实际承运人,办理全程或部分运输业务;也可以是无船承运人(non-vessel operating common carrier,NVOCC),即将全程运输交由各段实际承运人来履行。

(6) 必须是全程单一运费率。

国际多式联运有简化手续、加速货运、方便运费计算、缩短发货人收款时间等优点,而且有助于提高货运质量,货物的交接可以做到门对门、门到港站、港站到港站、港站到门等。

目前,我国已开办的国际多式联运路线可以自内地或沿海省市到达欧、美、非等地港口或内地城市,形式多种多样。

四、大陆桥运输

大陆桥运输(land-bridge transport)指以集装箱为媒介,大陆上的铁路或公路运输系统为中间桥梁,把大陆两端的海运连接起来,构成海—陆—海的连贯运输。

第一条欧亚大陆桥东起俄罗斯的纳霍德卡港,于海上连接日本、韩国、中国香港和中国台湾等地,向西延伸发展到欧洲各地和伊朗等中、近东地区。

第二条欧亚大陆桥于1992年9月开通。东起我国江苏省连云港市,经由陇海、兰新、北疆铁路与俄罗斯土西铁路在阿拉山口和德鲁巴站相接,西至荷兰鹿特丹,全长10 800公里,途经莫斯科、华沙、柏林等地,将我国和俄罗斯、东欧和西欧的铁路连接起来,成为国际运输的大动脉。由于它途经我国大陆中西部地区,对我国中西部开发战略有重要意义。由于它方便了运输,节约了货运时间和费用,对于我国对外贸易的发展以及促进沿途省区的经济发展都有积极作用。

五、OCP 运输

OCP(overland common points,陆上公共点)运输又称美国陆桥运输。美国把北起北达科他州南至新墨西哥州落基山脉以东的地区划为OCP地区,占其国土面积的2/3。凡自太平洋彼岸经美国西海岸港口运往OCP地区的货物,只要使用美国西海岸航运公司的船舶,海运运费每运费吨低3—4美元。另外,铁路运费也较本地费率低3%—5%。加拿大也划有OCP地区并有类似的运费优惠办法。

采用OCP运输方式时,应注意在买卖合同、运输单据上注明,在保险单上也应做出相应规定。

第二节 提 单

提单(bill of lading,B/L)是海上货物运输的主要运输单据。一位著名的英国法官曾说:国际贸易像一张网,提单是这张网的中心。这高度概括了提单在国际贸易中的重要地位。

一、提单的性质和功能

1. 提单是海上货物运输合同的证明

提单的正面记载了承运人和托运人以及货物的状况,背面通常以《海牙议定书》、《维斯比规则》或《汉堡规则》为参照规定承运人和托运人的基本权利和义务,其形式上很像合同。但提单是由承运人单方面签发给托运人的,因此它并非承运人和托运人之间的运输合同,而只是该运输合同的证明。

案例 3.1

英"阿登纳斯"案

英进口方 A 租用船方 B 的"阿登纳斯"号船运送一批进口的中国柑橘,双方约定该船应直接驶往利物浦。但 B 方签发的提单上写明:"船可以用任何方式,经由任何航线驶往目的港。"实际上该船先到了比利时的安特卫普港,再到利物浦时正赶上英国提高进口柑橘的关税,而且大批中国柑橘已到货,其市场价格下跌。A 方因此受到损失,于是向法院起诉,认为 B 违约。

【分析】 该案运输合同是双方的约定,提单只能作为证明运输合同的一种方式。所以 B 的行为违反了运输合同,应对 A 赔偿。

但应注意:假如提单发生了转让,对于善意、不知情的提单受让人而言,提单本身就是运输合同。

2. 提单是承运人或其代理人收到货物的收据

当货物已装上船后,承运人签发"已装船提单"(on board B/L);若只收到货物尚未装运,则签发"备运提单"(received for shipment B/L)。在船长"目力所及"的范围内若货物外表状况不良或存在缺陷,承运人应就此在提单上加注,签发"不清洁提单"(unclean B/L);否则签发"清洁提单"(clean B/L)。可见提单可以直接反映出承运人收到货物的情况,具有货物收据的特性。

3. 提单是承运人凭以交付货物的具有物权特性的凭证

这是提单最重要的独特功能。正因为提单是物权凭证,所以持有提单就像拥有货物一样,提单的转让就等于货物的交易。

不同类型的提单在转让时有不同的特点。按提单收货人抬头可分为记名提单、不记名提单和指示提单。记名提单(straight B/L)在收货人栏内填明特定收货人名称,在有的国家和地区是不能转让的。不记名提单(bearer B/L)在收货人栏内仅写"货交持有人"(to bearer)或空白,它仅凭交付就可以转让。指示提单(order B/L)在收货人栏内填写"凭指示"(to order)或"凭××指示"(to order of ××),它凭背书可以转让。

我国外贸中常用"空白抬头、空白背书"提单,这种指示性提单经过空白背书(即只写背书人名称,不写被背书人名称①),仅凭交付就可以转让。例如广州海事法院审理的"宏大轮货损赔偿纠纷案"中,托运人(美国大陆谷物公司)将一份指示提单

---

① 背书人是提单的转让人,被背书人是提单的受让人。

空白背书转让给 A,A 交给 B,B 向船方提货时船方拒绝交货,理由是提单上没有任何标记表明 B 是其合法持有人。这时船方是没有道理的,因为这是一份"空白抬头、空白背书提单",凭交付就可以转让,作为其持有人 B 合法享受提单权利。

二、特殊类型的提单

1. 倒签提单(antedated B/L)

倒签提单是托运人为掩盖实际装货日期已迟于合同或信用证要求的过失,要求承运人将提单签发日伪造提前使之符合合同或信用证的要求,以免妨碍索要货款。倒签是一种违法的行为。

2. 预借提单(advanced B/L)

预借提单是合同或信用证要求的装船日已到,但托运人未能及时备货装船,为了顺利索款,托运人要求承运人提前签发已装船提单。预借也是违法行为。

3. 过期提单(stale B/L)

过期提单有两种情形:一种是提单签发日后 21 天以内未提交的提单,银行有权拒收;另一种是提单晚于货物到达目的港的提单,这在近海运输中常出现,只要合同中写明"过期提单可接受"(stale B/L acceptable),这类提单就是可以接受的。

三、提单制度面临的困境及其出路

1. 速度问题

随着运输技术的发展和运输速度的提高,提单转让加速货物周转的功能日益削弱,甚至频繁出现过期提单妨碍货物周转的现象。

对这一问题的解决方法主要有四种:

第一种,异地签单。即承运人委托更便利地区的代理人签发提单以加速其传递。如我国的船公司常有在内地收货、在香港签单的做法。

第二种,电子提单。联合国海事委员会 1990 年制定了《电子提单统一规则》,电子提单的运作是:将提单简化成一组数据保存在承运人的计算机里,承运人交给托运人一个密码,托运人凭密码控制在途货物。如果要转让,托运人只需将转让意图和对象告知承运人,并告知自己的密码。承运人废除旧密码,设计一个新密码通知买方。这样通过密码改变实现提单转让。最后收货人凭密码提货。

第三种,凭保函提货。当船货已到目的港而提单未到时,由收货人或其他第三方出具保函给承运人,保证赔偿承运人因错误交货而招致的损失。承运人拿到保函后,凭副本提单或不凭任何单据把货物交给收货人。在实际业务中这种做法常被采用,法律曾对此表示过宽容,如我国 1983 年国港 06 号文件规定:由于实际情况或困难,正本提单不能到达时,为加速货物疏运可采用已有单据(如副本提单),按照出具保函或其他有效单证等形式提货。

第四种,托运人在装运港将正本提单中的一份交给船长,由船长随船带到目的港交给托运人指定的人,再由收到该提单的人凭该提单向承运人提货。

2. 欺诈问题

提单的伪造和欺诈问题源于提单物权凭证的特性,加之提单的相关法律制度尚不健全,导致伪造提单骗取货款的事件屡屡发生。为解决这一问题,一种观点认为应完善提单的法律制度;另一种观点认为应废除提单的物权特性,海运单应运而生。

海运单(sea waybill; ocean waybill)是和陆运及空运中使用的运单相似的一种单据。它与提单的唯一区别是它没有物权凭证的特性,因此不能转让,也不是在目的港承运人据以交付货物的单证。海运单的持有人只要证明自己的身份,不需出具海运单就能提货。据估计北大西洋航线上70%以上的班轮运输已采用海运单。1990年联合国海事委员会主持制定了《海运单统一规则》,从法律上鼓励和引导海运单的发展。

[本章小结]

通过本章学习,应当熟练掌握班轮运输、租船运输等海运方式的运用,重点明确运输单据的性质与功能,了解贸易实践中针对实际情况采取的各种灵活变通做法、可能存在的隐患及其解决方案,熟悉集装箱运输、国际多式联运等现代运输方式,以及基于此产生的大陆桥运输、OCP运输等重要贸易地区的运输方式。结合附录三,本章还阐明了物流运送中承运人和托运人应承担的风险。

[思考题]

1. 请比较班轮运输和租船运输有何异同。
2. 国际多式联运应具备哪些基本条件?
3. 试述提单的性质、功能以及提单制度面临的问题和出路。

第四章 国际货物运输保险

[**本章概要**]　国际货物运输保险针对国际货物运输中可能存在的风险、损失和费用提供了分摊、补偿和保障机制。本章首先阐明了保险普遍遵循的基本原则；重点分析了国际货物海洋运输保险保障的范围、保险的险别及承保责任的起讫，集中展示和比较了中国保险条款以及英国伦敦保险协会的货物保险条款；最后介绍了其他运输方式下保险的基本情况。

第一节　保险的基本原则

保险是指投保人根据合同的约定向保险人支付保险费，保险人对于合同约定事故发生所造成的财产损失承担赔偿责任，或当被保险人死亡、伤残、疾病或达到合同约定年龄、期限时承担给予保险金责任的商业行为。按照保险标的的不同，保险可分为财产保险、责任保险、信用保险（或称保证保险）和人身保险四类。国际货物运输保险是财产保险的一种，它遵循保险的基本原则。

一、最大诚信原则

最大诚信（utmost good faith）原则指投保人和保险人在签订保险合同以及在合同有效期内，必须保持最大限度的诚意，双方应恪守信用，互不欺骗隐瞒。

（1）保险人应向投保人说明保险合同的条款内容，并可以就保险标的或被保险人的有关情况提出询问。投保人应如实告知。[①]

（2）被保险人在最大诚信原则下有两项基本义务：

一是主要事实申报：投保人在投保时应将自己知道或在通常业务中应当知道的有关保险标的的主要事实如实告知保险人，以便保险人判断是否同意承保或决定承保条件。

---

① 参见《中华人民共和国保险法》第十六条。

案例 4.1

"拉勃里亚"号沉船案

1908年玻利维亚政府镇压暴乱,为供应其部队给养,用"拉勃里亚"号轮船运送一批物资。玻利维亚政府委托其代理商A为这些给养投保,A公司一名成员与支持暴乱的卡凡尔霍有联系,得知卡将派部队截击这艘船。但A公司投保时未将此事告知保险公司——英国赔偿互助海上保险公司,保险人同意承保。后该船在海上被卡凡尔霍的部队击沉。保险公司查明真相后认为A违背最大诚信原则,未给予赔偿。

【分析】 该案关键是投保人违背了最大诚信原则,在投保时未将重要情况告知保险公司。

在从事对外贸易活动时,有时会发生一些纠纷,例如一份CFR合同,卖方于8月8日10:00装船完毕,即通知买方,买方于当日15:00投保,可货轮已于13:00在公海上触礁沉没。保险公司是否应该赔偿?这里关键取决于买方能否举证自己对货物灭失不知情,以证明自己没有违背最大诚信原则。

为了避免发生类似纠纷,我国一般采取的做法有两种:第一种是按CIF出口时,出口方应代为投保并提供保险单,保险单的签发日不得晚于提单签发日期,否则银行可以拒收;第二种是按CFR和FOB进口时,应采用进口预约保险制度。凡由我方办理保险的进口货物,接到卖方的装运通知后,应及时将船名、提单号、开航日期、装运港、目的港以及货物的名称和数量等内容通知中国人民保险公司,作为办理投保手续,保险公司即按预约保险合同的规定对货物负自动承保责任。这就大大简化了投保程序。

二是保证:指被保险人在保险合同中保证要做或不做某种事情;保证某种情况的存在或不存在;或保证履行某一条件,如货物不用十五年以上船龄的旧船装运、载货船舶不驶入某些海域、货物必须是合法的等。经保险双方同意写进保险单中的条款即为保证条款,称为明示保证。此外,还有默示保证,即在保险单中虽未明文规定,但按法律或惯例,被保险人应该保证对某种事情的行为或不行为。对于保证条件,被保险人必须严格遵守,如有违反保险人可自保证被违反之日起不再履行其应负的责任。

二、可保利益原则

可保利益(insurable interest)体现在货物运输中即货物本身的价值,及与此相关联的费用,如运费、保险费、关税和预期利润等。当保险标的安全到达时,被保险人就受益;当保险标的遭到损毁或灭失时,被保险人会受到损害或负有经济责任。

国际货运保险要求在保险标的发生损失时必须具有可保利益,而且该可保利益可以随同保险单的转让而转让。在一个实际案例中,美国 A 商以 CIF 西雅图合同从非洲刚果进口一批可可。运输途中发生了承保范围内的风险损失。当 A 持保险单向刚果保险公司索赔时,保险公司认为在损害发生时,A 没有可保利益,故拒绝赔偿。这时保险公司的做法是没有道理的,因为可保利益已随保险单转移到 A 方,A 方当然有索赔的权利。

三、补偿原则

按照补偿原则(principle of indemnity)指保险人应对被保险人遭受的保险责任范围内的损失予以赔偿,但该赔偿不得超过保险单上的保险金额或被保险人遭受的实际损失。保险赔偿不应使被保险人获得额外利益。

按照补偿原则,如果发生重复投保行为(即被保险人将同一标的就同一风险在两个或两个以上保险公司做多次投保,在保险期限相同的情况下,保险金额之和超过保险标的的价值的行为),应由各保险公司分摊赔偿,赔偿总额不超过保险标的的损失。

四、近因原则

近因(proximate cause)原则指保险人只对承保风险与保险标的的损失之间有直接因果关系的损失负赔偿责任。例如包装食品在运输中受海水浸湿,外包装受潮后导致食品发生霉变损失,该批食品投保了水渍险①。这时食品损失由两个原因造成,一个是承保范围内的海水浸湿,另一个是承保范围外的霉变。因为前者直接导致了后者,故前者是食品损失的近因,而它在承保范围内,故保险公司应该赔偿。

再如战争期间,一批货物在码头仓库待运时适逢敌机轰炸,引起仓库火灾使该批货物受损。被保险人对该批货物投保了一切险②。这时货损由两个原因造成:一个是承保范围外的战争,另一个是承保范围内的火灾。前者直接导致后者,故前者是近因,而它不在承保范围内,所以保险公司可以拒赔。

海运是我国外贸中最常使用的运输方式,其他运输方式下的保险是参照海运制定规则的。所以第二节、第三节和第四节的分析将以海运货物运输保险为例。

---

① 水渍险承保范围包括海水浸湿,但不包括霉变(详见本章第三节)。
② 一切险对战争因素不承保,但对意外火灾是承保的(详见本章第三节)。

第二节 保障范围

海运货物运输保险的承保范围是由于运输途中的各种风险而导致的损失和费用。

一、风险

1. 海上风险(perils of the sea)

海上风险又称海难,是运输过程中发生的自然灾害和意外事故。

自然灾害(natural calamity)指不以人的意志为转移的自然力量所引起的灾害。如恶劣气候、雷电、海啸、地震、洪水、火山爆发、浪击落海等。

意外事故(fortuitous accidents)指由于偶然的、难以预料的原因造成的事故。如船舶搁浅、触礁、沉没、焚毁、互撞、遇流冰或其他固体物体(如与码头碰撞)、失火、爆炸等原因造成的事故。

值得注意的是,按照国际保险市场的一般解释:海上风险并非局限于海上发生的灾害和事故,那些与海上航行有关的发生在陆上或海陆、海河或与驳船相连接之处的灾害和事故,例如地震、洪水、火灾、爆炸、海轮与驳船或码头碰撞等,也属于海上风险。

2. 外来风险(extraneous risks)

指由于海上风险以外的其他外来原因引起的风险,包括一般外来风险和特殊外来风险两类。

一般外来风险指偷窃、雨淋、短量、玷污、渗漏、破碎、受潮、受热、串味、锈损和钩损等。

特殊外来风险指战争、罢工和交货不到、拒收等。

二、损失

1. 海上损失

简称海损(average),是由于海上风险造成的损失,包括全部损失和部分损失两类。

(1) 全部损失(total loss)

简称全损,指整批或不可分割的一批被保险货物在运输途中全部遭受损失。它分为实际全损和推定全损。

实际全损(actual total loss)指被保险货物在运输途中完全灭失,或受到严重破坏完全失去原有的形体、效用,或不能再归被保险人所拥有。被保险货物遭到实际全损时,被保险人可按其投保的保险金额获得保险公司的全部赔偿,保险公司赔偿后可行使代位求偿权。①

推定全损(constructive total loss)指被保险货物在运输途中受损后,实际全损已不可避免,或为避免实际全损所需支付的费用与继续将货物运抵目的地的费用之和超过保险价值。被保险货物发生推定全损时,被保险人可以要求保险公司按部分损失赔偿,也可以在经保险公司同意的前提下进行委付(abandonment)②。

例如1973年10月,广州远洋运输公司的新会轮在西沙群岛浪花礁触礁,触礁后适逢强大的东北风季节,很难抢救。船货均由中国人民保险公司广州分公司承保。经查勘断定为推定全损,实行委付。

(2)部分损失(partial loss)

部分损失分为共同海损和单独海损两类。

① 共同海损(general average)

共同海损指在海运途中,船、货和其他财产遭遇了共同危险,为了共同的安全,有意采取合理的救难措施所直接造成的特殊牺牲和支付的特殊费用。构成共同海损,必须具备四个条件:第一,危险是共同的,并且是真实存在或不可避免地发生的;第二,是人为的、有意的、合理的措施造成的牺牲和费用;第三,损失是属于非常情况下的,费用是额外的;第四,牺牲和费用是有效的,避免了全损的发生。根据惯例,共同海损牺牲和费用应由受益方,即船方、货方、运费方三方最后按获救价值的比例进行分摊。所以必须有获救方,才能实现共同海损分摊(general average contribution)。

例如船在航行中触礁,船身出现裂口,海水自裂口处浸入,货方甲价值3万美元的货物因此受损。为了船货共同安全,船长下令租用拖轮将船拖到岸边修补,然后为了船身上浮抛掉了货方乙的部分笨重货物,这些损失和费用共计8万美元。这8万美元的共同海损应如何分摊?已知开航时各方的价值为:船方100万美元、货方甲33万美元、货方乙50万美元、货方丙8万美元、待收运费2万美元。

(单位:万美元)

	获救价值	分摊比例	分摊金额
船方	100	52.63%	4.210
甲	30	26.31%	2.104
乙	50	15.79%	1.263
丙	8	4.21%	0.337
运费方	2	1.08%	0.086
合计	190	100%	8.00

---

① 代位求偿权即保险公司以被保险人的代理人的身份向有关责任方进行追偿。
② 委付即被保险人将保险标的一切权利和义务转让给保险公司,保险公司按全部损失赔偿。

当发生共同海损后,船长有权在第一卸货港宣布共同海损,提货方必须对赔偿共同海损做出担保方可提货。保险公司对共同海损牺牲和费用的分摊做出赔偿。

② 单独海损(particular average)

单独海损是指仅涉及船舶或货物所有人单方面的利益的损失,它与共同海损的主要区别是:第一,造成海损的原因不同,单独海损是承保风险所直接导致的船、货损失;共同海损是为了解除船货共同风险而人为采取的合理措施造成的损失。第二,海损的承担者不同,单独海损由受损方自行承担;共同海损由受益各方按受益大小的比例共同分摊。

2. 外来风险损失

由于外来风险造成的损失,包括一般外来风险损失和特殊外来风险损失。前者指在运输途中由于偷窃、短量、钩损、碰损、雨淋、玷污等一般外来风险导致的损失;后者指由于军事、政治、国家政策法令及行政措施等特殊外来风险造成的损失。

三、费用

费用指为营救被保险货物所支付的费用,它主要包括两类:

1. 施救费用(sue and labour expense)

指保险标的在遭遇保险责任范围内的灾害事故时,被保险人或其代理人、雇佣人、保险单的受让人对保险标的所采取的各种抢救、防止或减少货损的措施而支出的合理费用。保险人对此做出赔偿。

2. 救助费用(salvage charges)

指保险标的遭遇保险责任范围内的灾害事故时,由保险人和被保险人以外的第三方采取了救助措施并获成功,由被救方付给救助方的报酬。保险人对此也做出赔偿。

第三节 保险险别

一、中国人民保险公司的海运货物保险条款

1. 基本险及其承保范围

基本险有三类,即平安险、水渍险和一切险。

平安险(free from particular average,F.P.A.)的承保范围有八项:第一,由于自然灾害导致的全部损失或推定全损;第二,运输工具已发生意外事故的情况下,货物在此前后又在海上遭受自然灾害所造成的部分损失;第三,在装卸或转动时由于一件或数件甚至整批货物落海所造成的全部或部分损失;第四,施救费用赔偿以不超过该批被救货物的保险金额为限;第五,运输工具遭遇海难后,在避难港由于卸货而

引起的损失以及在中途港或避难港由于卸货、存仓和运送货物所产生的特殊费用；第六，共同海损的牺牲、分摊和救助费；第七，运输契约中如定有"船舶互撞责任"条款，则根据该条款规定应由货方偿还船方的损失；第八，由于运输工具遭受意外事故造成货物的全部或部分损失。

水渍险（with average 或 with particular average，W.A. 或 W.P.A.）承保范围包括平安险，再加上被保险货物由于恶劣气候、雷电、海啸、地震、洪水等自然灾害造成的部分损失。

一切险（all risks）承保范围除包括水渍险外，还负责被保险货物在运输途中由于一般外来风险造成的全部或部分损失。

2. 附加险

附加险包括一般附加险和特殊附加险两类：

一般附加险（general additional risk）承保由于一般外来风险造成的全部损失或部分损失。包括：碰损破碎险、串味险、淡水雨淋险、偷窃提货不着险、短量险[①]、渗漏险、混杂玷污险、受潮受热险、锈损险、包装破裂险等 11 种险别。

特殊附加险（special additional risk）承保由于特殊外来风险造成的全部或部分损失。包括：战争险、罢工险[②]、黄曲霉素险、交货不到险、舱面险、进口关税险、拒收险、货物出口到香港（包括九龙）或澳门存仓火险责任扩展条款[③]等 8 种险别。

值得注意的是，附加险不能单独投保，只能附着在基本险上。特殊附加险可以附着在任何基本险上；而如投保一切险，就不需再投一般附加险。

3. 专门保险险别

专门保险险别有海洋运输冷藏货物保险和海洋运输散装桐油保险两类。

海洋运输冷藏货物保险（ocean marine insurance frozen products）包括冷藏险和冷藏一切险。

冷藏险除水渍险承保范围外，还负责赔偿由于冷藏机器停止工作连续达 24 小时以上造成的被保险货物的腐败或损失。

冷藏一切险除冷藏险承保范围外，还负责赔偿被保险货物在运输途中由于一般外来原因所造成的腐败或损失。

海洋运输散装桐油保险（ocean marine insurance woodoil bulk）承保不论任何原因造成的被保险散装桐油的短少、渗漏、玷污或变质的损失。

[①] 短量险对因外包装破裂或散装货物发生数量散失和实际重量短缺的损失做出赔偿，但不包括正常的途耗。

[②] 按照国际惯例，已投保战争险后加保罢工险，不另增收保险费。

[③] 被保险货物运抵目的地香港（包括九龙在内）或澳门卸离运输工具后，如直接存放于保险单载明的过户银行所指定的仓库，本保险对存仓火险的责任至银行收回押款解除货物权益为止，或运输险责任终止时起满 30 天为止。

二、英国伦敦保险协会规定的货物保险条款(Institute Cargo Clause, ICC)

该条款规定了 A 险、B 险、C 险、战争险、罢工险、恶意损害险等六种险别(见表4.1、表4.2、表4.3),它与前述"中国保险条款"(Chinese Insurance Clause, CIC)既有共同之处,又有差别,在实践中应注意区分。例如海盗行为在 ICC 中属 A 险的承保范围,而在 CIC 中属战争险的承保范围;ICC 中战争险和罢工险可以单独投保,而 CIC 中只能附加在基本险之上投保。

表4.1 ICC 战争险条款(货物)

责 任 范 围
1. 战争、内战、革命、叛乱、造反或由此引起的内乱,交战国或针对交战国的任何敌对行为造成的损失和费用
2. 捕获、拘留、扣留、禁制、扣押(海盗行为除外)以及这种行动的后果或这方面的企图所造成的损失和费用
3. 遗弃的水雷、鱼雷、炸弹或其他遗弃的战争武器造成的损失和费用
除 外 责 任
与表4.2 的1—8项除外责任相同

表4.2 ICC 中 A 险、B 险、C 险

责 任 范 围	A	B	C
1. 火灾、爆炸	✓	✓	✓
2. 船舶、驳船的触礁、搁浅、沉没、倾覆	✓	✓	✓
3. 陆上运输工具的倾覆或出轨	✓	✓	✓
4. 船舶、驳船或运输工具同除水以外的任何外界物体碰撞	✓	✓	✓
5. 在避难港卸货	✓	✓	✓
6. 共同海损牺牲	✓	✓	✓
7. 抛货	✓	✓	✓
8. 地震、火山爆发或雷电	✓	✓	×
9. 浪击落海	✓	✓	×
10. 海水、湖水或河水进入船舶、驳船、运输工具、集装箱大型海运箱或贮存所	✓	✓	×
11. 货物在船舶或驳船装卸时落海或跌落,造成任何整件的全损	✓	✓	×
12. 由于被保险人以外其他人(如船长、船员等)的故意违法行为所造成的损失和费用	✓	×	×
13. 海盗行为	✓	×	×
14. 下列"除外责任"范围之外的一切风险	✓	×	×
除 外 责 任	A	B	C
1. 被保险人的故意违约法行为所造成的损失和费用	×	×	×
2. 自然渗漏、重量或容量的自然损耗或自然磨损	×	×	×
3. 包装或准备不足或不当造成的损失和费用	×	×	×

(续表)

除外责任	A	B	C
4. 保险标的的内在缺陷或特性造成的损失和费用	×	×	×
5. 直接由于延迟引起的损失和费用	×	×	×
6. 由于船舶所有人、经纪人、租船人或经营人破产或不履行债务造成的损失和费用	×	×	×
7. 由于使用任何原子武器或核裂变等造成的损失和费用	×	×	×
8. 船舶不适航,船舶、装运工具、集装箱等不适宜	×	×	×
9. 战争险	×	×	×
10. 罢工险	×	×	×

注:"√"代表承保风险,"×"代表不承保风险。

表 4.3　ICC 罢工条款(货物)

责任范围
1. 罢工者、被迫停工工人或参与工潮、暴动或民变人员造成的损失和费用
2. 罢工、被迫停工、工潮、暴动或民变造成的损失和费用
3. 任何恐怖主义者或任何人出于政治目的采取的行动所造成的损失和费用

除外责任
1. 与表4.2第1—8项除外责任同
2. 由于罢工、被迫停工、工潮、暴动或民变而致劳动力短缺所造成的损失和费用
3. 战争、内战、革命、叛乱、造反或由此引起的内乱,交战国或针对交战国的任何敌对行为造成的损失和费用

第四节　承保责任起讫

一、"仓至仓"条款

我国海运货物保险责任的起讫主要是遵循"仓至仓"条款(warehouse to warehouse clause),即保险责任自被保险货物运离保险单所载明的起运地仓库或储存所开始,到该货物抵达保险单所载明的目的地收货人的最后仓库或储存所或被保险人用作分配、分派或非正常运输的其他储存所为止。

假如货物迟迟不抵达保险所载明的目的地收货人的仓库或储存所,则以被保险货物在最后卸载港全部卸离海轮后满60天为止。如在上述60天内被保险货物需转运至非保险单所载明的目的地时,则以该项货物开始转运时终止。

海洋运输冷藏货物保险责任起讫基本遵循"仓至仓"条款,但货物到达保险单所载明的目的港,如在30天内卸离海轮,并将货物存入岸上冷藏仓库后,保险责任继续有效,但以货物全部卸离海轮时起算满10天为限。如在上述期限内货物一经移出冷藏仓库,保险责任即告终止。

海运散装桐油保险的责任起讫也按"仓至仓"条款进行,但若在目的港不及时卸载,则自海轮抵港时起算满15天,保险责任即告终止。

二、"水上风险"

在中国保险条款中,战争险的承保责任以水上风险(water borne)为限,即自货物在起运港装上海轮或驳船时开始,直到目的港卸离海轮或驳船时为止。如不卸离,则从海轮到达目的港当日午夜起算满15天为止。如在中途港转船,不论货物在当地是否卸离,保险责任以海轮到达该港或卸货地点的当日午夜起算满15天为止,俟再装上续运海轮时保险责任恢复有效。

第五节 陆运、空运货物与邮包运输保险

陆运、空运货物与邮包运输保险是在海运货物保险的基础上发展起来的,由于运输风险的种类不同,它们又有自己的特点。

一、陆运货物保险

货物在陆运途中,可能遭受的常见风险有三类:第一类是自然灾害,如雷电、洪水、地震、火山爆发、暴风雨以及霜雪冰雹等;第二类是意外事故,如车辆碰撞、倾覆和出轨、路基塌方、桥梁折断、道路损坏以及火灾和爆炸等;第三类是外来原因,如战争、罢工、偷窃、货物残损、短少、渗漏等。这些风险造成的货物损失可以在相应的陆运货物保险中获得赔偿。

根据中国人民保险公司1981年1月1日修订的《陆上运输货物保险条款》(overland transportation cargo insurance clauses)的规定,基本险别有陆运险(overland transportation risks)和陆运一切险(overland transportation all risks),前者与海运保险的水渍险相似,后者与海运保险的一切险相似。此外,还有陆上运输冷藏货物险,它具有基本险的性质。附加险有一般附加险和战争险等特殊附加险。

陆上运输货物保险的责任起讫原则上遵循"仓至仓"条款,保险人负责自被保险货物运离保险单所载明的起运地仓库或储存所开始,到该项货物运达保险单所载目的地收货人的最后仓库或储存处所或被保险人用作分配、分派的其他储存处所为止。如未运抵上述仓库或储存所,则以被保险货物运抵最后卸载的车站满60天为止。陆运战争险目前仅限于火车运输,承保责任起讫与海运战争险相似,以货物置于运输工具时为限。

陆运进口货物可以按中国人民保险公司的预约保险制度办理投保,与海运相似。陆运货损的索赔时效是:自被保险货物在最后一目的地车站全部卸离车辆后起

算,最多不超过两年。

二、空运货物保险

货物在空运过程中,可能遇到的常见风险有:雷电、火灾、爆炸、飞机遭受碰撞、倾覆、坠落、失踪、战争破坏以及被保险货物由于飞机遇到恶劣气候或其他危难事故而被抛弃等。这些风险造成的损失可以在相应的空运货物保险险别中获得补偿。

根据中国人民保险公司1981年1月1日修订的《航空运输货物保险条款》(air transportation cargo insurance clauses)规定:航空运输货物保险的基本险别有航空运输险(air transportation risks)和航空运输一切险(air transportation all risks)。附加险有一般附加险和航空运输货物战争险等特殊的附加险。前者类似于海运"水渍险",后者类似于海运"一切险"。

航空运输货物保险承保责任起讫原则上遵循"仓至仓"条款,与海运"仓至仓"条款的区别是:如货物运达保险单所载明目的地而未运抵保险单所载明收货人仓库或储存所,则以被保险货物在最后卸载地卸离飞机后满30天,保险责任即告终止。如在上述30天内被保险货物需转送到非保险单所载明的目的地时,则以该项货物开始转运时终止。航空运输战争险的责任期限,自被保险货物装上保险单所载明的启运地的飞机开始,到卸离保险单所载明的目的地飞机时为止。

三、邮包运输保险

邮包运输通常须经海、陆、空辗转运送以实现"门到门"服务,在长途运送中可能遭受各种自然灾害、意外事故以及外来风险。这些风险造成的损失可以在相应的邮包运输保险中得到补偿。

根据中国人民保险公司1981年1月1日修订的《邮包保险条款》(parcel insurance clauses)规定,基本险有邮包险(parcel post risks)和邮包一切险(parcel post all risks),前者类似于海运"水渍险",后者类似于海运"一切险"。附加险有一般附加险和邮包战争险等特殊附加险。

邮包运输保险的责任起讫原则上是:自被保险邮包离开保险单所载明起运地寄件人处所运往邮局时开始生效,直至被保险邮包运达保险单所载明的目的地邮局发出通知书给收件人当日午夜为止,但在此期限内,邮包一经递交至收件人处所时,保险责任即告终止。邮包战争险承保责任起讫是:自被保险邮包经邮政机构收讫后自储存处所开始运送时生效,至该项邮包运达保险单所载明的目的地邮政机构送交收件人为止。

在办理国际邮包运输时,应根据实际情况选用邮包的保价①和保险。寄往办理

---

① 凡经过保价的邮包,一旦在途中遗失或损坏,即可向邮政机构按保价金额取得补偿。

保价业务的国家的邮包,可予保价。而有些国家和地区不予保价,或对保价邮包损失赔偿限制过严,或保价限额低于邮包实际价值,则可采取保险。根据中国人民保险公司规定,凡进行保价的邮包,可享受保险费减半的优待。在我国,通过邮包运输进口货物,投保手续按预约保险合同制度办理。

[本章小结]

　　本章阐明了物流运送中保险公司可能分担的货物运输风险、损失和费用,有助于实践中合理选择投保策略。通过本章学习,应当系统了解国际货物运输过程中的风险分担机制,熟练掌握中国保险条款的基本险、附加险及承保责任的起讫,明确共同海损、单独海损等重要概念及其区别,熟悉国际货物运输保险领域的相关国际规则。

[思考题]

1. 共同海损和单独海损有何区别和联系?
2. 施救费和救助费有何异同?
3. CIC 和 ICC 有哪些主要区别?
4. 如何全面、正确理解"仓至仓"条款?
5. 船在航行中遇到流冰,船身出现裂缝,海水自裂缝涌入。为了船货的共同安全,船长下令启动备用发动机加速排水。为供应备用发动机的燃料而烧掉了部分货物。这部分货物是否共同海损?
6. 一货轮从天津新港驶往新加坡,海运途中非因过失而失火。为了船货的共同安全,船方一面灌水灭火,一面雇用拖轮将船抢回新港修理,修好后再重新驶往新加坡。在此过程中发生的损失和费用有:A.100 箱货物被火烧毁;B.600 箱货物因灌水灭火而受损;C. 主机和部分甲板被烧坏;D. 拖轮费;E. 额外增加的燃料和工资。请判断共同海损和单独海损。
7. 我方出口一批罐头到新加坡,投保一切险。货到新加坡时由于收货人地址不详无法交货,只能将货物随船运回,待我方将地址补充完整后再运往新加坡。但在返程中因恶劣的气候条件导致部分罐头生锈,货到后进口方只收下未生锈的部分。对于生锈的罐头,保险公司是否应该赔偿?
8. 我方进口的一批货物投保一切险。该货物到达目的港天津新港后进入到1号码头仓库,进口方从该仓库提货。进口方提走部分货物并分发到全国各地,这时由于台风袭击,仓库内余下的尚未提取的部分货物受损。请问保险公司对该损失是否应做出赔偿?

第五章 国际货款的收付

[**本章概要**] 国际货款的收付通常使用票据作为支付工具,有汇付、托收、信用证等不同类型的支付方式,在常用的贸易术语下,付款针对物流中产生的全套合格单据,而不是货物本身。本章全面介绍了常用支付工具及其法律关系,系统分析了汇付、托收、信用证的基本流程,重点阐释了信用证业务的基本特征及实践运用。

第一节 支付工具

目前在国际贸易结算中,基本上都采用票据作为支付工具。

一、票据的分类

国际贸易中常用的票据有三类,即汇票、本票和支票。

1. 汇票(bill of exchange,简称 draft 或 bill)

《中华人民共和国票据法》第十九条的定义:"汇票是出票人签发的,委托付款人在见票时或在指定日期无条件支付确定金额给收款人或持票人的票据。"

按照被广泛引用或参照的《英国票据法》的定义:"汇票是由一人签发给另一人的无条件书面命令,要求受票人见票时或于未来某一规定的或可以确定的时间,将一定金额的款项支付给某一特定的人或其指定人,或持票人。"

从这些定义可知,汇票包括三个基本当事人:出票人、受票人(付款人)和受款人。

按出票人不同,汇票可分为银行汇票和商业汇票。银行汇票的出票人和付款人都是银行,签发后一般交给汇款人,由汇款人寄交收款人向指定的付款银行取款。出票行签发汇票后必须将付款通知书寄给国外付款行,以便付款行在收款人持票取款时进行核对。银行汇票一般是不随附货运单据的光票(见样例5.1)。

样例5.1　中国银行上海分行签发的银行汇票

```
                BANK OF CHINA              号码
                本汇票有效期为一年            No. _____
中   This draft is valid for one          金额
国   year from the date of issue          AMOUNT _____
银   致
行   To: _____
     请付
     DAY TO _____
     金额
     THE SUM OF _____
     请凭本汇票付款划我行账
     PAY AGAINST THIS DRAFT TO THE
     DEBIT OF OUR ACCOUNT

                中国银行上海分行
                BANK OF CHINA SHANGHAI
```

商业汇票的出票人是工商企业或个人，付款人可以是工商企业或个人，也可以是银行。商业汇票大都附有货运单据，即跟单汇票（见样例5.2）。

按付款时间不同，汇票可分为即期汇票和远期汇票。即期汇票即见票即付；远期汇票可以是定日付款、出票后定期付款、见票后定期付款、运输单据出单日期后定期付款等。

2．本票（promissory note）

按照《中华人民共和国票据法》第七十三条的定义："本票是出票人签发的，承诺自己在见票时无条件支付确定金额给收款人或持票人的票据。本法所称本票，指银行本票。"

从该定义可知，本票包括两个基本当事人：出票人（付款人）和受款人。

样例5.2　商业汇票

```
凭                              信用证
Drawn under _____      L/C No. _____
日期                             按息付款
Dated _____ 支取 Payable with interest @ _____%
号码         汇票金额             上海
No. _____ Exchange for _____ Shanghai _____
见票 _____ 日后（本汇票之副本未付）付交
AT _____ sight of this FIRST of Exchange ( Second of Exchange
being unpaid) Pay to the order of BANK of CHINA the sum of
      ┌──────────────────────────────────┐
      └──────────────────────────────────┘
      ┌──────────────────────────────────┐
      └──────────────────────────────────┘
款已收讫
Value received _____
      此致                        DEPT. MANAGER
      To _____
```

另外,只有银行有权签发本票,而且只有符合中国人民银行规定且经其审定的银行方可签发本票。

按照《日内瓦统一法》与《英国票据法》,依出票人的不同,本票可分为一般本票(商业本票)和银行本票。商业本票又可按付款时间分为即期和远期两种;银行本票都是即期的(见样例5.3、样例5.4)。

样例5.3　一般本票(商业本票)

```
£ 60 000.00                London, May 15, 2000
Three months after date    I promise to pay John Tracy or order the
sum of SIXTY THOUSAND POUNDS for value received.

                           William Taylor
```

样例5.4　银行本票

```
              ASIA INTERNATIONAL BANK, LTD.
                 18 Queen's Road, Hong Kong
                       CASHIER'S ORDER
                    Hong Kong, Aug, 8, 1995.
      Pay to the order of Dockfield & Co. _____
      the sum of Hong Kong Dollars Eighty Thousand and Eight Hundred
      Only _____
                    For Asia International Bank, Ltd.
                         HK $ 80 800.00

                              Manager
```

3. 支票(cheque, check)

按照《中华人民共和国票据法》第八十二条的定义:"支票是出票人签发,委托办理支票存款业务的银行或其他金融机构在见票时无条件支付确定金额给收款人或持票人的票据。"(见样例5.5)

样例5.5　一般支票

```
      Cheque for £ 10 000.00 London, 30th, Nov. 2000
      Pay to the order of United Trading Co. The sum of TEN
  THOUSAND POUNDS
      To: Midland Bank
          London
                              For ABC Corporation
                                  London
                                (Signed)
```

从定义可知,支票有三个基本当事人:出票人、受票人(付款人)和受款人。支票都是即期的。根据我国《票据法》,支票可分为:普通支票、现金支票和转账支票。普通支票既可用作现金支取,又可用作转账;现金支票只能用作现金支取;转账支票只能用于转账。

在国际上,支票分为未划线支票(uncrossed cheques)和划线支票(crossed cheques)。未划线支票既可支取现金,又可进行转账;划线支票即在支票左上角由出票人或收款人或代收行划两道平行线,它只能用于转账。

二、票据行为

票据行为即能产生、变更和消灭票据上的权利和义务的法律行为。除了前面提到的出票、付款提示、付款外,还有以下主要的票据行为:

1. 背书

背书(endorse)是持票人基于一定目的(如转让票据)而在票据的背面或符合法律规定的粘页上进行签字的行为。有效的背书必须具有连续性,即票据的第一个背书必须是受款人做出,第二个背书必须是受款人指定的被背书人做出,第三个背书必须是第二个背书人指定的被背书人做出,其后的背书依此类推(见样例5.6、样例5.7)。空白背书后出现另一背书时,后一背书人视为前一空白背书的被背书人,这样可作为连续的背书。

样例5.6 连续的背书

背 书 人	被 背 书 人
(受款人)A	B
B	C
C	D
D	E
E	F

样例5.7 不连续的背书

背 书 人	被 背 书 人
(受款人)A	B
B	C
D	E
E	F

2. 远期汇票的承兑

承兑(acceptance)是指汇票付款人承诺在汇票到期日支付汇票金额的票据行为。远期汇票只有经过付款人承兑,付款人才承担付款责任。付款人承兑时,在汇票正面写上"承兑"(acceptance)字样,注明承兑日期,并由付款人签名,交还持票人。

若仅有付款人签名,一般也视为承兑。

3. 拒付和追索

拒付(dishonour)指付款人对汇票拒绝付款,或对远期汇票拒绝承兑。它既包括明示不付款、不承兑,也包括承兑和付款在事实上不可能,甚至包括迟迟不付款,不承兑。

持票人遭到拒付后,应请求法定公证人或其他依法享有该权利的机构(如法院、银行、公会等)作成拒绝证书(protest),据此可以向其前手[①]进行追索。

三、法律关系

票据上的法律关系包括票据关系和基础关系两类。

1. 票据关系

票据关系指基于出票、背书、承兑、提示等票据行为而产生的债权债务关系。

2. 基础关系

(1) 原因关系

指当事人之间发行票据或转让票据的理由。在票据的基本当事人之间,票据关系和基础关系是相联系的。

例如甲为支付货款而签发本票给乙,日后乙拒绝交货,当乙持该本票向甲要求付款时,甲是否必须付款呢?

由于该本票的基本当事人甲和乙之间的原因关系是"支付货款",即以交货为条件,乙拒绝交货,破坏了原因关系,也使得与原因关系相联系的票据关系失效。故甲不需向乙付款。

在该案中,假如乙将票据转让给善意[②]的丙,那么甲必须对持票人丙付款。因为票据法为了维护票据的流通性,实行"票据行为独立性原则"和"善意取得制度",即除基本当事人之间外,原则上票据关系和原因关系是相分离的,应保护善意的受让人。

(2) 资金关系

汇票和支票的出票人和付款人是不同主体,他们之间有资金补偿关系,即资金关系。

汇票的票据关系和资金关系是相分离的,即付款人的付款不以出票人已提供足够的资金补偿为前提。

支票的出票人若签发超过其付款时在付款人处实有的存款金额的支票,则称为"空头支票"。各国法律禁止签发"空头支票","空头支票"的出票人不仅要承担票

---

① 对于持票人而言,他以前的所有背书人和出票人都是他的"前手"(prior party)。
② "善意"即不知情并做出了合理的支付。

据责任,还要承担法律责任。票据责任要求他承担被追索的义务,法律责任会对他作罚款甚至拘禁等惩罚。

第二节 支付方式(一)——汇付和托收

汇付和托收都属于商业信用,银行在整个过程中只起到代理和中介作用,一般不会承担任何风险。

一、汇付(remittance)

汇付有电汇、信汇和票汇三种形式。

1. 电/信汇(telegraphic transfer, T/T)

电汇的基本流程如图5.1所示。

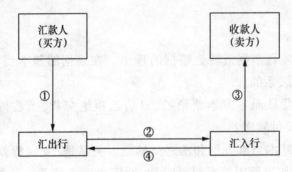

图5.1 电汇业务程序图

① 汇款人将汇付申请、款项及有关费用交给汇出行。
② 汇出行电汇委托通知到汇入行。
③ 汇入行向收款人付款。
④ 汇入行向汇出行发出付讫借记通知。

在我国外贸中,汇付主要用于定金、货款尾数以及佣金、费用等的支付。有时也用于赊账交易①(open account trade, O/A)以及大宗交易使用的分期付款或延期付款。在现货交易采用预付货款时,进口方为了减少预付风险,可使用凭单付汇(remittance against documents)的方法。即指示汇入行在向收款人付款时,以收款人提供某些指定单据和装运凭证为前提。

信汇(mail transfer, M/T)与电汇的区别是:第二步②信汇是用邮政航空信件方式寄发委托通知,其余步骤基本一致。

---

① 如预付货款(payment in advance)、交货后付款(cash on delivery, C.O.D.)、随订单付现(cash with order, C.W.O)等。

2. 票汇(remittance by banker's demand draft, D/D)

票汇的基本流程如图 5.2 所示。

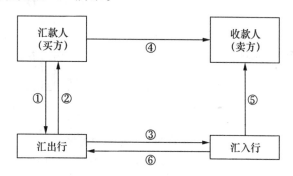

图 5.2　票汇业务程序图

① 汇款人交付汇付申请、款项及有关费用。
② 银行即期汇票。
③ 寄票汇通知(票根)。
④ 寄交银行即期汇票。
⑤ 汇入行凭银行即期汇票向收款人付款。
⑥ 付讫借记通知。

在预付货款的交易中,进口方为了减少预付风险,可以采用凭单付汇(remittance against documents)的做法:指定汇入行凭出口方提供的某些指定的单据和装运凭证付款。这时出口方应尽快办理交单支款,以防货已发运,而汇款被撤销。

二、托收(collection)

按照《托收统一规则》(国际商会第 522 号出版物)第 2 条的定义:托收是指由接到委托指示的银行办理金融单据和/或商业单据以便取得承兑或付款,或凭承兑或付款交出商业单据,或凭其他条件交出单据。

托收分为光票托收和跟单托收两种。光票托收是仅凭票据等金融单据委托银行代为收款,不附带商业单据,可用于货款尾数、小额货款、贸易从属费用和索赔款的提取。在国际贸易中使用托收方式结算货款时,通常使用跟单托收,即以票据随附商业单据委托银行代为收款。

1. 跟单托收的种类及基本流程

跟单托收分为付款交单和承兑交单两大类。

(1) 付款交单(document against payment, D/P),分为即期付款交单和远期付款交单。

即期付款交单(D/P at sight)的基本流程如图 5.3 所示。

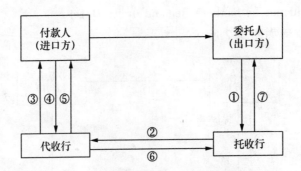

图 5.3　即期付款交单的业务程序

① 出口方装货后,将货运单据(有时随附即期汇票)、托收申请交托收行。
② 托收行寄交托收委托书连同货运单据(有时随附即期汇票)。
即期付款交单的特点体现在以下三步:
③ 代收行提示单据(有时随附即期汇票)。
④ 付款人审单无误后付款。
⑤ 代收行交单。
⑥ 代收行办理转账并通知托收行款已收妥。
⑦ 托收行交款。

在即期付款交单的情况下,可以做出口押汇,即在第一步①托收行扣除利息和手续费后垫付货款给委托人,然后履行②—⑥步骤,第七步⑦取消。

远期付款交单(D/P after sight)的基本流程如图5.4所示。

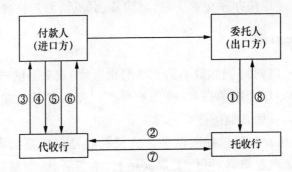

图 5.4　远期付款交单的业务程序

① 出口方装货后,填写托收申请,开立远期汇票连同货运单据交托收行。
② 托收行寄交托收委托书、单据及汇票。
远期付款交单的特点体现在以下四步:
③ 代收行提示远期汇票和单据。
④ 付款人审单无误后承兑远期汇票。
⑤ 进口方到期付款。
⑥ 代收行交单。
⑦ 代收行办理转账,并通知托收行款已收到。
⑧ 托收行向出口方交款。

远期付款交单可以做进口押汇,即进口方在承兑汇票后,经代收行同意可以凭信托收据①(trust receipt，T/R)将单据提前借出，凭以提取货物，等到远期汇票到期再付款。假如日后进口方到期不付款，风险由代收行承担。如果代收行事先经出口方同意，则称为"付款交单凭信托收据借单"(D/P·T/R)，这时进口方到期不付款的风险由出口方承担。

（2）承兑交单(documents against acceptance，D/A)的基本流程如图5.5所示。

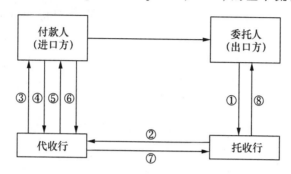

图5.5 承兑交单业务程序

①② 同图5.4。
承兑交单的特点体现在以下四步：
③ 代收行提示远期汇票和单据。
④ 付款人审单无误后承兑远期汇票。
⑤ 代收行交单。
⑥ 付款人到期付款。
⑦⑧ 同图5.4。

假如付款人在远期汇票到期时不付款，风险由委托人承担，因此委托人的风险很大。除非对进口方资信有十足把握，出口方一般不宜采用承兑交单方式。

2. 跟单托收方式下出口方的风险防范

跟单托收方式下，出口方先装货，再收款，因此承担了较大的风险。但有时为了促销等目的不得不采取这种支付方式，出口方可以选择采用相应的风险防范措施。

（1）国际保理业务(factoring)是在以托收、赊账等方式结算货款的情况下，保理商(factor)向出口方提供的一项包括对买方资信调查、百分之百的风险担保、催收应收账款、财务管理以及融通资金等的综合性财务服务。

1968年遍布35个国家和地区的国际保理商联合会(Factors Chain International，FCI)宣告成立，1993年2月，中国银行正式加入该协会。目前，中国银行开展的国际保理业务向出口方提供服务的基本做法是：

第一步：出口方与中国银行签订保理合同，并报送信用额度申请表，列明进口方名称、地址等情况；申请表由中国银行转送进口地保理商，进口地保理商对进口方的

---

① 信托收据是进口方借单时提供的一种书面信用担保文件，用以表示出具人愿意以代收银行的受托人身份代为校货、报送、存仓、保险、出售，日后进口方付款后可收回信托收据。

资信情况进行调查,并在接到申请表后14天内将是否批准意见通知中国银行转告出口企业。出口企业可在批准额度内用托收或其他赊账方式与该进口方成交。

第二步:出口方将全部出口单据交给中国银行办理托收。

第三步:如在付款日期90天内尚未收到进口方付款,中国银行在第90天向出口企业按发票金额全部保付。

在这一过程中,出口方可通过三种办法从中国银行获得融资便利:第一种,出口合同抵押贷款。银行在不超过信用额度条件下,按合同金额70%—80%核贷;第二种,出口方凭运输单据可向银行申请按发票金额80%预垫货款;第三种,出口方凭汇票和运输单据向银行申请按发票金额贴现。上述三种融资方式出口方均须承担相应的融资利息。

(2) 出口信用险(export credit insurance)是保障因国外进口方的商业风险和/或政治风险而给本国出口方造成的收不到货款的损失。

我国出口信用险始于1986年,当时,由中国人民保险公司在部分省市的分公司先后逐步试办短期出口信用保险。1988年中国人民保险公司成立了出口信用保险部,并以机电产品为重点,正式办理中长期出口信用险。目前我国承办出口信用保险业务的除中保财产保险公司外,还有中国进出口银行保险部。

短期出口信用险适用于持续出口的消费性货物,信用期限在180天以内,有固定的保险单及条款。一般实行全部投保原则,即出口企业必须将所有的商业信用方式的出口按销售额全部投保,不允许只选择风险大的国家和买方投保。私营纯商业性经营的保险公司一般对此不加限制,但保险公司有选择承保的权利,而且保险费率要高得多。

中长期保险适用于资本性货物,如成套设备、船舶、飞机等的出口以及工程承包、技术服务项目合同,信用期限超过180天直至2年、5年、8年等。由于信用期限长、收汇风险大,保险机构通常要介入合同谈判和可行性研究分析工作,逐笔审查,并按每个合同的具体情况设计保单和费率,不采用固定格式的保单。

在出口信用保险业务中,一般规定保险机构仅赔付实际损失的90%,其余10%归出口企业自己承担,以促使其谨慎从事,并在发生损失后努力避免损失扩大。

第三节 支付方式(二)——信用证

信用证(letter of credit, L/C)是指开证银行应申请人的要求并按其指示,向第三方开具的有条件的承诺付款的书面文件。按照进出口业务的通常做法,这里的"条件"指卖方交付符合信用证规定的全套合格单据,故称为跟单信用证。

一、信用证的分类及基本业务程序

国际商会1933年制定了《商业跟单信用证统一惯例》,此后经过1951年、1962年、1974年、1983年、1993年和2007年六次修订,最后两次分别是国际商会第500号出版物(UCP500)和第600号出版物(UCP600)。根据目前通行的惯例解释,信用证分为即期信用证和远期信用证两大类。即期信用证常用的是即期跟单信用证;远期信用证分为三种,即银行承兑远期信用证、假远期信用证和延期付款信用证。除非有特殊说明,信用证都是不可撤销的,即该信用证一经通知受益人,在有效期内未经受益人及有关当事人同意,既不能修改也不能撤销。

1．即期跟单信用证

即期跟单信用证的基本流程如图5.6所示。

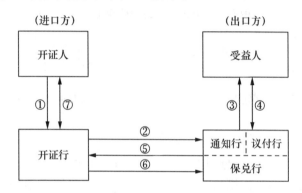

图5.6 即期跟单信用证的业务程序

① 申请开证(开证申请、押金及手续费)。
② 开证(可以电开、信开或简电开证①)。
③ 通知(通知行收到开证后核对印鉴密押无误后通知受益人)。
④ 议付(受益人审证无误后备货装船,将全套合格单据交给议付行;议付行审核无误后垫付货款)。
⑤ 索偿(议付行办理议付后,向开证行索要垫付的货款)。
⑥ 偿付(开证行审单无误后,偿还议付行垫付的货款)。
⑦ 付款赎单(开证人审单无误后向开证行付款开证行交单)。

在第四步假如受益人收到信用证后对开证行的信用没有把握,可以要求"保兑",应开证行的请求在信用证上加具保兑的保兑银行,具有与开证行相同的责任和地位。保兑行通常由通知行兼任。

在第四步假如受益人对信用证不满意,可以要求修改。不可撤销信用证修改的

---

① 简电开证是将信用证的重要条款先用电报、电传等方式开出,以便受益人备货。简电开证不一定代表已生效的信用证,因此受益人收到简电开证后,应关注并催促开证人早日通过开证行发出信用证生效通知书或其他有效信用证文件(cable confirmation),以便该信用证能及早正式成立和生效。

程序应该是由开证人委托开证行通过同一家通知行将修改通知转达到受益人,受益人同意后修改方成立。

2. 远期信用证(usance letter of credit)

(1)银行承兑远期信用证(banker's acceptance letter of credit)的基本流程如图5.7所示。

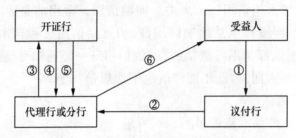

图5.7　银行承兑远期信用证的特点

(开证过程同上)
① 受益人开立以开证行为付款人的远期汇票,连同单据交给议付行。
② 议付行审单无误后将汇票、单据寄交其在进口地的代理行或分行。
③ 代理行或分行提示单据汇票。
④ 开证行审单无误后承兑汇票,将单据留下,经承兑的汇票退还代理行或分行。
⑤ 开证行到期付款。
⑥ 款项收妥后汇交受益人。

在第四步可作进口押汇,即开证行承兑汇票留下单据后,进口方可以凭信托收据将单据借出提货。出口方则可以指示将经承兑的汇票用于贴现。

(2)假远期信用证(usance L/C payable at sight)。如图5.7所示,在第一步受益人开立远期汇票并交付单据时,议付行垫付全部货款,这时受益人是即期十足获得贷款。日后在第六步代理行或分行收妥货款后偿还给议付行。这其中利息和相关费用由进口方承担,即在远期汇票到期后进口方应将汇票金额包括利息和相关费用付给开证行。这相当于开证行对进口方的融资行为。

(3)延期付款信用证(defered payment L/C)指开证行在信用证上规定货物装船后若干天,或开证行收单后若干天付款的信用证,不要求受益人开立汇票。

二、信用证业务的特点

信用证是目前使用最为广泛的支付方式,它有三个特点:

1. 银行信用

在信用证业务中,开证行承担第一性的付款责任。对于受益人而言,开证行是首先的付款人,其付款责任是独立的。即使进口人在开证后失去偿付能力,只要出口方提交的单据符合信用证要求,开证行必须付款。

2. 信用证是一种自足的文件

信用证的开立以买卖合同为依据,但信用证一经开出,就成为独立于买卖合同之外的另一项独立的契约,不受买卖合同的约束。《跟单信用证统一惯例》明确规定:"信用证按其性质与凭以开立信用证的销售合同或其他合同,均属不同业务。即使信用证援引这些合同,银行也与之毫无关系并不受约束。"

3. 信用证业务是"单据买卖"

从前面信用证业务流程可知,信用证业务是典型的象征性交货和"单据买卖"。按照《跟单信用证统一惯例》的规定,银行审单的原则是严格相符和表面相符。严格相符,即必须"单单一致"、"单证一致"。表面相符,即只要求单证上的一致。《跟单信用证统一惯例》规定银行对单据有效性免责:"银行对于单据的形式、完整性、准确性、真伪性或法律效力,或对于单据上规定的附加的一般性及/或特殊条件,概不负责;银行对于任何单据中有关的货物描述、数量、重量、品质、状况、包装、交货、价值或存在,对于货物的发货人、承运人、运输行、收货人或保险人或其他任何人的诚信、行为及/或疏忽、清偿能力、履约能力或资信也概不负责。"

同时,由于 UCP600 规定银行的审单期限是收到单据的翌日起算第五个银行工作日以内,因此银行审单的任务很紧迫。

信用证业务"单据买卖"的特点体现了象征性交货的性质。象征性交货给欺诈分子提供了可乘之机,因为伪造单证比伪造假货更为容易。一些银行为了维护自己的信用,甚至对一些明知有诈的单据,只要它符合"单单一致"、"单证一致"的原则,就进行付款,这使得信用证欺诈问题日益突出,而"信用证反欺诈"越来越成为引起各国重视的课题。

在 1941 年美国斯特恩诉亨利·施罗德银行案中,买方发现原订购的鬃毛被卖方换成了一批垃圾,于是要求银行不要对卖方付款。但银行拒绝接受买方的请求。买方上诉到法院,法院下令银行不能付款。该案例判决后来被《美国统一商法典》①所采纳,奠定了"信用证欺诈例外原则"的基础。1989 年我国也作了类似规定:如有充分证据证明卖方利用签订合同进行欺诈,且中国银行在合理时间内尚未对外付款的,人民法院可行使"止付"权,即根据买方指示,冻结信用证项下货款;在远期信用证情况下,如中国银行已承兑汇票,人民法院就不应加以冻结。但应注意,"止付"权利仅属于人民法院。

在实践当中也有一些防范欺诈的具体措施,如在议付行审单时如果认为有疑问,可采用"电提"或"表提",用电报、电传或面函方式请示开证行是否可以付款;开证行往往与进口方一同审单;另外还可以委托国际海事局对在途货物进行监控等。

---

① 《美国统一商法典》被誉为 20 世纪英美法中最伟大的一部成文法,在《中国大百科全书》中,它被列为唯一的世界著名商法典。它盛行于美国,对 1980 年联合国《国际货物销售合同公约》的形成有重要的影响。

三、特殊类型的信用证

1. 可转让信用证(transferable L/C)

按照《跟单信用证统一惯例》的规定：当明确注明"可转让"时，信用证可以转让。除非信用证另有说明，可转让信用证只能转让一次，但允许第二受益人重新转让给第一受益人。如信用证允许分批装运/支款，在累计金额不超过信用证金额的前提下，可以分成几个部分分别转让给几个第二受益人，各项转让金额的总和视为信用证的一次转让。

《跟单信用证统一惯例》规定：凡被授权付款、承担延期付款责任、承兑或议付的银行均可作为转让行接受第一受益人的要求办理转让手续，在自由议付信用证情况下，只有被特别授权的转让行才有资格办理转让手续。转让行转让信用证时要收取转让手续费。

信用证原则上只能按票证规定的条款办理转让，但金额和单价、到期日、运输单据出单日期后必须交单的最后期限（即交单日）、装运期限等项可以变更，保险金额可以增加。

第一受益人有权用自己的发票（汇票）替换第二受益人提交的发票（汇票），其金额不得超过原信用证金额，如信用证对单价有规定，应按原单价出具发票。经过替换发票（汇票），第一受益人可以在信用证下支取其发票与第二受益人发票间可能产生的差额。

假如第二受益人未能履行其义务，如未交货、交货不符合合同规定、单据不符合信用证和买卖合同的要求等，原受益人仍要承担买卖合同规定的卖方义务。

2. 对背信用证(back-to-back L/C)

假如原证是一份不可转让的信用证，其受益人可以要求原证的通知行或其他银行以原证为基础，另行开立一张内容相似的新的信用证，即对背信用证。

在开立对背信用证时，金额和单价、装运期、到期日等可以变更，但应征得原证开证行和开证人的同意。对背信用证开证行除要以原证作为新证的抵押外，一般还要求开证人缴纳一定数额的押金或担保品。

当对背信用证的开证人、开证行、受益人都在同一国家时，又称为"当地信用证"(local L/C)。例如，出口方收到国外开来的信用证后，出于保护商业秘密的需要，为防止本国供货商知悉国外进口方的名称、地址或价格，故不愿将原证转让给本国厂商，则使用当地信用证。

3. 循环信用证(revolving L/C)

受益人在一定时间内利用规定金额后，能重新恢复到原金额并再度使用，周而复始，直至达到该证规定次数或累计总金额用完为止。循环信用证一般用于定期分批均衡供应、分批结汇的长期合同。对进口方来说,可节省逐笔开证的手续和费用,减少押金,有利于资金周转;对出口方而言,可减少逐批催证审证的手续,又可获得收回全部货款的保障。

可累积使用(cumulative)的循环信用证允许受益人在其一批货物因故未交时,在下一批补交,并连同下一批可交货物一起议付。不可累积使用(non-cumulative)的循环信用证指未明确规定可累积使用的循环信用证,如因故未能及时装出部分货物,未经信用证开证行改证,自这批货物以后各批均不能再出运。

4. 对开信用证(reciprocal L/C)

在易货贸易或来料来件加工装配业务中常采用对开信用证。其特点是:第一张信用证的开证人、开证行、通知行、受益人正好是回头信用证的受益人、通知行、开证行、开证人。两证金额可以相等,也可以不等;两证可以同时生效,也可以先后生效。

5. 预支信用证(anticipatory L/C)

是光票信用证,允许受益人在货物装运交单前预支货款。预支的方式有两种:一种是向开证行预支,即受益人开具以开证行为付款行的汇票,议付行买下后向开证行索偿;另一种是向议付行预支,即议付行先垫付货款,待货物装运后交单议付时,扣除垫款本息将余额支付给受益人。如未能装货,则由开证行偿还议付行的垫款和利息。

过去预支信用证的预支条款常以红字打出,因此俗称"红条款信用证",用于进口澳洲的羊毛交易。现在在补偿贸易中有时还采用这种信用证。

6. 备用信用证(standby L/C)

开证行保证在开证申请人未能履行其应履行的义务时,受益人按备用信用证的规定向开证行开具汇票(或不开具汇票),并随附开证申请人未履行义务的声明或证明文件,即可取得开证行的偿付。

备用信用证与银行保函①(letter of guarantee, L/G)的功能很相似,一般用于招标投标、预付货款、赊销等业务。备用信用证最早流行于美、日,因两国法律不允许银行开立保函,故使用备用信用证。

四、SWIFT 信用证

SWIFT 是环球银行财务电信协会(Society for Worldwide Interbank Financial Telecommunication)的简称,该组织成立于 1973 年,目前已有 1 000 多家分设在包括我国在内的不同国家和地区的银行参加该协会并采用该协会电信业务的信息系统,使用时必须依照 SWIFT 使用手册规定的标准,否则会被拒绝。通过 SWIFT 开立或通知

---

① 保函是银行、保险公司、担保公司或个人(保证人)应申请人的请求,向第三方(受益人)开立的一种书面信用担保凭证。保证方对申请人的债务或应履行的义务承担赔偿责任。

的信用证即 SWIFT 信用证(见样例 5.6),现已被西北欧、美洲和亚洲等地国家和地区的银行广泛使用。我国在电开信用证或收到的信用证电开本中,SWIFT 信用证占很大比重。

样例 5.6　SWIFT 信用证

HONGKONG & SHANGHAI BANKING CORP.
　　　Incorporated in Hong Kong with limited liability
P. O. Box 085—151,
185 Yuan Ming Yuan Road, Shanghai
CHINA ARTEX SHANGHAI IMPORT AND　　Our ref: 464311
EXPORT CORPORATION　　　　24 Nov, 1994
18 XIZANG NORTH ROAD
SHANGHAI, CHINA

Dear Sirs,
IRREVOCABLE DOCUMENTARY CREDIT NO. A 53915
In accordance with the terms of Article 7a of UCP 500 we advise, without any engagement on our part, having received the following teletransmission
dated 24 Nov 1994
from ISRAEL DISCOUNT BANK OF NEW YORK
　　　NEW YORK BRANCH

40A	FORM OF DC:	IRREVOCABLE
20	DC NO:	A53915
31C	DATE OF ISSUE:	23NOV94
31D	EXPIRY DATE AND PLACE:	30JAN95 CHINA
50	APPLICANT:	THE ABCDE GROUP, INC.
		445 KENNEDY DRIVE
		SAYREVILLE, NEW JERSEY
59	BENEFICIARY:	CHINA ARTEX SHANGHAI IMPORT AND EXPORT CORPORATION 18 XIZANG NORTH ROAD SHANGHAI, CHINA
32B	DC AMT:	USD44,202.4
41D	AVAILABLE WITH/BY:	ANY BANK IN CHINA
		BY NEGOTIATION
42C	DRAFTS AT:	SIGHT
42D	DRAWEE:	OURSELVES
		FOR 100.00PCT INVOICE VALUE
43P	PARTIAL SHIPMENTS:	ALLOWED
43T	TRANSHIPMENT:	ALLOWED
44A	LOADING/DISPATCH AT/FROM:	
	CHINA	
44B	FOR TRANSPORTATION TO:	
	NEW YORK	
44C	LATEST DATE OF SHIPMENT:	10JAN95
45A	GOODS:	

ALL COTTON CUSHIONS WITH MACHINE EMBROIDERY, FULLY STUFFED FACE—100 PERCENT COTTON, BACK—100 PERCENT COTTON, FILLING—100 PERCENT POLYESTER FIBER UNDER SALES CONTRACT

94/MC205 PART.
TERMS CIF
46B DOCUMENTS REQUIRED:
Incorporated in Hong Kong with limited liability
P. O. Box 085—151,
185 Yuan Ming yuan Road, Shanghai

Our ref: 464311

IRREVOCABLE DOCUMENTARY CREDIT NUMBER: A 53915
- ✓ COMMERCIAL INVOICE IN QUINTUPLICATE
- ✓ PACKING LIST IN TRIPLICATE.
- ✓ CERTIFICATE OF ORIGIN IN TRIPLICATE.
- ✓ WEIGHT LIST IN TRIPLICATE.
- ✓ TEXTILE EXPORT LICENSE
- ✓ INSURANCE POLICY AND/OR CERTIFICATE IN NEGOTIABLE FORM.
- ✓ FULL SET OF ON BOARD MARINE BILLS OF LADING TO ORDER OF ISRAEL DISCOUNT BANK OF NEW YORK N. Y. L/C A-53915 MARKED NOTIFY APPLICANT.

49 CONFIRMATION INSTRUCTION:···WITHOUT
78 INFO TO PRESENTINGBK:
+ ALL DOCUMENTS ARE TO BE DESPATCHED TO US AT 511 FIFTH AVENUE NEW YORK, NY 10017 IN ONE LOT BY AIRMAIL.

47B ADDITIONAL CONDITIONS:
<u>COMMERCIAL INVOICE ALSO INCLUDES A 4.5 PERCENT BUYING COMMISSION.</u>
EACH SET OF DISCREPANT DOCUMENTS WILL BE ASSESSED USD70.00 REPRESENTING OUR FEES FOR HANDLING DISCREPANCIES.
THESE
FEES ARE FOR THE BENEFICIARYS ACCOUNT AND WILL BE AUTOMATICALLY DEDUCTED FROM THE PROCEEDS OF THE PAYMENT WHEN EFFECTED.
ALL <u>DRAFTS</u> MUST BE MARKED DRAWN UNDER <u>ISRAEL DISCOUNT BANK OF NEW YOUK</u>, NEW YORK STATING THE DOCUMENTARY CREDIT NUMBER AND THE DATE OF THIS CREDIT.
DY
THIS DOCUMENTARY CREDIT IS SUBJECT TO THE UCP (1993 REVISION),
ICC PUBLICATION NO. 500.

Here ends the foregoing teletransmission. This advice constitutes a documentary credit issued by the above bank and must be
presented with the documents/drafts for negotiation/payment, The amount of each drawing must be endorsed by the negotiating bank on the reverse hereof.

James C M Wong   Rapheal Z F Yin
  (0687)   (431)

Except so far as otherwise expressly stated, this documentary credit is subject to Uniform Customs and Practice for Documentary Credits (1993 Revision), International Chamber of Commerce Publication No, 500.

SWIFT信用证的开证格式代号为MT 700和MT 701。

MT 700 Issue of a Documentary Credit
跟单信用证的开立

M/O①	Tag 代号	Field Name 栏位名称	Content/Options 内容
M	27	Sequence of Total 合计次序	ln/ln② 1个数字/1个数字
M	40A	Form of Documentary Credit 跟单信用证类别	24x 24个字
M	20	Documentary Credit Number 信用证号码	16x 16个字
O	23	Reference to Pre—Advice 预通知的编号	16x 16个字
O	31C	Date of Issue 开证日期	6n 6个数字
M	31D	Date and Place of Expiry 到期日及地点	6n29x 6个数字/29个字
O	51a	Applicant Bank 申请人的银行	A or D A 或 D
M	50	Applicant 申请人	4*35x 4行×35个字
M	59	Beneficiary 受益人	[/34x]4*35x [/34个字] 4行×35个字
M	32B	Currency Code, Amount 币别代号、金额	3a15number 3个字母,15个数字
O	39A	Percentage Credit Amount Tolerance 信用证金额加减百分率	2n/2n 2个数字/2个数字
O	39B	Maximum Credit Amount 最高信用证金额	13x 13个字
O	39C	Additional Amounts Covered 可附加金额	4*35x 4行×35个字
M	41a	Available With...By... 向……银行押汇,押汇方式为……	A or D A 或 D
O	42C	Drafts at... 汇票期限	3*35X 3行*35个字
O	42a	Drawee 付款人	A or D A 或 D

① M/O 为 mandatory 与 optional 的缩写,前者是指必要项目,后者为任意项目。
② 合计次序是指本证的页次,共两个数字,前后各一,如"1/2",其中"2"指本证共2页,"1"指本页为第1页。

（续表）

M/O	Tag 代号	Field Name 栏位名称	Content/Options 内容
O	42M	Mixed Payment Details 混合付款指示	4*35x 4行×35个字
O	42P	Deferred Payment Details 延迟付款指示	4*35x 4行×35个字
O	43P	Partial Shipments 分批装运	1*35x 1行×35个字
O	43T	Transshipment 转运	1*35x 1行×35个字
O	44A	Loading on Board/Dispatch/Taking in charge at/from... 由……装船/发运/接管	1*65x 1行×65个字
O	44B	For Transportation to... 装运至……	1*65x 1行×65个字
O	44C	Latest Date of Shipment 最后装运日	6n 6个数字
O	44D	Shipment Period 装运期间	6*65x 6行×65个字
O	45A	Description of Goods and/or Services 货物描述及/或交易条件	50*65x 50行×65个字
O	46A	Documents Required 应具备单据	50*65x 50行×65个字
O	47A	Additional Conditions 附加条件	50*65x 50行×65个字
O	71B	Charges 费用	6*35x 6行×35个字
O	48	Period for Presentation 提示期间	4*35x 4行×35个字
M	49	Confirmation Instructions 保兑指示	7X 7个字
O	53a	Reimbursement Bank 清算银行	A or D A 或 D
O	78	Instructions to the Paying/Accepting/Negotiation Bank 对付款/承兑/议付银行之指示	12*65x 12行×65个字
O	57a	"Advise Through" Bank 收讯银行以外的通知银行	A, B or D A, B 或 D
O	72	Sender to Receiver Information 银行间的通知	6*35x 6行×35个字

MT 701 Issue of a Documentary Credit
跟单信用证的开立

M/O	Tag 代号	Field Name 栏位名称	Content/Options 内容
M	27	Sequence of Total 合计次序	1n/1n 1个数字/1个数字
M	20	Documentary Credit Number 信用证编号	16x 16个字
O	45B	Description Goods and/or Services 货物描述及/或交易条件	50*65x 50行×65个字
O	46B	Documents Required 应具备单据	50*65x 50行×65个字
O	47B	Additional Conditions 附加条件	50*65x 50行×65个字

如对已开出的 SWIFT 信用证进行修改，则需采用 MT 707 标准格式传递信息。

MT 707 Amendment to a Documentary Credit
跟单信用证的修改

M/O	Tag 代号	Field Name 栏位名称	Content/Options 内容
M	20	Sender's Reference 送讯银行的编号	16x 16个字
M	21	Receiver's Reference 收讯银行的编号	16x 16个字
O	23	Issuing Bank's Reference 开证银行的编号	16x 16个字
O	52a	Issuing Bank 开证银行	A or D A 或 D
O	31C	Date of Issue 开证日期	6n 6个数字
O	30	Date of Amendment 修改日期	6n 6个数字
O	26E	Number of Amendment 修改序号	2n 2个数字
M	59	Beneficiary (before this amendment) 受益人（修改以前的）	[/34x]4*35x [/34个字] 4行×35个字
O	31E	New Date of Expiry 新的到期日	6n 6个数字

(续表)

M/O	Tag 代号	Field Name 栏位名称	Content/Options 内容
O	32B	Increase of Documentary Credit Amount 信用证金额的增加	3a15number 3个字母15个数字
O	33B	Decrease of Documentary Credit Amount 信用证金额的减少	3a15number 3个字母15个数字
O	34B	New Documentary Credit Amount After Amendment 修改后新的信用证金额	3a15number 3个字母15个数字
O	39A	Percentage Credit Amount Tolerance 信用证金额加减百分率	2n/2n 2个数字/2个数字
O	39B	Maximum Credit Amount 最高信用证金额	13x 13个字
O	39C	Additional Amount Covered 可附加金额	4*35x 4行×35个字
O	44A	Loading on Board /Dispatch/Taking in Charge at/from... 由……装船/发送/接管	1*65x 1行×65个字
O	44B	For Transportation to... 装运至……	1*65x 1行×65个字
O	44C	Latest Date of Shipment 最后装船日	6n 6个数字
O	44D	Shipment Period 装船期间	6*65x 6行×65个字
O	79	Narrative 叙述	35*50x 35行×50个字
O	72	Sender to Receiver Information 银行间备注	6*35x 6行×35个字

[本章小结]

　　信用证是国际贸易中最常使用的支付方式，同时也是典型的"单据买卖"的支付方式，实践中在强调银行信用和信用证独立性原则的前提下，为更好地防范欺诈行为，普遍采取"欺诈例外"。通过本章学习，应当熟悉国际货款收付的常用支付工具和支付方式,进一步明确国际贸易中常用的象征性交货的特征,了解不同支付方式下收款过程中的各种风险及其防范机制。

[思考题]

1. 如何防范托收方式给卖方带来的风险?
2. 从信用证的业务程序中如何理解信用证业务的特点?
3. 简述押汇在国际货款收付过程中的应用。
4. 买卖合同规定:1—4月每月等量装运;信用证规定:1—4月分若干批装运。在实际操作中,出口方为了早出口、早结汇,1—2月分两批将交易货物全部装运。请问出口方能否拿到信用证项下的货款?

第六章 检验、索赔、不可抗力和仲裁

[**本章概要**]　商品检验是国际贸易交易不可或缺的重要环节,由检验机构对卖方拟交货物或已交货物的品质、规格、数量、重量、包装、卫生、安全等项目进行鉴定和管理。如果检验中出现争议,或一方未能如期完成合同义务,则需要进一步对赔偿问题进行磋商,特殊情况考虑免责;如果友好协商未果,商事纠纷常采用仲裁的方法解决问题。

第一节　检　　验

一、出口商品的检验

我国出口商品及其运载工具,属下列十种情况之一者必须向检验机构报验:

第一,列入《商检机构实施检验的进出口商品种类表》(以下简称《种类表》)内的出口商品。

第二,出口食品的卫生检验。

第三,出口危险货物包装容器的性能鉴定和使用鉴定。

第四,装运出口易腐烂变质食品,冷冻品的船舱、集装箱等运载工具的适载检验。

第五,对外贸易合同(包括信用证、购买证等)规定由商检机构检验出证的出口商品。

第六,出口动物产品的检疫和监督消毒。

第七,其他法律或行政法规规定须经商检机构检验出证的出口商品。

第八,与进口国政府有约定必须凭我国商检机构证书方准进口的商品,例如法国卫生当局要求:从中国进口的水产品须有中国商检机构签发的食品卫生证书;澳大利亚为防止病虫害传入,特规定:从中国进口的红木家具或木箱等需具备中国商检机构签发的熏蒸证书;俄罗斯海关要求:从中国进口的商品须凭中国商检机构签发的品质证书正本验放;日本厚生省对进口的肉类食品、鳗鱼、虾实施重点抽查药物和农药留量,要求商检机构出具证明。

第九,《种类表》内出口商品的包装容器的性能鉴定。

第十,对外贸易关系人要求对出口商品检验、鉴定的其他项目。

出口商品的检验方式包括商检自检与共同检验。商品自检指商检机构在受理了对外贸易关系人对出口商品提出的品质、规格、数量和重量、包装以及安全、卫生的检验鉴定申请后,自行派出检验技术人员进行抽样、检验鉴定,并出具商检证书的检验方式。共同检验简称共验,指商检机构在接受了对外贸易关系人对出口商品提出的检验申请后,与有关单位商定,由双方各派检验人员共同检验,最后出具检验证书;或者由商检机构与有关单位各承担商品的某部分项目的检验鉴定,共同完成该批商品的全部项目的检验工作,最后出具检验鉴定证书。

对于出口商品,可以根据不同情况实行出口检验或预先检验。出口检验指商检机构对准备装运出口的商品按照外贸合同或信用证、标准等规定进行的检验。预先检验简称预验,指商检机构为了方便对外贸易,根据需要,对某些经常出口的商品在尚未成交前,或在已成交签订凭信用证支付货款的合同,但信用证尚未送达卖方(受益人),尚不能确定装运条件时进行预先检验。实行预先检验的商品在生产过程中必须实施检验,严把质量关,使成品质量有一定稳定性。

另外,根据我国《商检法》及《商检法实施条例》的规定,对于列入《种类表》的进出口商品和其他法律、法规要求须经商检机构检验的进出口商品,由收货人、发货人申请,并经国家出入境检验检疫局[①]审查批准,可以免予检验。申请免验的商品应具有三个条件:第一,该商品的生产企业已建立了完善的质量保证体系,并获得中国出口商品质量保证体系认证,或经国家认可的外国有关组织实施考核并获得质量保证体系的认证;第二,该商品质量长期稳定,连续3年出厂合格率及商检机构检验合格率为百分之百;第三,该商品的用户对该商品没有质量异议。

涉及安全、卫生和特殊要求的商品不能申请免验,主要有四种:第一,粮油食品、玩具、化妆品、电器等;第二,列入进口商品安全质量许可证管理的商品;第三,合同要求按商检证书所列成分和含量计价结汇的商品;第四,品质易发生变化的商品或散装货物。

二、进口商品的检验

我国外贸进口中的下列五种商品必须报请商检机构进行检验:

第一,列入《种类表》内的进口商品。

---

① 1998年7月,原国家进出口商品检验局、原卫生部卫生检疫局和原农业部动植物检疫局共同组建中华人民共和国出入境检验检疫局(State Administration of Exit and Entry Inspection and Quarantine of the People's Republic of China, CIQ),简称国家出入境检验检疫局或中国出入境检验检疫局,这标志着我国检验检疫事业进入一个新的发展时期。

第二,《进口商品安全质量许可制度目录》(以下简称《目录》)内的商品。

第三,外贸合同规定须按商检机构检验证书计价结算的进口商品。

第四,其他法律、行政法规规定必须由商检机构检验的进口商品。

第五,其他需要由商检机构签发证书的进口商品。

《种类表》和《目录》以外的进口商品由收用货单位自行检验,商检机构实行监督管理。当收用货单位检验后要求合理索赔时,须依法申请商检机构复验或鉴定,并获取相应商检证书作为索赔依据。

进口商品的自验、共验和免验的基本原理与出口商品一致。值得注意的是,《联合国国际货物销售合同公约》第三十八条规定:

(1) 买方必须在按情况实际可行的最短时间内检验货物或由他人检验货物。

(2) 如果合同涉及货物运输,检验可推迟到货物到达目的地后进行。

(3) 如果货物在运输途中改运或买方须再发运货物,没有合理机会加以检验,而卖方在订立合同时已知道或理应知道这种改运或再发运的可能性,检验可推迟到货物到达新的目的地后进行。

根据以上原则,我国进口业务中常用的检验方法是:在装运港检验,到目的港复验。装运港的检验证书是卖方议付货款的依据;目的港的复验证书是买方索赔的依据。

另外,我国对重要的进口商品和大中型成套设备,订货公司在签订进口合同时,应约定在其制造国监造或在装运前进行预检验、监造或监装。商检机构派检验人员参与装运前预检验(preshipment inspection,PSI)[①],这种检验并不免除该进口商品的法定检验,也不能代表买方对商品依合同进行的最终检验和验收,买方仍保留索赔的权利。PSI的作用是把好质量关,尽量将商品可能出现的一些问题在其生产国得到解决,以避免不必要的经济损失,保障人民的身体健康和安全。

第二节 索 赔

一、索赔对象

当买方检验货物发现问题时,可凭相应的商检证书,依具体情况分别向保险公司、承运人和卖方作保险索赔、运输索赔和买卖索赔。

1. 保险索赔

运输途中发生的保险项下的事故导致被保险货物受到的损失(参见第四章"国际货物运输保险"),可以向保险公司索赔。

---

① 详见第十一章第四节"装运前检验制度"。

2. 运输索赔

由于承运人未履行基本义务,可以向承运人索赔。主要有四种情况:第一,承运人短卸、误卸造成货物短少;第二,托运货物在运输途中遗失;第三,承运人未履行"管理货物"的基本义务,如:积载不良、配载不当、装卸作业疏忽等造成货物损坏;第四,开航前和开航时船舶不具备适航条件造成货物损坏。

3. 买卖索赔

由于卖方原因造成的损失可以向卖方索赔。主要有四种情况:第一,货物品质规格与合同不符:包括掺杂使假、以次充好、以旧顶新,还包括凭样品成交时所交货物与成交样品不符等;第二,交货数量不足、重量短少;第三,包装不良或不符合合同要求造成货物残损;第四,未按合同规定的交货期限交货,或不交货等。

二、买卖合同的索赔条款

买方进行买卖索赔时,一般根据合同的索赔条款进行,因此索赔条款的订立具有重要的意义。从理论上分析,大于等于实际损失的违约金条款是有效率的索赔条款。例如A与B签订合同,由A为B扩建饭店,当年10月完工。如何确定有效率的索赔方式呢?

(1) A 的有效预防

A 的预防开支与履约概率成正比(如图 6.1 所示)。

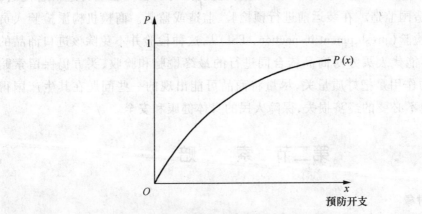

图 6.1 A 的预防开支与履约概率

这个问题将探寻一种有效途径以激励 A 采取合理措施预防违约的发生。比如,A 多支付加班费雇用工人赶在雨季来临前封顶,以免延误工期。如果 A 违约,须承担的损害赔偿责任 $D=qm$,其中 q 是 A 败诉的可能性,m 是赔偿金额。A 预期的违约责任为 $x+[1-p(x)]D$(如图 6.2 所示),x^* 在 $MR=MC$ 时达到,即 A 每增加 1 美元的预防开支,其预期的违约责任减少 1 美元。这意味着由 A 承担所有的违约责任。x^* 对应的 A 的预期违约责任最小,所以 x^* 是有效预防开支。从以上分析可知,由 A 承担所有的违约责任可以得到有效率的预防开支解 x^*。所以由 A 承担所有的违约责任可以激励 A 的有效预防。

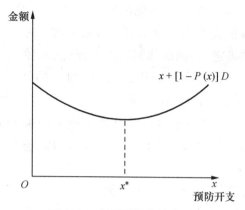

图 6.2　A 预期的违约责任

（2）B 的有效信赖

这个问题将探寻有效的途径以激励 B 的有效信赖。基于对 A 履约的信赖程度不同，B 会选择不同的信赖开支（如食品订购数量）。有效信赖指 B 基于对合同履行情况的合理估计作出依赖开支（如图 6.3 所示）。

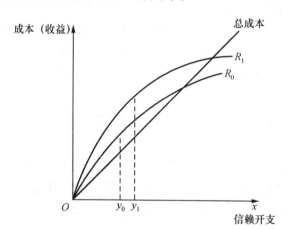

图 6.3　B 的信赖开支

R_0：在饭店原来规模下的收益线；R_1：扩建后规模下的饭店的收益线。

作为追求利润最大化的理性的 B，若完全相信 A 履约，会选择 y_1 的信赖开支，这是过度信赖；若完全不相信 A 履约，会选择 y_0 的信赖开支，这是信赖不足。B 的有效信赖值在 (y_0, y_1) 区间内。

假如损害赔偿值 D 是个不确定值，为了激励有效预防，让 A 承担所有违约责任，则意味着边际信赖风险完全由 A 承担，即 $D'(y)=1$，这可能导致过度信赖。而如果将 D 确定为常数，$D'(y)=0$，边际信赖风险完全由 B 承担，会激励 B 的有效信赖；这

时只要 D 的值大于等于实际损失,则可以同时激励 A 的有效预防。可见,在合同里订立违约金条款,将 D 确定为常数,只要这个违约金大于等于实际损失,就意味着由 A 承担所有违约责任。这样的结果既能激励 B 的有效信赖,又能激励 A 的有效预防。所以大于等于实际损失的违约金条款是有效率的行为。

对于违约金性质的确定,各国法律间存在差异,从而导致处理的方法不同。

英美法国家、法国和中国等国法律认为,违约金的性质是损害赔偿。如中国 1999 年新《合同法》规定:约定的违约金低于造成的损失的,当事人可以请求人民法院或仲裁机构予以增加;约定的违约金过分高于造成的损失的,当事人可以请求人民法院或仲裁机构予以适当减少;当事人迟延履行约定违约金的,违约方支付违约金后,还应当履行债务。

将违约金视为损害赔偿,有两点经济原因:

第一,促成有效违约。例如 A 为 B 修建房屋,约定 5 月完工,若延迟 A 须向 B 支付 10 000 美元违约金。后因情况变化 A 若按时完工须额外支付 8 000 美元,而延迟履约给 B 造成的损害是 5 000 美元。如果违约金是一种损害赔偿,A 会选择违约,日后赔偿 B 5 000 美元;如果违约金是惩罚性质,A 会选择多支付 8 000 美元保证按时完工,以免受到 10 000 美元的惩治。显然第一种解决方案更有效率。

第二,避免一方制造另一方违约。例如 A 渴望观看一场足球赛,为赶赴现场向 B 租一辆车。A、B 达成协议,A 多付 100 美元,B 保证按时将 A 送到,否则 B 将赔偿 A 1 000 美元。后 A 获悉足球赛已改期,则按时赶到现场对于 A 而言已无意义。假如违约金是惩罚性质而不只是损害赔偿,A 很可能制造 B 的违约以获得 1 000 美元的赔偿。

德国法认为违约金是惩罚性质的,违约金赔偿并不受限于实际损失。其经济原因也有两点:

第一,对于赶赴球赛一例,可以从保险的原理去理解,A 多支付的 100 美元相当于保险费,在意外情况下他获得 1 000 美元是保险赔偿,因而是合理的。

第二,惩罚性质的违约金条款是表达履约的可靠性和履约能力的最有效方法。

第三节 不可抗力

一、不可抗力的要件和法律后果

在合同签订以后,不是由于订约当事人的过失或疏忽,而是由于发生了当事人无法预见、无法控制、无法避免和不可克服的意外事故,以致不能履行合同或不能如期履行合同。这样的事件称为"不可抗力"事件(force majeure)。

1. "不可抗力"的要件

"不可抗力"有四个要件：第一，意外事故发生在合同签订以后；第二，不是由于订约当事人的过失或疏忽造成的；第三，意外事故及其后果是无法预见、无法控制、无法避免和不可克服的；第四，发生"不可抗力"事件的一方有义务及时将"不可抗力"及其后果通知对方，并取得必要的证明文件。在我国一般由中国国际贸易促进委员会出具证明文件。

2. 法律后果

"不可抗力"的发生，仅免除损害赔偿的责任。按1980年《联合国国际货物销售合同公约》的规定，除非合同当事人双方约定解除合同，合同关系仍然存在，一旦"障碍"消失，须继续履行合同。

值得注意的是，在信用证业务中，由于信用证和买卖合同是各自独立的两份契约，因此买卖双方不能援用买卖合同的"不可抗力"规定向信用证的当事人银行要求免责，因为银行不受买卖合同的约束。

同时UCP500为银行规定了"不可抗力"免责：银行对于天灾、暴动、骚乱、叛乱、战争或银行本身无法控制的任何其他原因，或对于任何罢工或封锁而中断营业所引起的一切后果，概不负责。除非经特别授权，银行在恢复营业后，对于在营业中断期间已逾期的信用证，将不再据以进行付款、承担延期付款责任、承兑汇票或议付。

二、英美法的相关规定

英美法中与"不可抗力"相似的规定主要有：

1. 合同落空

案例 6.1

1903年由英国上诉法院判决的著名案例克雷尔诉亨利案

1902年，英王爱德华从维多利亚女皇继承了王位，决定举行加冕典礼。为观看这场典礼，亨利与克雷尔谈妥，在6月26日和6月27日的白天租用克雷尔在楼上的公寓房以便从窗户向街上观看。双方约定，租金为75英镑，先付25英镑。然而在6月22日，下议院发出通报：国王要作阑尾炎手术，典礼将改期进行。亨利得知后拒绝向克雷尔支付尚未支付的50英镑租金，克雷尔因此提出起诉。

【分析】 加冕典礼的举行是该合同赖以存在的基础，合同的目的因加冕典礼的取消而落空，因此，亨利支付租金的义务被免除。在司法实践中，法院判定合同落空的条件是十分严格的。

2. 实际上不可能

（1）履约被宣布为违法。

例如二战期间，美国一条铁路约定为挪威政府运送干椰肉。后珍珠港事件爆发，美国政府下令该铁路只能用于运送木材。则运送干椰肉成为实际上不可能，该铁路可以免责。

（2）合同要求立约人亲自履行，但立约人已死亡或患病。

例如一著名画家承诺为一饭店画画，后该画家因病卧床不起，画画成为实际上不可能，则画家可以免责。

（3）条件被破坏或恶化妨碍了履约。

例如一歌唱家与某音乐厅约定举行三场独唱会，收益按一定比例分成。刚举行完一场，音乐厅因发生火灾被毁，不能进行另两场独唱会。音乐厅可以用实际上不可能为自己免责。

3. 商业上不可能

商业上不可能必须同时满足三个条件：第一，意外事件不可预见；第二，要求免责的一方对于失败的风险既未直接也未间接做过假定；第三，要求免责的一方对于情况的发生没有责任。

按照这三个条件，回想第二章案例2.1（西屋公司案），西屋公司能否援用商业上不可能为自己免责？答案是否定的，因为至少第二个条件不能满足，西屋公司承诺以8—10美元/磅的价格供货，即表明由它承担价格上涨的风险。

再如一钻井人A为农场主B钻井，在钻井过程中钻井人A意外地碰到一处格外坚硬的石层，倾家荡产也难以钻下去。A是否可以用"商业上不可能"为自己免责？假如这份钻井合同是按普通的市场价格签订的，A可以援用"商业上不可能"为自己免责。但假如B支付了一个高价，A接受高价说明A承诺自己有特殊技能，无论遇到什么困难都能钻好井。这样第二个条件被破坏，A就不能援用"商业上不可能"为自己免责。

三、大陆法"情势变迁"原则

大陆法与"不可抗力"类似的规定是情势变迁原则。"情势变迁"原则建立在合同基础论的基础之上。合同基础论认为，合同的法律效力的存在以合同签定时的基础条件仍然存在为前提。假如合同签订后，不是由于合同当事人的原因而发生了意外的情况变化，使合同赖以存在的基础条件发生变化，致使合同不能如期履行，应对原合同的法律效力作相应的变更。法院引用"情势变迁"原则的条件是非常严格的。

第四节 仲 裁

国际贸易中的争议,如果友好协商和调解不能解决,还可以考虑选用仲裁(arbitration)或诉讼来解决。一般来说,贸易双方更愿意采取仲裁的方式,究其原因,是因为与诉讼相比,仲裁的特点是:

首先,仲裁是建立在双方合作基础之上的相对和缓的争议解决方法。双方必须在合同中订有仲裁条款或事后达成仲裁协议,才能采用仲裁方式;双方共同选定仲裁机构、仲裁员,甚至有时双方选择仲裁规则;仲裁过程强调调解的作用。所以仲裁是建立在双方合作的基础上的。按照著名的科斯定理,只要双方能够通过谈判合作解决问题,无论法律的规定是什么,他们的行为都是有效率的。

例如电力公司 A 排放的废气污染了洗衣房 B 的洗干净的衣物。A 若花 500 美元安装涤气器可以免除污染;B 若花 100 美元安装过滤器可以防止污染。正常获利情况 A 为 1 000 美元,B 为 300 美元,污染给 B 造成的损失是 200 美元,则

	电力公司 A	
洗衣房 B	安装涤气器	不安装涤气器
安装过滤器	(500,200)	(1 000,200)
不安装过滤器	(500,300)	(1 000,100)

按照法律规定通过诉讼得到的解可能是两种:第一种是禁令,即在(500,300)时禁止污染排放。第二种是损害赔偿,即在(1 000,100)时要求 A 赔偿 B 200 美元的损失,使最终获利变为(800,300)。而最有效率的解(1 000,200)只能通过双方协商合作,即由 A 为 B 安装过滤器时才能达到。

仲裁强调双方的合作能够实现科斯定理所阐明的效率。同时,由于在仲裁时往往参照法律和惯例,因此仲裁是一种兼顾经济的效率和法律的公平的解决争端方式。

另外,仲裁的费用较诉讼低廉,而且具有保密性。

值得注意的是,仲裁排除了司法管辖权,即双方一旦选择了仲裁,就不能再通过诉讼解决争议;另外,仲裁裁决的结果有强制性和终局性,即双方必须遵照执行,而且不得提起上诉。

世界上很多国家、地区和一些国际性、区域性组织都设有从事国际商事仲裁的常设机构。例如:瑞典斯德哥尔摩仲裁院、瑞士苏黎世商会仲裁院、英国伦敦国际仲裁院、美国仲裁协会、日本国际商事仲裁协会、香港国际仲裁中心以及设在巴黎的国际商会仲裁院等。我国常设的涉外商事仲裁机构是中国国际经济贸易仲裁委员会,隶属于中国国际贸易促进委员会,它在北京、深圳、上海分别设有分会。

[本章小结]

通过本章学习,应当熟悉中国《商检法》等法律规则的有关规定,了解常用的检验方式,以及重要进口商品的装运前检验做法。本章阐述了法和经济学对于索赔的效率分析,有助于进一步思考有效索赔问题。不可抗力是特定情况下经过合理程序的免责规定,本章介绍了主要法律体系中的经典案例和相关原则。最后,本章分析了仲裁的特点、效率和国际实践。

[思考题]

1. 如何理解中国的法定检验制度?
2. 不可抗力事件的要件和法律后果是什么?
3. 仲裁有何特点?
4. 某公司以FOB上海合同进口食品1 000箱,即期信用证付款。卖方装运货物后凭已装船清洁提单和已投保一切险的保险单向银行收受货款。货到上海进口方复验时发现下列情况:(1) 抽查20箱货物发现涉及200箱食品内含沙门氏细菌超过我国的标准;(2) 只收到998箱,短少2箱;(3) 有15箱货物外表状况良好,但箱内货物共短少60公斤。对于上面情况,进口方应分别向谁索赔?
5. 1976年7月我国唐山发生地震,在此之前某外贸企业与日商订有三份煤炭出口合同,合同中商品名称分别为"现货开滦煤"、"在某堆场存放的开滦煤"、"中国煤"。请问"不可抗力"能否适用?

第二部分
世界贸易组织运行机制

第一部分

自然资源学总论

第七章 世界贸易组织简介

[**本章概要**] 作为具有独立法人地位的国际组织,世界贸易组织是世界经济的重要支柱之一。本章系统介绍了世界贸易组织的起源和发展、组织机构、基本原则、决策机制、争端解决机制以及中国"复关"和"入世"的历程,结合公共选择理论分析多边贸易谈判、"一方一票"投票制度以及"消极协商一致"的经济学原理,运用案例分析阐释了争端解决机制的地位和程序。

一、从关贸总协定到世界贸易组织

1. 关贸总协定(The General Agreement on Tariff and Trade,GATT)

第二次世界大战结束后,国际经济关系中面临着三大问题:一是国际货币问题,即如何促进国际货币合作,稳定各国货币之间的汇率;二是投资问题,即如何促进国际资金合作,解决经济恢复和发展的资金来源问题;三是如何减少和消除国际贸易中的障碍,促进国际贸易的发展。"国际货币基金组织"、"国际复兴开发银行"(后改名"世界银行")、"关贸总协定"应运而生,成为战后国际经济新秩序的三大支柱。

1947年4月,美、英、中、法等23个国家在日内瓦举行关税减让谈判,签订了100多项双边关税减让协议。这些谈判成果与《哈瓦那宪章》①中有关贸易的条款后来被汇编成"关税与贸易总协定"。该协定从1948年1月1日正式生效,在之后的48年中,关贸总协定(GATT)作为一个多边国际协定发挥了重要作用,通过八轮多边贸易谈判,大大削减了国际贸易中不合理的障碍。尤其是第八轮乌拉圭回合谈判在规范多边贸易秩序、扩大多边贸易体制范畴等方面做出了重要贡献,并直接导致1995年1月1日世界贸易组织(World Trade Organization,WTO)的诞生。GATT与WTO并行交接一年,1996年1月1日,GATT正式退出历史舞台。

---

① 1947年11月在古巴首都哈瓦那签署《国际贸易组织宪章》(又称《哈瓦那宪章》),但该宪章没有通过美国国会的批准,最终夭折了。

2. 世界贸易组织(World Trade Organization, WTO)

世界贸易组织(WTO)1995年1月1日正式运行,1996年1月1日正式取代GATT成为国际经济的三大支柱之一。作为独立的国际经济组织,WTO不断发展壮大,到2002年1月,已具有144个成员方,使多边贸易体制建立在更为严格、更为规范化的基础之上。

二、世界贸易组织法律框架

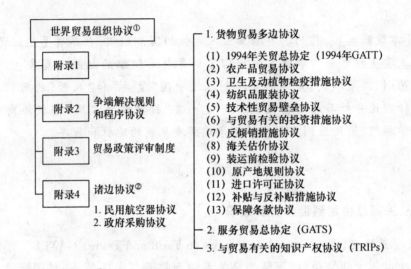

三、组织机构

1. 部长会议(ministerial conference)

由全体成员方的部长级代表组成,是最高权力机构,至少每两年举行一次会议,但不是常设机构。

2. 总理事会(general council)

由全体成员方的常驻代表组成,在部长会议休会期间,行使部长会议的职责。总理事会由总干事负责,总干事领导秘书处。总理事会下设货物贸易理事会、服务贸易理事会及与贸易有关的知识产权理事会。

总理事会的另一项职能是贸易政策评审机构(trade policy review body),它隶属于部长会议,负责定期审议各成员方贸易政策、法律和法规并提出指导性建议。

总理事会还有一项职能是争端解决机构(dispute settlement body),它隶属于部长会议,具有终审权,负责解决WTO成员方之间的贸易争端。

---

① 1993年11月乌拉圭回合结束前原则上形成"多边贸易组织协议",后在美国提议下改名"世界贸易组织协议",在1994年马拉喀什会议上获得通过。

② 诸边协议区别于"一揽子接受协议",前者可以有保留、有选择地加入,后者必须无条件全盘接受。

另外,在WTO第四届部长会议多哈会议上,决定成立在总理事会框架下运行的贸易谈判委员会(trade negotiations committee,TNC),负责处理与多边贸易谈判有关的问题。它可以设立附属的谈判机构来处理单个谈判议题。

3. 隶属于部长会议的委员会

(1) 贸易与环境委员会(Committee on Trade and Environment)

(2) 贸易与发展委员会(Committee on Trade and Development)

(3) 收支平衡限制委员会(Committee on Balance-of-Payments Restrictions)

(4) 预算、财务与管理委员会(Committee on Budget、Finance and Administration)

(5) 最不发达国家小组委员会(Sub-committee on Least Developed Countries)

(6) 区域贸易协定委员会(Committee on Rigional Trade Agreement)

4. 隶属于各理事会的委员会和工作组

例如隶属于货物贸易理事会的委员会有市场准入委员会、农产品委员会、原产地规则委员会、海关估价委员会、补贴与反补贴委员会、反倾销措施委员会、技术性贸易壁垒委员会、纺织品监督机构、与贸易有关的投资措施委员会、进口许可证委员会、卫生及动植物检疫措施委员会等委员会,还有纺织品贸易监督机构,以及国营贸易工作组等。

四、基本原则

WTO继承和发展了GATT的基本原则。在WTO秘书处主编的《贸易走向未来》一书中,WTO的基本原则包括五个方面:

1. 贸易无歧视原则(principle of nondiscrimination)

(1) 最惠国待遇原则(most-favored-nation treatment,MFN)

一缔约方现在和将来给予另一缔约方的贸易优惠、特权和豁免,应立即无条件地给予其他所有缔约方。一缔约方对与其他缔约方之间的进出口货物的关税及非关税措施应一视同仁。

(2) 国民待遇原则(national treatment)

一缔约方的产品进入到另一缔约方后在进口国国内税收、销售、运输等方面应享受与进口国同类产品同等待遇。

2. 贸易更自由原则(freer trade)

贸易更自由原则体现在以下章节中涉及的关税减让、禁止数量限制、公平贸易、限制其他非关税壁垒等运行机制中。

3. 贸易可预见原则(trade with predictability)

贸易可预见原则的典型体现是透明度原则(transparency),要求缔约方的贸易政策、法律、法规应正式公布,否则不得实施。

4. 促进公平竞争

WTO 的多边贸易体制是一个致力于公开、公平和无扭曲竞争的规则体制。例如反倾销规则、补贴与反补贴规则是典型的公平贸易制度。

5. 鼓励发展和经济改革（encourage development and economic reform）

按照 GATT 第七轮谈判——东京回合的"授权条款"，允许发展中国家之间相互给予贸易优惠条件而不适用于发达国家。另外发展中国家在贸易自由化方面有较长的过渡期并享受一定的优惠条件。

五、决策机制

世界银行高级经济学家伯纳德·霍克曼在《世界贸易体制的政治经济学》一书中指出：要理解 WTO，有两点非常有帮助，一是将 WTO 理解为一种行为准则；二是将它理解为一个市场。WTO 的决策机制集中体现了其市场特性。WTO 的决策机制分为多边贸易谈判、一国一票的投票制度、争端解决的"消极协商一致"等不同类型。

1. 基本模型

见图 7.1。

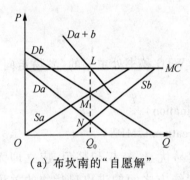 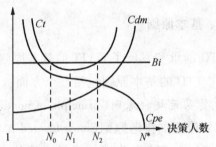

（a）布坎南的"自愿解"　　　　（b）布坎南和塔洛克的"同意的计算"
　　　　　　　　　　　　　　　　　预期收益和成本

图 7.1　两种基本模型[①]

2. 多边贸易谈判

多边贸易谈判是建立在互惠原则上的各成员方之间市场准入的一种交换，其市场特性可以借助布坎南"自愿解"模型加以分析。

在图 7.1（a）"自愿解"模型中，公共品市场有 A、B 双方，Da 是 A 愿意为公共品支付的最高价格，Db 是 B 愿意为公共品支付的最高价格，Sa 是 A 希望 B 为公共品支付的最低价格，Sb 是 B 希望 A 为公共品支付的最低价格。在均衡点 $M(N)$ 上，一方希望对方支付的最低价格正好等于对方愿意支付的最高价格，而在达到均衡之前，

[①] 参见《西方财政学》，刘宇飞，第 113—114、141 页。

总存在着使双方都能受益的谈判空间。结论是:只要存在未穷尽的利益,就会发生自愿的、相互受益的谈判,使各方获得帕累托改善,直到实现各方利益的最大化。

"自愿解"达成的前提条件是:首先,交易成本足够小,各方能够相遇,了解共同的利益;其次,各方地位相仿、势均力敌,不会发生以强凌弱;最后,各方能够真实地显示自己的偏好,并按自己的偏好行事,不会发生策略行为。

WTO 的多边贸易谈判本身为各成员方提供了相遇的平台,通过谈判议题的拟定等程序使各成员方充分显示自己的偏好。为了尽可能减少交易成本、增强相对弱小的成员方的谈判力量,WTO 允许甚至鼓励结成谈判联盟。欧盟及其成员国分别是 WTO 的成员方,欧盟委员会几乎在 WTO 的所有会议上代表欧盟全体发言,因此在 WTO 事务中被称为欧洲共同体,是 WTO 最大、最全面的集团。另外,东盟也经常能够协调立场,并以一个声音说话。发言人由东盟成员国轮流担任,可以根据议题分担。另外,在农产品谈判中,凯恩斯集团[①]也是一个重要的谈判联盟。

3. 一方一票的投票制度

WTO 协议中规定了四种需要投票的情形:一是对多边贸易协议的解释,3/4 制;二是部长级会议豁免某一成员方某项义务,3/4 制;三是有关修改多边贸易协议的决定,根据有关规定的性质,或全体通过,或 2/3 制,但只对同意修改的成员方生效;四是有关接受新成员的决议,2/3 制。

WTO 各成员方无论大小,享有平等的投票权利。借助布坎南、塔洛克的"同意的计算"模型,可以分析这种一方一票的投票制度的市场特性。

在图 7.1(b)"同意的计算"模型中,Bi 代表个体接受强制解的收益;Cdm 是决策成本,包括决策需要的时间、金钱、精力等;Cpe 是决策的外部成本,即决策做出给反对者带来的损失;Ct 是决策做出需要的总成本。当决策人数在 $[N_0, N_2]$ 之间时,个体接受强制解的收益大于等于其成本,当决策人数为 N_1 时,个体接受强制解的净收益达到最大。结论是:在合理的决策人数机制下,个体接受强制解是理性选择的结果;因此个体自愿接受强制解。

4. 市场失灵与决策例外

WTO 的争端解决机制采取了"消极协商一致"("倒协商一致")的决策机制,在设立专家组、通过专家组和上诉机构报告、授权报复等重大问题的决策方面,除非协商一致反对该项请求或报告,否则该项请求或报告就获得争端解决机构的通过。这使得 WTO 的争端解决更为有力。

[①] 凯恩斯集团(Cairns Group)1986 年在乌拉圭回合开始前成立,目的是提出有关农产品贸易自由化的主张。它包括作为美国盟友的 14 个农产品出口国:阿根廷、澳大利亚、巴西、加拿大、智利、哥伦比亚、斐济、匈牙利、印度尼西亚、马来西亚、新西兰、菲律宾、泰国和乌拉圭。

案例 7.1

欧共体香蕉案

欧共体香蕉案被称为里程碑性的"十年贸易大案",涉及WTO近1/3成员(美国、欧共体、危地马拉、洪都拉斯、墨西哥、厄瓜多尔6个当事方,其中一个代表15个成员方,20个第三方)。

香蕉案针对的是欧洲统一市场404/93条例,该规定对不同的香蕉供应国采取了不同的关税配额制度。"Bananas Ⅰ"、"Bananas Ⅱ"发生在GATT时期,当时争端解决采用"全体协商一致"原则。1993年、1994年GATT专家组两次裁决欧盟404/93条例违反最惠国待遇原则及WTO其他相关义务,但由于欧盟的阻挠专家小组的报告未能通过。

Bananas Ⅲ发生在WTO时期,根据"消极协商一致"原则,1997年争端解决机构通过专家组和上诉机构的裁定,认为404/93条例违背最惠国待遇原则等WTO义务。

六、WTO的争端解决机制

争端解决机制被誉为WTO皇冠上的明珠。WTO第一任总干事雷纳托·鲁杰罗评价:争端解决机制是多边贸易体制的主要支柱,是WTO对全球经济稳定做出的最独特的贡献。

(一) 争端解决机构(DSB)的地位

案例 7.2

欧共体诉美国"301条款"案例

按照美国贸易法中的"301条款",美国贸易代表、美国企业或其他任何利益相关的国内组织都可以援引该条款,或要求美国贸易代表引用"301条款"的法律程序对外国政府提出申诉。该法给予美国执法部门宽泛的报复权力以便使利益相关的国内企业对外国政府的任何"不公正、不合理或歧视性的、给美国商业造成压力或限制"的活动提出申诉。1998年11月25日,欧共体向美国提出磋商要求,认为该条款违背了WTO的争端解决程序,因为根据WTO的规定,只有得到争端解决机构授权,才能实施贸易报复。"301条款"要求在严格时间限制内做出单边裁定并实施制裁措施的规定违背了WTO义务。

WTO专家组裁决,"301条款"本身并不违背WTO的规则,但美国运用该条款时必须遵守实施乌拉圭回合协议的"行政措施陈述",该陈述表明美国将按争端解决机制的有关规定执行,并特别指出了"301条款"的裁定应基于争端解决机构的裁定。

该案例表明,WTO的争端解决机构并非凌驾于各成员方之上的超国家机构,WTO尊重各成员方独立的主权。另一方面,WTO协议作为国际协议,在各成员方具有宪法性的地位,各成员方的国内法应做出相应的调整以符合其在WTO下的义务。

(二) 争端解决机制的基本程序

案例 7.3

WTO通过的第一起争端解决报告:委内瑞拉状告美国借口环保限制外国汽油的进口案

美联邦环保署1993年12月为在美国九大城市出售的汽油制定了新的环保标准,规定汽油中硫、苯等有害物质的含量必须低于一定水平。美国生产的汽油可以逐步达到有关标准,而进口汽油必须在1995年1月1日该规定生效时立即达标,否则禁止进口。委内瑞拉是向美国出口汽油最多的国家,向WTO状告美国的"双重标准"违背了非歧视原则。

1996年1月17日,WTO争端解决机构裁定:美国的规定含有歧视他国的内容,是非法的,应立即停止,这是WTO争端解决机构通过的第一起争端解决报告。该争端的解决基本上符合争端解决的基本程序,见表7.1、表7.2。

表7.1 汽油案争端解决时间表

时间	行动
1995.1.23	投诉、磋商
1995.2.24	磋商失败
1995.4.10	DSB同意设立专家组
1995.4.28	专家组成立
1996.1.29	专家组提交最终报告
1996.2.21	美国提出上诉
1996.5.20	DSB通过报告
1997.8.20	美国实施新规则

表 7.2　WTO 争端解决机制时间表

磋商、调解等	60 天
建立专家组并任命其成员	45 天
最终报告提交各方	6 个月
最终报告提交 WTO 各成员	3 个星期
争端解决机构通过报告(若无上诉)	60 天
总计(无上诉)	1 年
上诉机构报告	60 至 90 天
争端解决机构通过上诉机构报告	30 天

在争端解决的过程中,注重运用调解的手段,可以使许多纠纷未进入争端解决的审理程序就可以得到合理解决。WTO 第二任总干事麦克·穆尔评价:本机制特别强调通过谈判解决争端,例如,在 1995—1996 年间所解决的 77 件争端中有 41 件在进入裁判程序前就解决了。没有这一机制,实质上将不可能维持国际权利与义务的微妙平衡。

案例 7.4

WTO 受理的第一起贸易争端:1995 年美日汽车贸易纠纷案

1995 年美日汽车贸易谈判破裂,5 月 16 日,美国贸易代表坎特宣布对日贸易制裁清单:对丰田、日产、本田、马自达、三菱五大汽车公司生产的 13 种售价 3 万美元以上的豪华轿车征收 100% 的惩罚性关税;6 月 18 日前如日本仍不同意向美国开放汽车和汽车配件产品市场,上述制裁自行生效。5 月 17 日本将申诉信递至 WTO,在 WTO 争端解决机制的调解之下,6 月 28 日美日达成协议:美国以数值指标约束日本,将日本汽车及汽车零配件市场打开一大缺口;而日本实行的"自愿采购计划"只是国内五大汽车公司以私营部门的身份做出的,不是合同,只是意向。

(三) 争端解决机制的执行程序

WTO 争端解决基本程序的准自动性,可能使一些矛盾转入执行程序。典型的体现是欧盟香蕉案的执行程序的复杂性。

香蕉案执行程序的第一阶段:从要求协商到仲裁"合理执行期限"(1995 年 10 月 4 日—1997 年 12 月 23 日),1997 年 11 月 17 日争端各方就"合理执行期限"诉诸仲裁,裁定为 15 个月零 1 周,即至 1999 年 1 月 1 日。

第二阶段:执行阶段的新争端及其解决(1999 年 12 月 23 日—2001 年),1999

年1月,美国要求DSB授权中止对欧盟价值约5.2亿美元的关税减让和其他义务,以报复欧盟修正后的1637/98条例仍不符合WTO的规定。4月19日,经仲裁,DSB授权美国对欧盟实行价值为每年1.914亿美元的贸易报复。5月6日,DSB通过专家组报告,裁定1637/98条例违背最惠国待遇原则。5月18日,授权厄瓜多尔实行价值为每年2.016亿美元的贸易报复。2001年2月2日,欧盟公布216/2001条例,4月11日—4月30日,欧盟分别与美、厄达成最终协议和谅解。在此期间,美国在1999年3月擅自动用"301条款"对欧盟实行报复,从而产生了欧盟投诉美国的新的纠纷。

七、中国的"复关"和"入世"

中国是GATT的原始缔约国之一,1949年新中国成立后,台湾当局宣布退出GATT,这并不代表新中国政府。1986年中国提出"复关"(恢复在关贸总协定中的合法地位)申请,一度就核心问题达成了协议,但由于西方对中国实行经济制裁,将阻挠中国"复关"作为主要制裁之一,"复关"谈判一度中止。1992年邓小平同志南方讲话中提出建设有中国特色的社会主义市场经济的重大国策,"市场经济"的定位给"复关"谈判注入了新的动力。此后谈判的焦点集中在中国以什么身份"复关"和"入世",一些西方国家坚持对中国实行高要价,要求中国承担一些强加的义务。经过艰苦的谈判,1999年11月15日中美双方达成协议,为中国"入世"铺平了道路。2000年5月19日,中国与欧盟达成协议,使中国"入世"谈判锦上添花。2001年11月10日,在卡塔尔首都多哈举行的WTO第四届部长会议上一致通过中国加入WTO的决议。WTO接到中国人民代表大会批准的通知30天后即12月11日,中国正式成为WTO的第143个成员方。随后,中国台湾作为单独关税区成为WTO的第144个成员方。中国"入世"掀开了东西方经济文化交流的崭新的历史篇章。

[本章小结]

通过本章学习,首先应明确关贸总协定与世界贸易组织的区别与联系,理解世界贸易组织的宗旨和基本职能,能结合经典经济学理论分析世界贸易组织的运行机制和决策机制,从而更深入地体会多边贸易体制的基本特征和制度创新。争端解决机构被誉为世界贸易组织"皇冠上的明珠",应熟悉其具体程序和解决纠纷的措施,以便更好地捍卫国家的贸易利益,维护世界贸易的正常运行。

[思考题]

1. 世贸组织与关贸总协定有何区别、联系?
2. 简述中国从"复关"到"入世"的历程。

第八章 关税减让制度

[本章概要]　本章系统介绍了关税的定义、种类、经济影响以及名义关税对行业的实际保护程度的衡量指标,并阐释了世界贸易组织在关税政策上的基本原则和重要例外。本章结合了局部均衡、一般均衡等经济学工具,从静态与动态、"小国"与"大国"等不同角度展开政策分析,揭示了作为传统贸易保护方式的关税政策在国际贸易中运用的经济原理和政策实践。

第一节　关税概述

一、关税的定义和分类

关税(tariff)是一国海关对通过本国关境的进出口商品所课征的税收。一般指进口关税。

"关境"(customs territory)是一国关税法令完全实施的领域,一般与"国境"相一致,但某些情况下会出现差异。如欧盟各国结成关税同盟[①],则"关境"大于各国各自的"国境";有些国家在国境内设立自由港,则其"关境"小于"国境"。

按征税标准不同,WTO规定了五类关税:

1. 从量税

以商品的重量、数量、容量、长度和面积等计量单位为标准计征的关税。

2. 从价税

以商品的价格作为征税标准计征的关税(参见第十一章第三节"海关估价制度")。

目前绝大多数国家采用从价税,其优点是比较公平合理,但是操作手续比较复杂,尤其是如何进行商品分类是长期困扰各国的问题。1988年1月正式生效的《协

---

① 关税同盟即对内取消关税等贸易壁垒,对外实行统一的关税税率。

调商品分类与编码制度国际公约》(International Convention on the Harmonized Commodity Description and Coding System)由 21 个部分组成,分 96 章、1 241 项、5 019 税目,目前世界上有 120 多个国家采用,世界贸易的 90% 都以它为媒体。中国 1992 年 1 月 1 日起正式采用该制度对商品进行分类。

3. 复合税

同时采用从量税和从价税两种征税方法。例如:日本对于进口手表每只征收 150 日元从量税,同时征收 15% 从价税。美国对于进口汽车征收 1 000 美元从量税,同时征收 1% 的从价税。

4. 季节税

有些产品的进口量受季节因素影响很大(如农产品),则允许根据不同季节制定不同的关税税率。

5. 关税配额

在一定时期内对规定的数量或金额以内的进口商品给予关税的优惠待遇,对超过配额的进口商品征收较高的关税。

案例 8.1

欧洲统一市场对进口香蕉实行关税配额案

1993 年 2 月 13 日,欧洲统一市场部长理事会通过香蕉进口新体制法令:自 1993 年 7 月 1 日起对香蕉进口实施关税配额,配额内免税或征收低关税(每公吨 75 ECU),配额外征收高关税(每公吨 750 ECU)。

受这一措施冲击最大的是拉美五国(哥伦比亚、哥斯达黎加、危地马拉、尼加拉瓜、委内瑞拉),欧盟已有进口量减少 30%,在此后两年内,拉美五国面临损失 17.3 万个就业机会、5 亿美元投资和每年 10 亿美元的贸易额。拉美五国向 GATT 起诉了欧洲统一市场的做法。

GATT 专家组认为,欧洲统一市场的举措违反了关税约束义务。

二、征收关税的影响

1. 静态分析

静态分析侧重于考察关税等贸易政策对社会福利的影响,分局部均衡分析与一般均衡分析。

(1) 局部均衡分析

在局部均衡分析中,运用消费者剩余、生产者剩余等工具考察社会福利的变化。

消费者剩余(consumer surplus)指一种物品的总效用与其总市场价值之间的差额。之所以会产生剩余,是根源于边际效用递减规律[①]。消费者按最后一单位的价格支付他购买的全部消费品,然而前面各单位都比最后一单位具有更高的价值和效用,因此消费者从前面每一单位商品中享受了效用剩余。图8.1是消费者剩余示意图。

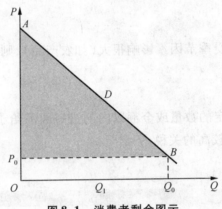

图8.1 消费者剩余图示

消费者剩余等于需求线(D),价格线(P_0)及纵轴之间阴影部分面积。P_0是消费者消费第Q_0单位产品时享受的效用值,消费者以P_0的价格购买了全部OQ_0的商品,而在(O,Q_0)之间的任意一个数量(如Q_1)上,消费者获得的效用都超过了P_0,因此消费者获得了效用剩余。需求曲线衡量了消费者每单位支付的代价,因此需求曲线之下的总面积($OABQ_0$)代表了消费者在消费中得到的总效用,减去消费者所支付的市场价格(OP_0BQ_0),就得到消费者剩余($\triangle ABP_0$)。

生产者剩余(producer surplus)指一种物品的总成本与其总市场价值之间的差额。之所以会产生剩余,是根源于边际成本递增规律[②]。生产者按最后一单位产品的边际成本出售商品,而在前面各单位生产中成本会比较低,因此生产者从前面各单位商品中享受了盈余。图8.2是生产者剩余示意图。

[①] "边际"是经济学中的关键术语,常指"新增"。"边际效用"指消费新增一单位商品时所带来的新增的效用。"边际效用递减规律"(law of diminishing marginal utility)指出,随着个人消费越来越多的某种物品,他从中得到的新增的或边际的效用量是下降的。例如:一个极干渴的人喝第一杯水对他的效用很大,而第二杯、第三杯……对他的效用逐渐递减,这体现了边际效用递减规律。

[②] "边际成本"(marginal cost, MC)指增加1单位产出的额外或增加的成本。由于资源具有稀缺性,随着投入的增加,投入品的稀缺性越来越增强,因此有边际成本递增规律。

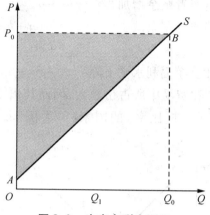

图 8.2 生产者剩余图示

生产者剩余是供给线（S）、价格线（P_0）与纵轴之间阴影部分面积。P_0 是生产者生产第 Q_0 单位产品的边际成本，生产者以 P_0 的价格销售全部 OQ_0 的产品，而在 (O,Q_0) 之间的任何一个产量单位（如 Q_1）上，产品的边际成本都低于 P_0，因此生产者获得了盈余。供给曲线衡量了生产者每单位产品的代价，因此供给曲线以上的部分（$\triangle AP_0B$）代表以 P_0 价格销售产品时生产者获得的总盈余，即生产者剩余。

局部均衡分析区别"小国"和"大国"两种情况分析关税对社会福利的影响。"小国"指在世界生产和贸易中所占份额小，因而其出口供给和进口需求方面的变动不会影响世界贸易条件（交换比率）的国家。"小国"征收关税的福利影响如图 8.3 所示。

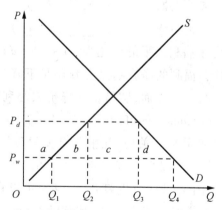

图 8.3 "小国"征收关税的福利影响（局部均衡分析）

世界价格水平为 P_w，单位产品关税水平为 P_wP_d，征收关税后进口国该产品价格为 P_d。

生产者剩余增加	$+a$
消费者剩余减少	$-(a+b+c+d)$
政府关税收入	$+c$
社会净福利水平下降	$-(b+d)$

"大国"是在世界生产和贸易中所占份额大,因而其出口供给和进口需求方面的变动会影响世界贸易条件(交换比率)的国家。"大国"征收关税的福利影响如图8.4所示。

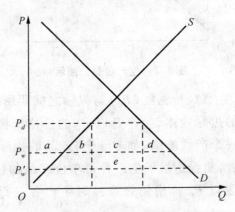

图8.4 "大国"征收关税的福利影响(局部均衡分析)

世界价格水平为 P_w,征收关税后进口量减少,因而压低了世界价格水平,使之下降到 P'_w。单位产品关税水平为 $P'_w P_d$,征收关税后进口国该产品价格为 P_d。

生产者剩余增加	$+a$
消费者剩余减少	$-(a+b+c+d)$
政府关税收入	$+(c+e)$
社会净福利水平的变化为	$e-(b+d)$

"大国"征收关税对社会福利的净影响是上升还是下降是不确定的。一方面,贸易条件①改善带来福利增加;另一方面,贸易量下降带来福利减少。最大化社会净福利的关税水平是最优关税(optimum tariff)水平。

假如"大国"对"小国"产品征收关税,几乎所有关税负担将转嫁到"小国"身上。以英国对从斯里兰卡进口的茶叶征收关税为例(如图8.5所示),英国可以从斯里兰卡进口茶叶,也可以从其他国家(地区)进口茶叶,甚至可以自己生产,因此其供给和需求富有弹性。而斯里兰卡依赖于英国市场,其茶叶对英国的出口成为国民经济的支柱,因此其供给和需求缺乏弹性。

当英国对茶叶征收进口关税时,斯里兰卡为了保证其茶叶的出口量,只能降低

---

① 一国的贸易条件指出口产品价格与进口产品价格之比,比值增大,则贸易条件改善。

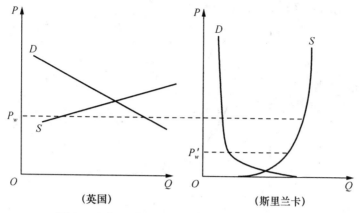

图 8.5 英国对斯里兰卡的茶叶进口征收关税

出口价格,几乎完全承担 $P_w P_w'$ 的关税负担。

那么"大国"对"小国"征收的关税是否越高越好呢?当关税增至某一点时,进口国不可能进口任何产品,这一点叫"禁止性关税"(prohibitive tariff)。

(2)一般均衡分析(以"小国"为例)

一般均衡分析运用生产可能性曲线、无差异曲线等工具考察社会福利的变化。

生产可能性曲线又称生产可能性边界(production-possibility frontier,PPF),表示在技术知识和可投入品数量既定的条件下,一个经济体能生产的两种商品最大产量的组合。PPF 代表了可供社会利用的产品和劳务在得到充分利用时的不同组合(见图 8.6)。

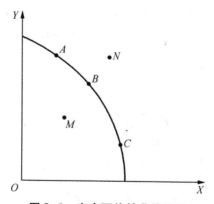

图 8.6 生产可能性曲线图示

横轴和纵轴分别代表两种产品 X、Y,在技术知识可投入品数量既定的条件下,甲国可以达到的最大生产能力是 A、B、C 等生产可能性曲线上的点,它们代表 X、Y 两种产品不同数量的组合。M 点在 PPF 以内,表明经济没有达到有效生产,如在商业周期中失业率较高的情形。N 点在 PPF 之外,是甲国达不到的生产点。

无差异曲线(indifference curve)表示给消费者带来相同效用程度的两种商品消

费数量的组合(见图 8.7)。

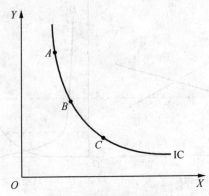

图 8.7　无差异曲线图示

横轴、纵轴分别代表两种不同商品 X、Y,无差异曲线 IC 上的任意点 A、B、C 等所表示的 X、Y 不同数量的组合给消费者的满足程度是一样的。无差异曲线有三个特点:第一,凹向原点;第二,同一平面上的两条无差异曲线不会相交;第三,离原点越远的无差异曲线代表的效用水平越高。

关税的影响如图 8.8 所示,自由贸易状态下,世界价格水平为 P_w,该国生产点在 B,消费点在 A,进口 X 产品而出口 Y 产品。假如对 X 产品征收关税,则会提高 X 产品的价格,国内价格水平变为 P'_w。价格的改变使生产点移动到 C。由于政府是作为国家总体消费的一部分,而且"小国"进出口量的变化不改变国际市场价格,由此得到通过生产点 C 的消费可能性线 P,消费点必然落在 P 上。对于"小国"的消费者而言,实际面临的价格是 P'_w,所以最终的消费点 D 落在 P 上,无差异曲线 IC' 在 D 点上与 P'_w 的平行线相切。无差异曲线 IC 向左下方移动到 IC'。可见征收关税与自由贸易状态相比较,社会福利会降低。

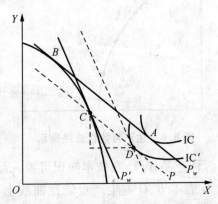

图 8.8　"小国"征收关税的影响(一般均衡分析)

2. 动态分析

(1) 斯图尔珀—萨缪尔森定理(the Stolper-Samuelson Theorem)(详见第十八章内容)

该定理认为,在长期中,当生产要素在国内各部门间可以自由流动时,征收进口关税会提高一国稀缺要素的真实报酬。因为对某种产品征收关税会提高该商品的相对价格,该商品相对价格的提高会吸引更多的生产,从而增强了生产该商品所密集使用的要素的稀缺性,而进口商品在进口国生产所密集使用的是该国的稀缺要素,所以使该国稀缺要素更为稀缺,则提高稀缺要素的真实报酬。

(2) 征收关税使经济增长率降低

首先,征收关税保护了低效落后的部门,这些部门消耗社会资源,不利于资源的有效配置。

其次,在关税保护的环境下会产生 X-低效率。诺贝尔经济家奖获得者 Herbert Simon 认为,企业所有者追求利润最大化,而企业经营者追求的是达到令所有者满意的程度,二者的目标不一样。经济学家 Harvey Leibenstein 指出,一家企业最佳经营状况和实际经营状况之间的差距是多少,即后者的低效率程度是个未知数,故称为 X-低效率。在关税保护的环境下,缺乏竞争机制决定的企业运营最佳状态的标准值,因此会产生 X-低效率。

(3) 对征收关税国家出口的负面影响

首先,征收关税使本国货币升值,影响出口。征收关税提高了进口品的价格,减少了进口量,导致为了购买进口商品而换取外汇的需求量减少,从而导致本国货币升值,不利于本国产品出口。据统计,美国全面进口关税提高15%,将会使美元升值7%,减少美国的出口。

其次,征收关税提高出口产品成本,不利于出口。关税有传递效应,人们都设法将关税征收给自己带来的损失传递出去,而只有出口集团难以传递其受到的损失,因为他们面临竞争激烈的国际市场,提高出口价格必然影响其竞争力。澳大利亚的研究资料表明,如果征收关税导致价格上升5%,紧接着劳动成本会上升4.4%,产品成本的上升不利于出口。

3. 保护新生工业的重要手段

WTO 的运行规则中有一个重要的例外条款:即允许发展中国家用高关税保护新生工业,新生工业保护不受关税约束的限制。

以瑞士和中国发展钟表行业为例,如图8.9所示。钟表行业是劳动密集型产业,中国的平均成本低于瑞士,具有成本优势。但是中国的困难在于:瑞士已将世界价格水平压低到 P^*,中国钟表行业在 Q_0 产量前的起步阶段成本高于 P^*,会面临亏损。所以中国应将瑞士进口钟表的关税水平提高以提高其在中国的售价,帮助本国钟表行业度过起步阶段,当产量达到 OQ_0 以后中国钟表行业就能发挥成本优势,赢得竞争胜利。

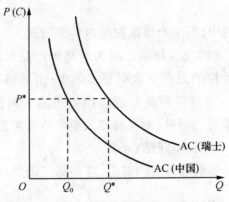

图 8.9　瑞士和中国钟表行业竞争形势

三、实际保护率(The Rate of Effective Protection)

实际保护率是关税使国内被保护行业每单位产出的附加价值提高的百分率,它代表名义关税对国内相关产业的实际保护程度。它有两种计算方法:

1. $g = \dfrac{V' - V}{V}$

g:实际保护率;V':征收关税后的国内附加值;V:自由贸易状态下国内附加值。

例题 1　价值 80 美元的进口棉花制成成衣后其价格为 100 美元,棉花进口是免税的,每件成衣名义关税水平为 10%,请计算服装业的实际保护率。

解:
$$V = 100 - 80 = 20(美元)$$
$$V' = 100 \times (1 + 10\%) - 80 = 30(美元)$$
$$\therefore g = \frac{V' - V}{V} = \frac{30 - 20}{20} = 50\%$$

2. $g = \dfrac{t - \sum a_i t_i}{1 - \sum a_i}$

t:对最终产品征收的名义关税;t_i:对第 i 种进口投入品征收的名义关税;a_i:第 i 种投入品成本与最终产品价格之比。

例题 2　一部电脑的国际自由贸易价格为 500 美元,其芯片价格为 250 美元,键盘价格为 50 美元,A 国对电脑整机、芯片、键盘征收的名义关税税率分别为 30%、50% 和 40%,请问 A 国对其计算机行业的实际保护率是多少?

解:
$$\sum a_i = \frac{250}{500} + \frac{50}{500} = 0.6$$

$$\sum a_i t_i = \frac{250}{500} \times 50\% + \frac{50}{500} \times 40\% = 0.29$$

$$\therefore g = \frac{30\% - 0.29}{1 - 0.6} = \frac{0.01}{0.4} = 2.5\%$$

在例题 2 中,为了提高实际保护率可以提高整机的名义关税水平而降低投入品的关税水平。随着产品加工程度的提高而提高其关税水平的现象即关税升级制度,这是 WTO 不允许实施的关税政策。

实际保护率为关税政策提供了衡量保护程度的有效手段,增强了关税政策的透明度。这是 WTO 将关税政策作为国内工业唯一合法保护手段原则的重要依据。

第二节 关税减让

一、关税减让方式

1. 产品对产品方式

产品对产品方式是传统的关税减让方式。通常先由该项产品的主要供应方提出关税减让的要求,与进口方达成双边协议,然后通过最惠国待遇原则实施于其他所有缔约方。同时,根据互惠原则,该进口方可以提出新的减让要求。

2. 直线关税减让方式

直线关税减让方式又称"按统一比例全盘关税减让方式",它是现代关税减让方式之一。其做法是:缔约方通过谈判确定一个所有缔约方都能接受的一次性关税减让百分比,然后按统一标准进行全面关税减让。

直线关税减让方式简便易行,但在实际操作中,无法根本解决各缔约方之间关税税率悬殊的问题,也不能尽量缩小高税率与低税率之间的差距,更满足不了各缔约方不同的经济利益的需要。

3. 瑞士关税减让方式

在 GATT 第七轮谈判"东京回合"中,欧共体提出应尽量平衡各缔约方之间的利益,高关税缔约方应多作减让,低关税缔约方应少作减让。最后决定采用瑞士关税减让方式。

瑞士关税减让方式是一位瑞士经济学家提出的。其关税减让公式为:$Y = XZ/(X+Z)$。其中:Y 是减让后的关税税率;X 是一个固定参数,可以通过缔约方之间的谈判来确立;Z 是关税减让前的税率。

瑞士关税减让方式平衡了缔约方的利益,高关税多降,低关税少降,缩小了各缔约方之间的关税差距。但各缔约方尽量采用维护自身利益的方式,选择总体削减幅度较小的参数组合。

关税减让谈判成果列入各缔约方的减让表,原则上不允许修改或撤回。在3年有效期满后可以在履行特定谈判程序的前提下修改或撤回。经过GATT八轮关税减让谈判,就工业产品而言,发达国家关税税目约束比例为97%,加权平均税率水平为4%;发展中国家税目约束比例为65%,算术平均关税水平为14%—15%。就农产品而言,发达国家税目约束比例为99%,发展中国家税目约束比例为89%。

案例 8.2

美国诉欧盟英国、爱尔兰计算机设备关税税目分类违反 GATT 1994 第 2 条案

1. 欧盟在乌拉圭回合承诺的关税减让表(LXXX)

产品	税目	约束税率
ADP 设备①	84.71	2.5%
电子通信设备	85.17	高于 ADP 设备
电视接收设备	85.28	14%

2. 背景材料

1993—1994年,欧盟各成员国对局域网设备的征税分类并不一致,美国在该地区最大的出口市场——英国和爱尔兰将局域网设备及个人电脑列为 ADP 设备,但欧盟的承诺表 LXXX 并未明确做出规定。美国本国将局域网设备归为电子通信设备。1997年,世界海关组织决定将某些局域网设备分类为 ADP 设备。

3. 基本案情

1995年欧盟进行商品的重新分类,将局域网设备列为税目85.17,将多媒体电脑电视(PCTV)列为税目85.28。美国认为该做法使美国的相关商品所受待遇低于按照欧盟承诺表 LXXX 应该具有的待遇,因此欧盟违反 GATT 1994 第2条,美国对此提出磋商要求,并于1997年2月11日要求 WTO 设立专家组。1998年2月,专家组裁决欧盟违背了关税减让义务。欧盟提出上诉。WTO 上诉机构推翻了专家组的裁决。

4. 两级裁决的关键分歧:如何解释关税减让表的范围

(1) 专家组认为:减让表是进口方提出,以保护其国内市场,因此在解释约束性关税时,出口方有"合法预期"(legitimate expectation)的权利,这符合 GATT 1994 第2

---

① ADP 设备:自动信息处理器及其组件、磁性或光阅读器、以编码方式将资料传输给传媒的设备、处理上述资料的设备。

条第5款。进口方有举证和澄清其减让表范围的义务,出口方无澄清进口方减让表的义务。所以据此裁定欧盟败诉,违背了关税减让的有关义务。

(2) 上诉机构认为:关税减让是在互惠基础上的多边谈判的结果,各方所获利益是平衡的;另外,GATT 1994第2条第5款并未赋予出口方单方面的"合法预期"权利,"预期待遇"因属于进出口双方而非专属于某一方。如果由出口方的主观标准来解释关税减让表的范围,会损害关税减让的稳定性和可预见性。关税减让范围的澄清是所有利益方的共同任务。确定商品分类应该依据较为客观的标准,例如世界海关组织的相关制度以及相关成员方的实践。因此,上诉机构推翻了专家组的裁决。

在"复关"与"入世"谈判中外方提出的中国关税制度的四大问题:关税水平太高[①]、关税制度混乱、关税措施不透明、海关估价太随意,中国已经全面地进行了调整和改进。

1994年以来中国进行了三次大幅度降低关税:1994年由43.2%降至35.9%;1996年由35.9%降至23%;1996年由23%降至17%,累计减税幅度超过60%。当时WTO成员方平均减税33%。2000—2008年中国关税水平变化如表8.1所示。

表8.1 中国关于关税减让的承诺

年份	关税总水平	工业品平均	农产品平均
2000年	15.6%	14.7%	21.3%
2001年	14.0%	13.0%	19.9%
2002年	12.7%	11.7%	18.5%
2003年	11.5%	10.6%	17.4%
2004年	10.6%	9.8%	15.8%
2005年	10.1%	9.3%	15.5%
2006年	10.1%	9.3%	15.5%
2007年	10.1%	9.3%	15.5%
2008年	10.0%	9.2%	15.1%

资料来源:《人民日报·华东新闻》2002年1月14日第三版。

二、关税减让原则的例外情况

WTO的灵活性原则的一个重要体现就是各种例外条款。对于关税减让制度而言,在满足一定条件和履行一定程序的前提下,各成员方也可以沿用例外条款。例如:

[①] 1992年,中国6 000多种商品平均关税43.2%;当时发达国家工业品平均关税水平为6.3%,发展中国家为15%—17%。

1. 保障措施例外

GATT 1994 第19条("对某些产品的进口的紧急措施")第1款规定:如因意外情况的发展或因一缔约方承担本协定义务(包括关税减让在内)而产生的影响,使某一产品输入到这一缔约方领土的数量大为增加,对这一领土内相同产品或与它直接竞争产品的国内生产者造成严重损害或产生严重威胁时,这一缔约方在防止或纠正这种损害所必需的程度和时间内,可以对上述产品全部或部分地暂停实施其所承认的义务,或者撤销或修改减让。

2. 反倾销税和反补贴税例外

GATT 1994 第6条("反倾销税和反补贴税")规定:各缔约方有权采取合理的反倾销和反补贴措施,作为对倾销和补贴等不公平贸易行为的正当防卫。反倾销税和反补贴税的制度依据倾销和补贴幅度,而不受关税约束的限制(详见第十章"公平贸易制度")。

3. 其他例外

GATT 1994 第28条附加("关税谈判")第3款规定,关税减让谈判时应适当考虑:某些缔约方和某些工业的需要;发展中国家为了有助于经济的发展灵活运用关税保护的需要以及为了财政收入维持关税的特别需要;其他有关情况,包括有关缔约方在财政上、发展上、战略上和其他方面的需要。

[本章小结]

关税是世界贸易组织规则中国内工业唯一合法的保护手段,各成员方要遵循关税减让、关税约束原则,但特殊情况下可以采用例外做法,例如发展中国家保护新生工业。通过本章学习,应从经济和法律两个层面了解关税政策及其国际规则。本章的重点是对关税政策经济影响的分析,请注意区分"小国"与"大国"的不同情况,并掌握最优关税、实际保护率等重要概念。

[思考题]

1. 比较"小国"和"大国"征收关税的不同影响。
2. 我国如何在关税减让制度下捍卫自身的正当权益?

第九章 禁止数量限制

[**本章概要**] 本章系统介绍了数量限制的定义、种类、经济影响,阐释了世界贸易组织在数量限制政策上的基本原则和重要例外。本章结合局部均衡分析比较了关税、配额、自愿出口限制等政策经济影响的异同,分析了数量限制市场的垄断性特征,具体剖析了日本对美国汽车出口的自愿出口限制以及纺织品服装贸易制度的影响。

第一节 进口配额

一、定义

进口配额(import quota)是 WTO 运行机制下明确禁止使用的数量限制。进口配额(简称配额)是一国政府在一定时期内对某些商品的进口数量或金额加以直接限制。

二、进口配额的影响

1. 静态局部均衡分析(与关税比较)

(1) 对社会福利的影响(以"小国"为例,见图 9.1)。

自由贸易下的进口量为 Q_1Q_4,配额限制进口量为 Q_2Q_3,则必然导致产品价格上升,从 P_w 上升为 P_d。

生产者剩余上升	$+a$
消费者剩余下降	$-(a+b+c+d)$
配额收益	$+c$
社会净福利水平下降	$-(b+d)$

关税和配额的区别在于:征收关税时 c 作为关税收入被进口国政府获得;实行配额时假如政府拍卖配额,则 c 被进口国政府获得,假如政府分配配额,则 c 被分到配

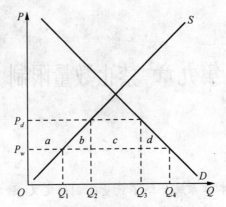

图9.1 配额的福利影响(以"小国"为例)

额的进口商获得。

(2)当进口国供求发生变化时,关税方式带来进口量的变化,而配额方式引起物价水平的变动。

以"小国"为例,当需求增加时,关税方式下进口量增加,国内价格不变;配额方式下进口量不变,国内价格上升,见图9.2。

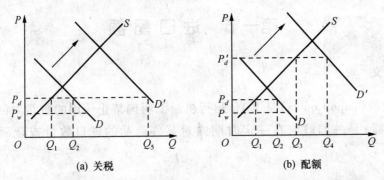

(a) 关税　　　　　　　　　　　　(b) 配额

图9.2 进口国需求上升时关税与配额方式的比较(以"小国"为例)

当需求 D 上升到 D' 时,征收关税时如图9.2(a)所示:进口量从 Q_1Q_2 增加到 Q_1Q_5,而国内价格 P_d 维持不变;实行配额时如图9.2(b)所示:进口量不变($Q_3Q_4 = Q_1Q_2$),但国内价格从 P_d 上升到 P_d'。

同理可知,需求减少时,征收关税方式下进口量会减少,国内价格不变;而配额方式下进口量不变,而国内价格降低。

供给减少时,关税方式下进口量增加,国内价格不变;配额方式下进口量不变,国内价格上升。

如图9.3所示,供给减少时,关税方式下如图9.3(a)所示:进口量从 Q_4Q_5 增加到 Q_1Q_2,国内价格 P_d 不变;配额方式下如图9.3(b)所示:进口量不变($Q_2Q_3 = Q_4Q_5$),国内价格从 P_d 上升到 P_d'。

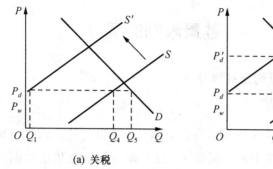

(a) 关税　　　　　　　　　(b) 配额

图 9.3　供给减少时关税与配额方式的比较(以"小国"为例)

同理可知,供给增加时,关税方式下进口量减少,国内价格不变;配额方式下进口量不变,国内价格降低。

可见,配额加强了国内厂商的垄断地位,实行配额与关税比较导致更高的国内价格和更少的国内产量(见图 9.4)。征收关税时,国内价格为 P_t,产量为 OQ_1,进口量为 Q_1Q_2。若实行配额来维持 Q_1Q_2 的进口量,则对于国内厂商而言,需求线移动到 D_q。由于配额加强了国内厂商的垄断地位,因此用垄断市场的均衡条件:边际收益(MR)=边际成本(MC)来寻找实行配额时国内均衡价格和均衡产量,均衡价格为 P_d,均衡产量为 OQ_0。

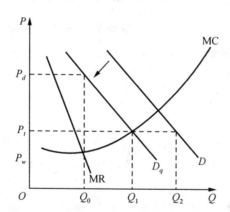

图 9.4　配额对国内厂商垄断地位的加强

2. 动态分析

(1) 配额产生配额,形成恶性循环。

政府对某种商品实行配额以限制其进口量,未能满足的国内需求会转向该商品的替代品,会引起替代品进口的增加,政府又被迫对替代品实行配额限制。

(2) 发放配额的过程中可能产生腐败。

进口商为了争取配额以获得利益,不惜贿赂主管官员。

第二节 数量限制的运用

一、一般禁止数量限制原则及其例外

1. 禁止数量限制的规定

GATT 1994 第 11 条规定：缔约方不得设立或维持配额、进出口许可证或其他措施以限制或禁止其他缔约方领土的产品输入，也不能采取这类措施限制或禁止向其他缔约方输出或销售产品。

2. 例外

（1）保障国际收支平衡。GATT 1994 第 12 条规定：缔约方为保障其对外金融地位和国际收支平衡，在遵守有关规定的前提下，可以限制准许进口的商品数量或金额。

案例 9.1

美国诉印度进口数量限制

1996 年 7 月，印度向 WTO 通报，为了国际收支平衡需要及其他原因，将对 2 714 种产品的进口实行数量限制，并提出在 7 年内逐渐分阶段取消数量限制。

1997 年 7 月 5 日，美国就此提出与印度磋商的要求，认为印度违背了 GATT 1994 关于禁止数量限制的有关规定等义务。1997 年 10 月 3 日，美国要求设立专家组。

WTO 专家组向 IMF 进行咨询，IMF 的答复是：到 1997 年 11 月 21 日，印度的外汇储备是 251 亿美元，是充足的。专家组的裁决基本支持了美国的主张。印度提出上诉，上诉机构维持了专家组的裁决。

（2）第 11 条第 2 款 3 种例外：

① 为防止或缓和输出缔约方的粮食或其他必需品的严重缺乏而临时实施的禁止出口或限制出口；

② 为实施国际贸易上商品分类、分级和销售的标准及条例，而必须实施的禁止进出口或限制出口；

③ 在一定条件下农渔产品可实行必要的进口限制。

（3）GATT 1994 第 18 条规定：只能维持低生活水平、经济处于发展初期的缔约方，为实施目的在于提高人民一般生活水平的经济发展计划和政策的需要，可采取

必要的限制进口的措施。

二、数量限制的非歧视原则及其例外

根据WTO的规定,即使符合前述三种例外情况而不得不采取数量限制,也必须遵守非歧视原则,除非符合例外条件。具体而言,体现在以下两点规定中。

(1) GATT 1994 第13条规定:缔约方不得歧视性地限制或禁止另一缔约方领土产品的输入,也不得歧视性地限制或禁止产品向另一缔约方领土输出。这是数量限制的非歧视原则。

(2) GATT 1994 第14条规定:基于国际收支困难和外汇储备不足时,在一定条件下可实行歧视性数量限制。这是数量限制非歧视原则的例外。

第三节 自愿出口限制

一、定义

自愿出口限制(voluntary export restraint, VER)是在进口方的要求或压力下,出口方"自愿"规定某一时期某些商品对该国的出口限额。

案例9.2

法国第二次"普瓦提埃之战"

日本录像机大量冲击法国市场:1981年前10个月,进入法国的录像机每月清关64 000台。为了阻拦录像机进口,1982年10月法国政府下令所有进口录像机必须经过普瓦提埃海关办理清关手续。普瓦提埃是距离法国北部港口几百英里外的一个偏僻的内陆小镇,原来仅有4个海关人员,后来增加到8人。日本录像机到达法国北部海港后,还要转用卡车运到普瓦提埃,并要办理繁杂的海关手续:所有文件应为法文的,每一个集装箱必须开箱检查,每台录相机的原产地和序号要经过校对。这一措施出台后,每月清关的进口录像机不足1 000台。日本被迫实行对法国录像机出口的"自愿"出口限制。在法国历史上,法国人曾在普瓦提埃击退莫尔人的入侵,称为"普瓦提埃之战"。这一次被称为战胜日本的"第二次普瓦提埃之战"。

二、自愿出口限制的影响

1. 两国模型

如图 9.5 所示，VER 限量为 Q_1Q_2，在实行前进口方以 P_w 价格从出口方进口；实行后进口方市场价格上升为 P_d，出口方的出口供应价下降为 P_w'。

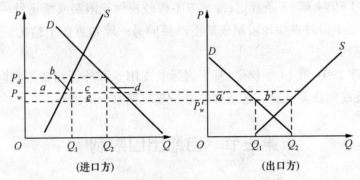

图 9.5 两国模型下 VER 的影响

进口方：生产者剩余增加	$+a$
消费者剩余减少	$-(a+b+c+d)$
社会净福利水平下降	$-(b+c+d)$
出口方：生产者剩余减少	$-(a'+b')$
消费者剩余增加	$+a'$
在进口方市场获利	$+(c+e)$
社会净福利水平变化为	$c+e-b'$

VER 由出口方掌握供应权，所以 $c+e$ 由出口方获得。如果出口方政府拍卖出口许可证，则由出口方政府获得；如果分配出口许可证，则由分到的出口商获得。

从以上分析中得出，VER 会引起：

（1）进口方福利损失

在关税、进口配额、VER 三者中，VER 引起进口方福利损失最大。那么进口方为什么要采取 VER 措施呢？

① 由于 GATT 和 WTO 关税减让、禁止数量限制等制度的约束，关税和配额的使用受到很大限制。而 VER 被认为是限制外的"灰色区域"（grey area）。

② 从政治经济的角度分析，VER 的实施增加了生产者的福利、损失了消费者的福利。这两大集团具有不同特征：生产者比较集中，实力雄厚，对政策的鼓动作用大；而消费者比较分散，不容易组织起来，而且人数众多，损失分摊开来，单个消费者承担的部分有限。因此贸易政策往往倾向于保护生产者的利益。

（2）进口商品价格上升

例如20世纪70年代能源危机使得节能型的日本汽车竞争力大涨,到1980年日本汽车出口量占世界市场比重达37%。大量的日本汽车冲击欧美市场。美国通用、福特、克莱斯勒三大汽车公司1980年亏损40亿美元,汽车工人失业率20.2%,克莱斯勒汽车公司濒临破产。在这样的情况下,美国政府施加压力,日本1981年被迫将对美汽车的出口量限制在每年不超过168万辆。结果日本汽车在美国的售价上升了13%—20%。

（3）升级效应

升级即形成一个趋向更高质量和等级的出口趋势,又称贸易推进(经营高档商品以提高利润率)。

费恩斯特拉(Feenstra,1984,1985)使用享乐价格回归技术对质量升级做了实证性研究。他考察了1980—1981年间美国实施与不实施VER的两种情况,认为日本汽车在美国市场上价格上升的原因2/3是由质量提高带来的,例如汽车马力加大、采用自动换档等。因此费恩斯特拉认为VER的实施促进了质量升级。

德麦罗和温特斯(de Melo and Winters,1989)研究了韩国实行VER的影响,提出了不同观点,他们认为VER与自由贸易相比伴随着较少的质量升级。自由贸易状态下为了赢得竞争优势,生产者必须不断推进质量升级。而VER的实施使进口方销售的数量减少,自然会导致价格上升。假如出口商对外汇最大化的兴趣超过对利润最大化的兴趣,质量升级的成本显得过高了。

（4）租金从进口方向出口方转移

据C.汉密尔顿1984年的统计:1981—1982年由于实行VER,中国香港从一些欧洲国家及美国转移得到的租金收入相当于香港这一时期生产总值的1%或香港服装行业增值额的16%(见表9.1)。其中一小部分租金没有转移到香港民众手中,因为有一些出口企业是进口方公民所拥有。

表9.1 1981—1982年香港从服装出口VER中获得租金收入

单位:百万美元

进口方	出口方租金收入
比荷卢经济联盟	10
丹麦	7
法国	6
德国	94
瑞典	47
英国	100
美国	302
合计	566

（5）出口方资源使用效率的降低

德麦罗和温特斯（de Melo and Winters，1990，1993）考察了 VER 对于出口方资源配置的影响。在 1990 年的论文里，他们用一个计量经济学模型研究了韩国对美国实行鞋类出口 VER 的影响，其结论是：韩国制鞋业向其他不受约束市场的转移能力有限，实行 VER 使该行业要素的边际收益明显下降。1993 年的论文中，他们考察了中国台湾对美国实行鞋类出口 VER 的影响，其结论是台湾制鞋业萎缩了：其利润上升的同时，工资和就业下降了。

2. 两国模型的扩展

（1）引入不受 VER 限制的出口方

图 9.6 以纵轴为界，左半部分是进口国 M 与不受 VER 限制的出口方 U 的贸易情况，ES_U 是 U 国的出口供给线，ED_M 是 M 国的进口需求线。右半部分是受 VER 限制的 R 国的出口情况。ES_R 是 R 国的出口供给线，ED_{M-U} 是 M 国对 R 国的进口需求线。

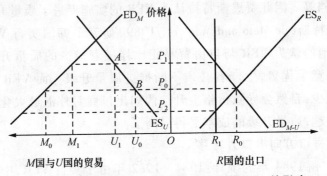

图 9.6　引入不受 VER 限制的出口方时 VER 的影响

在实行 VER 以前，在 P_0 的价格上，M 国从 R 国的进口量为 $OR_0 = M_0U_0$，从 U 国的进口量为 OU_0。在 R 国对 M 国实行 VER 后，R 国对 U 国的出口量限制在 $OR_1 = M_1U_1$，该产品在进口方 M 的价格上升到 P_1，U 国在 P_1 的价格上可以提供更多的出口 OU_1，并得到 P_0P_1AB 的收益。但由于竞争激烈，这块收益的归属是不确定的。

由于进口配额不会使进口国发生向国外的租金转移，而 VER 的实施会使进口国向出口国发生租金转移，因此对于 M 国而言，明智的政策是采取多边的进口配额在 U 国和 R 国之间进行分配，使进口量维持在 M_1，来自 R 国的进口价格达到 P_2。这时如果 M 国贸易条件的改善带来的正面影响超过实施配额造成的社会福利净损失，M 国会获利。而因为这时租金不发生转移，R 国会受到福利损失。但由于有出口量的保障，R 国仍愿意接受。这就是纺织品和服装业中普遍存在的"双边配额"的情况。

（2）引入不实行 VER 的进口方

图 9.7 以纵轴为界分为两部分。左半部分是实行 VER 的进口方 B 与出口方 X

之间的贸易，ED_B 是 B 的进口需求线，ES_X 是 X 的出口供给线。右半部分是不实行 VER 的进口方 A 国的进口情况，ED_A 是 A 国的进口需求线，$ES_{X\text{-}B}$ 是 X 国对 A 国的出口供给线。

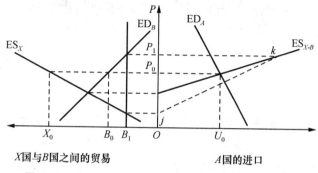

X 国与 B 国之间的贸易　　　　A 国的进口

图9.7　引入不实行 VER 的进口方时 VER 的影响

在未实行 VER 前，X 国在 P_0 价格上向 B 出口 OB_0，向 A 出口 $X_0B_0 = OU_0$。在 X 对 B 实行 VER 后，X 对 B 的出口量限制在 OB_1，X 对 A 的出口供给线变为虚线 jk，在 k 点后沿着原来的 $ES_{X\text{-}B}$。这意味着 A 可以用更低的价格进口到更多的商品。

假如 A 国政府更关心本国与进口竞争行业的规模，就可能要求出口国 X 国实行 VER，这种多米诺效应在1989年已经被 C. 汉密尔顿证实。

[本章小结]

通过本章学习，应从经济和法律两个层面了解数量限制政策及其国际规则。本章的重点是对配额与自愿出口限制政策经济影响的分析，请注意比较不同贸易政策从概念到经济影响的异同，理解数量限制给进口方市场带来的垄断性特征，客观评价纺织品服装贸易制度及其变革带来的经济影响。世界贸易组织规则原则上禁止采用数量限制，在例外情况下也须遵循非歧视原则。

[思考题]

1. 请比较关税、配额、VER 对进口方的静态影响。
2. 我国"入世"后应如何面对 WTO"禁止数量限制"制度？

第十章 公平贸易制度

[**本章概要**] 本章着重分析了公平贸易涉及的两个重要方面：补贴与反补贴、反倾销。本章在系统介绍补贴与倾销的概念和分类的基础上，运用局部均衡和博弈的方法，阐释了补贴的经济效应和对国际竞争力的影响，并具体分析了持续性倾销形成的原因，揭示了中国外贸面临的反倾销问题的内因和外因。《补贴与反补贴措施协议》及《反倾销协议》是世界贸易组织在该领域制定的国际规则。

公平贸易(fair trade)是指缔约方之间在进行国际贸易活动时，不得采取不正当的手段进行竞争或扭曲竞争，它主要针对出口补贴、倾销等不正当的竞争方式。

第一节 补贴与反补贴

补贴与反补贴历来是国际贸易关系中颇有争议的问题。作为政府干预经济活动的重要手段，补贴在各国被广泛运用。同时，为了防止受补贴的产品对进口方造成的冲击，进口方纷纷出台反补贴措施。补贴和反补贴措施如果运用不当，很可能成为贸易保护主义的工具，是不符合 WTO 贸易自由化的原则的。

一、补贴(subsidies)的分类和定义

1. 根据补贴的对象不同，可分为生产补贴和出口补贴

生产补贴指政府为了促进某一产业的发展，对于该产业的生产给予津贴；出口补贴指政府为了刺激出口而给予出口产品的津贴。

2. 根据补贴的方式不同，可分为直接补贴和间接补贴

直接补贴指政府给予直接的现金支付；间接补贴指政府用贷款、技术、税收等各种优惠条件和特权措施资助国内生产者。

3. 根据补贴对国际贸易的扭曲程度,可分为禁止性补贴、可申诉补贴和不可申诉补贴

禁止性补贴指不允许成员方政府实施的补贴,一旦实施,任何受其影响的其他成员方可以直接采取反补贴措施;可申诉补贴指成员方根据自己的政治、经济等发展需要,在一定的范围内可以对生产者或销售者进行补贴,若这种补贴造成对其他成员方利益的损害,其他成员方可以采取反补贴措施并可诉诸争端解决;不可申诉补贴指成员方采取的对国际贸易影响不大的补贴,其他成员方不应采取反补贴措施并不可诉诸争端解决。

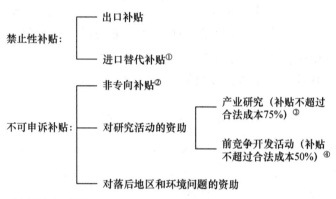

该分类是WTO《补贴与反补贴协议》所规定的,基础研究(与产业或商业目的无关的一般科学和技术知识的扩展)不在《补贴与反补贴协议》管辖范围之内。

二、补贴的影响

1. 对社会福利的影响(以小国为例)

(1) 生产补贴对社会福利的影响如图10.1所示:

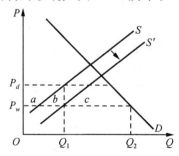

图10.1 生产补贴的福利影响(以"小国"为例)

---

① 进口替代补贴:将进口替代作为条件而提供的补贴。
② 非专向补贴:所有经济主体都可以受益的补贴。
③ 产业研究:开发新产品、新工艺、新服务或在这些领域做出重大改进。
④ 前竞争开发活动:将产业研究转化为计划、蓝图、设计或原形、初步展示或试验方案。

政府对单位产品的生产提供 P_wP_d 的补贴,则生产者实际获得的价格是 P_d,而消费者面临的市场价格仍然是 P_w。生产者的提供量为 Q_1,消费者的消费量为 Q_2,进口量为 Q_1Q_2。

生产者剩余增加　　　　+a
消费者剩余不变(市场价格不变)
政府补贴成本　　　　　-(a+b)
社会净福利水平下降　　-b

从分析可知,生产补贴对社会福利造成的损失小于关税、进口配额等其他保护手段。因此美国经济学家保罗·克鲁格曼认为:发展中国家扶植新生工业的最佳做法不是高关税,而是生产补贴。但是生产补贴需要政府支付预算开支,预算开支的增加往往与增税相伴相随,增税不利于政府取悦民意。

(2) 出口补贴对社会福利的影响如图10.2所示:

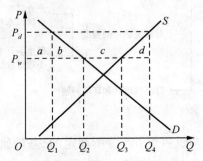

图 10.2　出口补贴的福利影响(以"小国"为例)

政府对单位出口产品给予 P_wP_d 的补贴,则国内市场价格会上升到 P_d(否则厂商不会在国内市场销售),出口量从 Q_2Q_3 扩大到 Q_1Q_4。

生产者剩余增加　　　　+(a+b+c)
消费者剩余减少　　　　-(a+b)
政府补贴成本　　　　　-(b+c+d)
社会净福利水平下降　　-(b+d)

(3) 生产补贴和出口补贴的区别:

比较事项 \ 补贴	生产补贴	大小比较	出口补贴
补贴成本	全部生产	>	出口部分
国内市场价格	不变	<	上升
社会福利损失	-b	<	-(b+d)

可见两种补贴各有优劣。能否考虑采用一种折中的混合补贴的方式以取长补短呢?如图10.3所示。

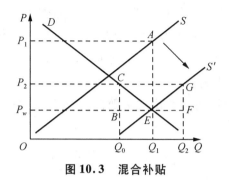

图 10.3 混合补贴

在自由贸易状态下,一个国家原来是进口国,这时价格是 P_w。首先运用生产补贴使该国达到自给自足;进一步补贴将产生出口能力,一旦有出口便采用出口补贴。

第一步:对单位产品提供 P_wP_1 的生产补贴;第二步:若有出口,对出口产品再提供 P_wP_2 的出口补贴(Q_0Q_2 为出口)。

政府补贴成本为 $P_wP_1AE + CBFG$,会小于用纯粹的生产补贴刺激生产达到 Q_1Q_2 的出口水平时的政府补贴成本。国内物价水平为 P_2,会低于用纯粹的出口补贴刺激出口达到 Q_1Q_2 的出口水平时的国内物价水平。这是一条发展中国家保护新生工业可以借鉴的思路,具体运用时应注意符合国际规则。

2. 对国际竞争力的影响

首先,有利于受到补贴的国内生产者在国际市场上取得成本和价格竞争的优势。

例如,WTO 处理的巴西与加拿大补贴纠纷案中,加拿大状告巴西对其喷气式飞机的生产提供补贴,使每架飞机成本节约 250 万美元。巴西反过来指控加拿大同样也在进行补贴。WTO 工作组经过审理,命令两国都停止补贴。

其次,补贴是策略性贸易政策的有力手段。策略性贸易政策主张通过政府补贴等措施帮助本国企业取得市场份额,在国际竞争中获胜,企业获胜后所得的利益会大大超过政府当初支付的补贴成本。

以美国波音公司与欧洲空中客车公司的竞争为例。假定两公司势均力敌,竞争形势为:

		空中客车公司	
		生产	不生产
波音公司	生产	(-5, -5)	(100, 0)
	不生产	(0, 100)	(0, 0)

若欧盟对空中客车公司给予 25 万美元的补贴,则上面竞争形势的矩阵变为:

(-5, 20)	(100, 0)
(0, 125)	(0, 0)

空中客车公司只要生产,就能盈利,它肯定会选择生产。在空中客车公司生产时,波音公司一旦生产就会亏损,所以它会选择不生产。这样结果为(0,125),即空中客车公司独家生产,盈利125万美元,足以弥补原来支付的25万美元的补贴成本。这是成功的补贴的范例。

但在条件发生变化时,可能会出现失败的补贴。假如美国对波音公司同样给予25万美元补贴,则竞争形势变为:

(20,20)	(125,0)
(0,125)	(0,0)

两家公司只要生产,就能盈利,都会选择生产,其结果为(20,20),各公司的获利不能弥补补贴的成本。

假如波音公司更具有竞争实力,而由于信息不对称,欧盟对此不知情,仍然对空中客车公司实行25万美元的补贴,则:

(5,-20)	(100,0)		(5,5)	(100,0)
(0,100)	(0,0)	欧盟补贴	(0,125)	(0,0)

结果为(5,5),空中客车公司的获利不能弥补欧盟的补贴成本。

从以上的博弈分析中,我们可以理解为什么美国允许波音兼并麦道这样的巨型并购。为了挫败欧盟对空中客车实行的巨额补贴,美国的对策只能是使波音自强。

三、《补贴与反补贴协议》

乌拉圭回合在东京回合《补贴与反补贴守则》的基础上达成了《补贴与反补贴协议》(以下简称《协议》),它属于"一揽子"接受范畴,对WTO各成员方均有约束力。该协议由11部分、32条和7个附件组成,对反补贴的程序做了规定。只有当禁止性补贴和可申诉补贴对进口成员方的工业造成损害时,才可采取反补贴措施,并要经过以下程序:

1. 立案

只有当代表国内相类似工业的产品生产量的50%,至少不得少于25%的国内生产者支持方可立案。

2. 补贴幅度的计算

有关计算规则应在法律、法规中做出规定,并在每一案件的适用上加以充分说明以保证透明度。反补贴税额不应超过补贴幅度。

3. 损害的确定

进口当局在确定损害时应考虑诸如补贴产品的进口数量、补贴产品对进口成员方类似产品价格的影响、补贴产品对进口成员方相关企业的影响等因素。

在满足以下两个条件的情况下进口方可采用累积估算法,即同时考察来自两个或两个以上成员方补贴产品对进口方产业的综合影响:第一,补贴额超过产品价格的1%;第二,按竞争情势采用累积估算法是合理的。

4. 例外

在下列情况下,反补贴调查应终止:第一,对有关产品的全部补贴未超过该产品价值的2%;第二,来自一个发展中国家的补贴产品占进口成员方相同或类似产品进口总量不到4%;第三,来自所有发展中国家的补贴产品占进口成员方相同或类似产品进口总量不到9%。

5. 救济措施

救济措施包括临时措施、承诺和征收反补贴税三类。

第一,临时措施。在初裁之后如为了避免损害的扩大必须采用临时措施,可以征收临时反补贴税。临时措施自立案之日起60天后才可实施,最长不超过4个月。

第二,承诺。初裁后,出口方为避免征收反补贴税,可以自愿做出提高出口价格或取消补贴的承诺,进口方自行决定是否接受。

第三,征收反补贴税。征收的期限以消除补贴为限,一般以5年为终期。

6. 过渡性安排

如成员方现有反补贴立法与《协议》不一致,应在该《协议》对其生效后90天内就此事通知补贴与反补贴委员会,并在3年内使相关立法与《协议》趋于一致。

四、补贴与反补贴的影响

以美国对韩国受补贴的钢铁进口征收反补贴税为例,如图10.4所示。

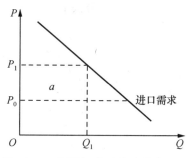

图10.4 美国征收反补贴税的影响

第一步:韩国政府对单位钢铁给予 P_0P_1 的补贴。第二步:美国政府对韩国钢铁征收相应幅度 P_0P_1 的单位商品反补贴税。则最后韩国钢铁在美国市场上以 P_1 的价格销售 OQ_1 的数量,a 为总的反补贴税额。其结果是:韩国政府拿出 a 的利益交给美国政府。

第二节 倾销和反倾销

倾销直接表现为低价销售产品,为了防止这些产品对进口方与之相竞争的产品造成冲击,进口方往往采取反倾销的措施。对于倾销行为的利弊以及反倾销的合理性问题的争论由来已久,这也直接关系到我国开放经济的政策的制定以及出口企业的切身利益。

一、倾销的定义和分类

倾销(dumping)指一国企业以低于国内价或低于成本的价格向另一国出口产品,给另一国造成实质性的损害,它分为三类。

1. 偶然的倾销

为了打开新市场或处理暂时的存货而实行的临时性倾销。

2. 掠夺性倾销

为了打垮竞争对手、垄断市场、攫取垄断利润而实行的倾销。在现代竞争激烈的国际市场上,掠夺性倾销十分罕见,因为任何竞争者一旦提高价格想攫取垄断利润,马上会有新的竞争者加入摧毁其梦想。

3. 持续性倾销

在一个相当长时期内(至少半年以上)持久的连续的倾销。它是反倾销的主要目标。

厂商为什么能在相当长时期内持续低价甚至亏本出售商品呢?其原因主要有两方面:

第一,是出口补贴的结果(如图10.5所示)。

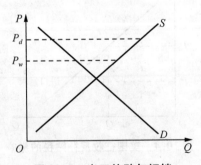

图10.5 出口补贴与倾销

当政府给予单位出口产品 $P_w P_d$ 的补贴时,国内市场价格为 P_d,国际市场价格为 P_w,$P_d > P_w$ 即存在倾销。

GATT 1994 第 6 条规定:对于同一案件,不能既征收反补贴税,又征收反倾销税,二者必择其一,即或针对出口国政府征收反补贴税,或针对出口厂商征收反倾销税。

第二,是垄断厂商追求利润最大化的结果。

假定国内、国际两个市场彼此分割,国内市场形成了垄断,则如图10.6所示:

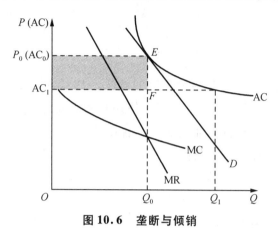

图10.6 垄断与倾销

纵轴是价格和平均成本,横轴是产量,当 MR = MC 时,垄断市场的长期均衡实现,均衡价格 $P_0 = AC_0$,均衡产量为 Q_0。当垄断厂商进一步扩大产量时,AC 可以继续降低。当产量为 Q_1 时,AC_0 降到 AC_1。这时垄断厂商可以多取得 AC_0AC_1FE 的阴影部分利润,多生产的 Q_0Q_1 可以用很低的价格卖到国际市场。只要阴影部分多得的利润足以弥补在国外低价出售的亏损,垄断厂商都会接受。

二、《反倾销措施协议》(《关于执行〈1994年关贸总协定〉第6条的协定》)

《反倾销措施协议》(以下简称《协议》)是乌拉圭回合的重要成果之一,它对反倾销的具体程序做出了规定:

1. 立案

进口方应调查国内生产者的"支持与反对态度",如果支持申诉的国内生产者累计产量超过整个国内工业相同或相似产品总量的50%,则该部分生产商可代表国内工业。在任何情况下,如果支持申诉的国内生产商的产品在整个国内工业相同或相似产品总量中所占比例在25%以下,则进口当局不得立案调查。

2. 倾销的确定

(1) 低于正常价值

正常价值可以用三种方法确定,在使用时应注意其"可比性":第一,出口国国内价格;第二,结构价格,即生产成本 + 合理的推销费用及利润;第三,第三国价格,它在以下三种情况下适用,即出口方正常贸易中无该产品的销售、在出口方市场销量不足产量的5%、出口方为非市场经济国家。

（2）低于成本

成本＝固定成本＋可变成本＋一般行政管理费和销售费。

（3）例外：来自某一成员方的倾销产品进口量不足进口方该类产品进口总量的3％，可忽略不计；除非来自几个这类成员方倾销产品的进口量超过进口方该类产品进口总量的7％。

3．损害的确定

（1）累积评估原则

《协议》的累积评估原则是借鉴美国的做法。1987年美国对来自加拿大、智利、荷兰等7国的鲜花进行反倾销调查，率先使用累积评估原则。即同时考察来自不同国家或地区的倾销产品对其工业造成的综合影响。

采用这一原则应符合两个条件：第一，倾销幅度大于产品出口价格的2％；第二，根据竞争情势该原则是适当的。

（2）相关和无关因素审查

相关因素指进口国国内价格受到的冲击以及相关工业经济指数评估值的下降等。相对而言，无关因素指进口国国内需求萎缩或消费格局改变以及技术发展等。

（3）实质损害威胁

这种威胁主要体现在：倾销产品市场份额不断上升的可能性；对进口成员方相似产品价格起严重的压价或削价作用；被调查产品的库存情况等。

4．救济措施

（1）临时措施

在初裁之后，进口方为保护国内工业必须采用临时救济措施时，可临时征税或保证金。临时措施从立案之日起60天后方可采取，一般不超过4个月。

（2）价格承诺

初裁为倾销的出口方可自愿承诺提高产品价格以消除对进口方工业的损害。进口方一旦接受，价格承诺的有效期为5年。

（3）征收反倾销税

反倾销税征收不应超过倾销幅度；按照"落日条款"，反倾销税应在征税之日起5年内终止；一般应由出口商提出复审，否则征税仍会继续。

三、中国面临的反倾销形势

自1979年欧共体对中国糖精发起反倾销调查以来，中国出口商品在国外遭到的反倾销之苦体现在三个方面：

1．国外对华反倾销的发起国涵盖了中国的主要出口市场

美国和欧盟是对华反倾销的主力军；1991年日本对中国开始反倾销调查；除了

发达国家之外,一些发展中国家也对中国进行反倾销,如墨西哥、印度、土耳其、巴西等。

2. 国外对华反倾销涉及的商品范围广

1993 年 4 月 15 日欧洲统一市场对中国 10 大类产品的 4 000 多个品种发动大规模反倾销调查;小到打火机在波兰也被反倾销。

3. 反倾销税税额高

欧盟对中国内地厂商征收的反倾销税通常是最高的,税率常超过 50%。1993 年墨西哥对中国鞋类反倾销,初裁反倾销税税率高达 1 105%。

中国出口商品在国外市场之所以面临严峻的反倾销形势,与相关的法律、制度安排以及国外贸易保护主义的影响有着密切关系。

从反倾销的法律、制度方面来考察,长期以来,中国在国外反倾销案中被作为"非市场经济国家",实行"替代国"制度和"一国一税"制,使中国在诉讼中处于被动和不利的地位,也打击了企业应诉的积极性。

在中国政府、行业协会和企业的共同努力下,中国主要出口市场在反倾销中从替代国制度逐渐走向"个案处理"。中国政府第一次向外国政府提出反倾销案的市场经济待遇并取得成功的案例是"美国帽子案"。1988 年 5 月,美国帽子协会提起对中国产品的反倾销诉讼,认为中国 8 家外贸公司均为国有企业,属非市场经济,要求按统一的倾销幅度征收反倾销税。中方(外经贸部)提出,涉案的 26 家生产企业中只有四家是国有企业,中国外贸制度正在改革,不存在国家统一定价。美国商务部最终根据实际成本对 8 个应诉的中方外贸企业裁定了 5.3%—32.6% 八个不同的倾销幅度。该案最终由美国国际贸易委员会以无损害裁定结案。1996 年澳大利亚对中国草甘膦反倾销案初裁以美国为替代国,裁决倾销幅度为 75%—106%。在复核时,中方各界团结合作,积极配合澳方调查。终裁为:中国是转型经济国家,遵循个案处理原则;如果涉案企业不受政府实质控制,可不适用替代国制度。草甘膦一案涉案企业不受政府实质性控制,可以不适用替代国制度,最后以无税结案。由于美国、澳大利亚是判例法国家,按照"先例约束力"原则,以上判决对此后案件审理均有约束力。

欧盟对华的反倾销政策也略有转机,规定自 1998 年 7 月 1 日以后,在中国内地进行制造生产的中国内地和香港地区公司只要证明其企业运作是建立在市场经济原则之下,就允许其使用出口国国内市场价格,不适用替代国制度。

在欧盟"黄磷"案中,1999 年 1 月,德国顿福斯公司对中国企业提起反倾销诉讼。涉案的云南马龙化建公司及时提出了市场经济地位的申请,欧盟经调查:第一,企业虽是国有,但已改制,公司 30% 以上股份已经上市,企业经营决策不受政府干预。第二,企业股份制改造并未出现重大的国有资产转移和政府补贴现象。第三,原材料市场已无政府干预,价格由供需双方决定。第四,企业的财务管理非常规范清楚。因此给予市场经济地位。最后起诉方撤诉。在2000年年底欧盟"氧化锌"案中,中国企业强调了自负盈亏、自主经营、没有政府补贴与干预的情况,2001年4月,欧盟给予涉案的广西柳州有色金属冶炼股份有限公司、柳州富鑫化工有限公司、贵港格来蒙化工冶炼有限公司等三家应诉中国企业市场经济地位。

中国"入世"以后,按照WTO的有关规定(对于来自贸易全部或实质上全部被国家控制以及国内价格由国家规定的国家的进口,在确定可比价格时也许存在困难,在这种情况下,进口方可能发现有必要考虑这种可能性,即与这类国家的国内价格进行严格比较并不适当),替代国问题仍然在一段时间内困扰中国。例如2002年,美国对包括中国在内的6个国家的养殖虾反倾销案中,将中国虾销售到日本的价格与在美国的价格相比较,对中国虾征收112.81%的反倾销税,使中国虾在美国损失80%以上的市场份额。2003年,美国对中国彩电反倾销案中,根据印度的人力成本来估算中国生产彩电的成本,对厦华、康佳、TCL、长虹四家单据应诉企业征收5.22%、9.69%、21.25%、26.37%的反倾销税,其他未应诉企业则为78.45%。

另一方面,国外反倾销程序中的保护主义因素作梗。如欧盟规定,如出口商希望参加调查,则必须在反倾销调查通知发放之日起15天内通知委员会其意愿。而反倾销调查的公告——《立案通知》流通量非常有限,出口商往往并不知道反倾销调查已经启动。另外,调查问卷必须在通知发布之日起40天内完成并提交委员会。而冗长的问卷要求的信息数量庞大,要求完全准确,许多文件要求译成英文,这对于出口企业来说无疑是艰巨的事情。

在欧盟对中国自行车零部件反倾销案中,中方巧妙地利用了对方反倾销制度的保护特征,取得了最终的胜利。1997年1月,欧盟委员会把反倾销税的征收范围从中国自行车扩大到中国自行车零部件商品。1999年年初,欧盟企业对中国自行车零部件商品提出反倾销申诉,21家台资企业应诉。圣诞节期间,中方律师加班加点在规定日期前准备好了反倾销调查表。负责该案的两名欧委会官员因休假,连初步问卷都来不及完成,无奈只能选择其中8家企业进行审查。另13家企业向欧委会提出抗辩意见,欧委会顿时进退维谷。另一方面,中方从欧洲自行车行业内部着手,实行分化瓦解。最后欧盟企业一致撤诉。

1997年中国颁布了《反倾销反补贴条例》,拿起了捍卫我国企业公平竞争利益的武器。首次立案是1997年10月16日中国九大新闻纸生产企业联合指控原产于美国、加拿大、韩国等国的新闻纸倾销案,以中方胜诉结案。我们应以《协议》为参照进一步完善我国的有关立法,更好地行使正当权利。

四、反倾销、反补贴的新动向

值得注意的是,反倾销的衍生品——反规避调查作为新的贸易壁垒日益困扰中国。反规避是20世纪80年代初由欧美从反倾销实践中发展起来的理论,是反倾销规则的一部分。规避指的是生产商或出口商采取各种手段减少或避免被征收反倾销税;而反规避措施作为反倾销措施的延伸和扩展,是针对各种规避反倾销的行为而采取的反倾销措施。

反规避对中国外贸的威胁主要体现在:第一,WTO《反倾销协议》没有相关约束;第二,反规避不需要调查就可以征收高额反倾销税;第三,反规避案件中相关证明比较容易,只要通过海关得到出口数据,进而采取措施;第四,中国的法律法规中没有相关规定。

2005年以前,欧盟是对我国发起反规避调查的主要地区。2005年我国出口到欧盟的石蜡蜡烛、活页环、钢铁管件和氧化锌等产品遇到了反规避调查。2006年4月20日,应欧洲铁合金生产厂商协会的申请,欧盟对原产于中国的硅金属又进行反规避立案调查。2006年6月,《欧盟官方公报》宣称怀疑中国输欧香豆素存在经印度尼西亚和马来西亚转运的嫌疑,将对这一产品发起反规避调查。

美国对中国也在不断采取反规避调查措施。例如1986年,美国商务部作出终裁,对原产于中国的石蜡蜡烛征收54.21%的反倾销税,该措施延续至今。2005年2月,美国商务部认为中国用棕榈蜡替代石蜡的行为涉嫌"规避",宣布对108家涉案企业发动反规避调查。

发展中国家对中国采取反规避措施。墨西哥和南非都对中国发起过反规避调查。2006年3月9日,土耳其称中国通过对其出口成束钢丝绳来规避反倾销税,致使反倾销措施无效,决定对自中国进口的钢丝绳及钢缆启动反规避调查。

中国"入世"后不断遭遇反规避调查:2002年2起,2003年1起,2004年6起,2005年5起,而且近90%的案件最终被征税,征税幅度按反倾销确定的最高税率计算。

另外,随着中国市场经济的逐渐完善,市场经济地位问题的解决可能缓解反倾销的被动地位,但西方发达国家反补贴法普遍适用于市场经济国家,反补贴问题将被提上日程并成为中国外贸的危险信号。

2004年,加拿大连续对中国发起3起反补贴调查,开创了中国外贸遭遇反补贴的先河。加拿大边境服务署2004月12月9日对中国紧固件反补贴案做出最终裁决,裁定中国出口加拿大紧固件的补贴量为每公斤1.25元人民币。从2004年1月1日至2005年3月31日,中国向加拿大出口涉案产品总额为902.3万美元的螺栓、螺母等紧固件。加拿大国际贸易法庭就本案的损害问题进行调查,并在2005年1

月 7 日前做出终裁。2007 年 5 月 11 日,加拿大国际贸易法庭对原产于中国的碳钢和不锈钢紧固件做出反倾销和反补贴期中复审裁决。加拿大国际贸易法庭认为,原产于中国的不锈钢螺钉、碳钢和不锈钢螺帽/螺栓的倾销和补贴行为未对加拿大国内产业造成损害。

2005 年 3 月 10 日,美国国会议员提出了新议案——修订现行反补贴法,对非市场经济国家也可以采取反补贴措施。2007 年 3 月,美国商务部宣布对中国出口的铜版纸产品征收 10.90%—20.35% 的反补贴税。

[本章小结]

通过本章学习,应从经济学和法学相结合的角度全面而深入地分析公平贸易的制度特征,重点掌握生产补贴与出口补贴经济影响的异同,以及持续性倾销形成的动机和原理,进一步加强研究中国外贸面临的公平贸易问题并思考相关对策。本章以空中客车公司与波音公司的竞争为例,阐释了战略性贸易产业政策在国际贸易中的运用。

[思考题]

1. 生产补贴和出口补贴有何异同?
2. 持续性倾销的形成原因是什么?
3. 中国"入世"后应如何充分发挥合理的补贴政策的效力?
4. 中国出口产品面临的反倾销形势有何特点?应如何解决面临的困境?

第十一章 限制其他非关税壁垒

[**本章概要**] 本章概要介绍了世界贸易组织规则中关于政府采购、原产地规则、海关估价、装运前检验以及技术性贸易壁垒和环境壁垒方面的规定,并结合中国的贸易实践展开分析。本章涉及的各种非关税壁垒,特别是原产地规则问题、技术性贸易壁垒和环境壁垒在当前国际贸易和地区经贸合作中具有重要的研究和探讨价值。

随着国际环境的变化,贸易保护的手段也在发生着根本性的变化,大致可以分为三个时期:第一个时期是在第二次世界大战以前,贸易保护的主要手段是关税;第二个时期是1948年至今(或到21世纪20年代以前),贸易保护的主要手段是以配额和许可证为代表的数量限制;第三个时期是21世纪的大部分时间里,贸易保护的主要手段将是技术和环境措施。在此演变过程中,各国进行贸易保护还辅之以政府采购、原产地规则、海关估价和装船前检验等措施构筑的其他非关税壁垒。

第一节 政府采购制度

一、政府采购概述

政府采购是指一国中央政府、地方政府及其授权的机构,根据为政府目的而直接消费的需要,优先购买一定本国产品所采取的一种非关税措施。

政府采购有四个特点:第一,主体的特殊性。政府采购的主体只限于政府及其授权的机构。第二,目的的特殊性。政府采购的目的只能为政府职能需要而为之,不是为了商业性再销售或为了生产而作生产性销售。第三,对象的特定性。东京回合《政府采购守则》中政府采购的对象仅指产品,当然包括产品的附带服务,纯服务不属于政府采购的对象。乌拉圭回合《政府采购协议》纳入了一部分服务业。第四,限额要求。乌拉圭回合达成的《政府采购协议》规定其适用的政府采购合同价值不少于下列规定:中央政府为13万特别提款权、地方政府为20万特别提款权、一般企业为40万特别提款权、建筑服务业为500万特别提款权。

在国际市场上,各国政府每年采购的商品价值多达数万亿美元,占世界贸易总额的10%以上。许多国家政府在政府采购过程中仅给予本国供应商提供种种优惠特权,有的国家甚至通过立法的形式加以强制性规定。

美国政府1933年制定《购买美国货法案》(Buy American Act),该法案几经修改,逐步提高对本国供应商的优惠。如该法案规定:美国联邦政府需要采购的货物应该是美国制造的或是用美国原料制造的美国货①。只有在美国国内供应不足,或国内价格高于国际市场价格6%以上,或高失业地区高于国际市场价格12%以上,以及不购买外国货将对美国利益产生不利后果时,美国联邦政府才购买外国货。

1904年美国还颁布了《海运法》(Ship American Act),开始时只适用于军事运输,后来范围逐渐拓宽。该法案规定:政府货运的3/4以及所有军事运输必须采用悬挂美国国旗的船只②运输。而这类船只的运费往往是悬挂外国国旗船只的两倍,美国战略储备的石油运输费是世界石油海运费用的4倍。

2009年2月17日美国总统奥巴马签署7 870亿美元的《2009年美国复苏与再投资法案》,其中有两个"购买国货"条款:第一,刺激资金支出的公共建筑和公共工程必须使用美国生产的钢材、铁和制成品;第二,要求美国国土安全部购买美国生产的纺织品和服装。

在图11.1中,当世界价格在 P_w 时,该国需进口 Q_1Q_2,如果政府采购需求量为 OG,其中 Q_1G 需要依靠进口来满足。歧视性政府采购要求所有 OG 都由本国供给,

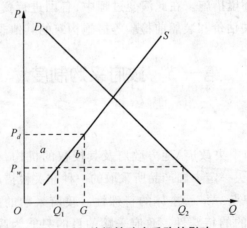

图11.1 歧视性政府采购的影响

---

① 美国货是指产品构成的30%以上原产于美国。
② 悬挂美国国旗的船只至少应满足三个条件:第一,3/4以上股权控制在美国公民手中;第二,船只在美国制造;第三,遵守美国海岸安全保卫的有关规定。

则相当于政府给国内生产者更高的价格 P_d,使国内供给量从自由贸易的 OQ_1 增加到 OG。其对经济的影响为:

  生产者剩余增加　　　　$+a$
  消费者剩余不变
  <u>政府采购成本上升　　　$-(a+b)$</u>
  社会福利为净损失　　　$-b$

二、《政府采购协议》

为了建立一个有效的关于政府采购规范的多边框架,乌拉圭回合多边贸易谈判期间,在东京回合达成的《政府采购守则》的基础上,达成了新的《政府采购协议》(以下简称《协议》)。《协议》包括序言、24 条正文以及 4 个附录,在以下四个方面进一步发展了东京回合的谈判成果:

1. 适用范围

《协议》的适用范围不仅包括中央政府,还包括地方政府、附录三规定的其他实体、附录四规定的服务业和附录五规定的建筑服务业。

案例 11.1

韩国仁川国际机场采购案

韩国仁川国际机场由韩国机场管理局负责项目的采购,在采购过程中没有采用公开招标投标的做法。1999 年 2 月 16 日,就韩国仁川国际机场的建设采购问题,美国要求与韩国磋商。当年 5 月,美国向 DSB 提请设立专家组。欧盟和日本保留作为第三方的权利。

2000 年 5 月 1 日,专家组发布报告,韩国负责项目采购的机构——韩国机场管理局是自负盈亏、自主经营的实体,其所有工作人员都不是政府公务员,因此不是《政府采购协议》(GPA)所适用的主体。2000 年 6 月 19 日,DSB 通过专家组的报告。

2. 合同估价

由于《协议》的适用范围有限额规定,为防止签字国逃避管辖,《协议》第二条规定:合同估价应考虑一切形式的酬金,包括奖金、赏金、佣金和应收利息。如果单项采购要求签订一个以上合同或分几部分签订合同,那么这些合同的估价基础是:(1)以前一财政年度所重复签署的类似合同的实际价值,或依后 12 个月预期发生的数量和价值的变化而可能进行 12 个月调整后的价值,或(2)本财政年度或首批合同后 12 个月内重复签署合同的估计值。如果为租赁、分期付款的合同或未规定总价款的合同,其估价基础是:(1) 如果是固定期限合同,应是合同有效期内总合同价值加上估计的剩余价值。(2) 如果是无固定期限的合同,应是月摊付款额与 48 的乘积。如果意向采购需要规定选择性采购条款,那么此类合同的估价基础应是最大限度允许采购的总值,包括期权购买。

3. 招标过程

根据不同情况,可采用公开招标、选择性招标或单独招标。

案例 11.2

挪威政府对公路自动收费系统实行单独招标案

1991 年 3 月,挪威公路管理局将工程总价为 710 万美元的特隆赫姆市公路自动收费系统的设计交给一家挪威公司。该工程除了要设计整个电脑控制的收费系统,还包括建造 10 个无人管理收费站和提供 60 000 个用于识别汽车的标签。挪威政府没有公开招标,只向这家挪威公司发出招标通知。

1991 年 6 月 20 日,美国向 GATT 申诉。挪威政府申辩:该合同是为了研究目的,按照《政府采购守则》的规定,一国政府为了完成一个特定的研究或初级发展项目,可以采用向一家公司招标的做法。

1991 年 9 月 23 日,GATT 成立专家组。1992 年 4 月,专家组提交报告认为:一国政府要引用上述规定,必须证明政府的主要目的是为了从承包商处得到研究结果,而且采购设备的目的是为了测试及用于进一步研究,挪威政府无法证明这一点,其申辩无效。1992 年 5 月政府采购委员会通过了该报告。GATT 审理的这一案例体现了 WTO 在同类问题上的原则和立场。

无论采用哪一类招标,供应商资格审查程序应以国民待遇和最惠国待遇为指导原则。对意向采购的每一种情况应以 WTO 规定的官方语言之一公布通知摘要。如允许以几种语言提出投标书,则其中一种语言应该是 WTO 官方语言之一。投标应以书面形式直接或通过邮寄提供。凡以电传、电报或传真发出内容与逾期收到的任何文件相抵触时,以电传、电报或传真为准。一般情况下,接标的期限不少于公布日期算起的 40 天。如完全因招标人处理不当而造成延误,致使招标文件所指定的办事机构逾期收到投标书,则供应商不承担责任。同时,开标应符合非歧视原则。

只要已确信投标人完全有能力执行合同,并且他的投标无论从国内还是从国外来说都具有竞争力,或按招标通知或招标文件规定的具体评估标准被确认是最具优势的,应授予投标人合同。除非招标人根据公众利益决定不授予合同。

另外在两种情况下可进行谈判:第一,在招标通知中做了相应的意思表示;第二,按通知和招标文件规定的具体评估标准评估时,发现没有一项投标明显具有优势。在谈判过程中,应对各项投标予以保密并对供应商实行公平待遇。

发展中国家在资格审查过程中可以提出客观、明确和非歧视的抵偿①要求,这种抵偿要求应通知政府采购委员会并列入意向采购通知和其他招标文件中。

4. 质疑、磋商与争端解决

各成员方应提供一套非歧视、及时、透明且有效的程序,以便供应商提出质疑。

当一供应商提出质疑时,各成员方应鼓励该供应商与招标人进行磋商解决质疑。质疑的审理应由独立公正的审议机构进行。

《协议》规定有关争议适用《关于争端解决规则和程序的谅解》,其他争议适用《协议》有关条款。

三、政府采购行为的效率分析

国际经验表明,完善的政府采购制度作为财政支出的一种方式,能提高资金使用效率和加强财政宏观调控作用。另一方面,完善的政府采购制度是"反腐倡廉"的有力手段。经济学中对腐败的定义是建立在寻租理论的基础上的。寻租行为即寻求直接的非生产性利润。当政府权力介入市场交易活动时,在发生权钱交易的寻租行为中,政府官员通过收贿等手段将一部分租金转移到自己手中。在公共选择理论中,尼斯坎南(W. A. Niskanen)给出的官僚行为模型(Niskanen model of bureaucracy)说明,一个在预算约束域内的官僚机构所提供的产出,正好是完全竞争时均衡产出的两倍。这意味着以追求预算最大化为目标而实现其影响力最大化的官僚行为将导致资源的严重浪费。因此公共选择理论家们建议将政府的部分或大部分活动承包出去,或转让给市场去完成,从而降低政府活动的成本。

(1) 如实行保护性政府采购措施,采购实体和供应商的获利情况如表 11.1 所示:

表 11.1 保护性政府采购下采购实体和供应商的获利情况

		采购实体	
		合 谋	不合谋
供应商	合 谋	(1 000,1 000)	(-100,1 000)
	不合谋	(1 000,200)	(500,500)

资料来源:郭彬《政府采购行为的效率分析》。

---

① 政府采购的"抵偿"是指通过规定当地成分、技术许可、投资要求和反向贸易或类似要求来促进当地发展或改善国际收支的措施。

如果采购实体与供应商合谋,合谋解为(1 000,1 000),各方获得的利益最高,双方获利总和远远高于其他情形,在利益驱动下双方都愿意选择合谋策略。而且不完善、不透明的政府采购环境为腐败的"合谋解"的实现提供了温床。

(2)如实行WTO的政府采购制度,采购实体和供应商的获利情况如表11.2所示:

表11.2 政府采购制度下采购实体和供应商的获利情况

		采购实体	
		合谋	不合谋
供应商	合谋	(800,800)	(-100,1 000)
	不合谋	(1 000,200)	(750,750)

资料来源:郭彬《政府采购行为的效率分析》。

公开、透明的政府采购制度打破了"合谋解"实现的市场条件。同时,由于"合谋解"和"不合谋解"对于双方而言获利差距大大缩小,也削弱了腐败行为的利益驱动。

同时必须注意到一个重要事实:获利并非政府行为的唯一依据,政府采购行为的其他功能不容忽视。对于发展中国家而言,政府采购对于保护国内新生产业、扩大本国国内需求、实现扩大就业等政策目标有着重要的作用。而且,在WTO的法律文件中,《政府采购协议》是诸边的、可选择的协议,《协议》要求政府采购的公开招标、投标在实践中有比较大的灵活性。因此,政府采购作为保护手段仍然发挥着重要作用。

第二节 原产地规则

国际贸易中商品的原产地即商品的产生地、生产地、制造或产生实质改变的加工地。

1908年,美国最高法院在安何塞—布斯酿造协会诉美国(Anhewser-Bush Brewing Association v. The United States)一案中,对"实质改变"的解释是:这种改变形成了一个新的和完全不同的产品,并有完全不同的名字、特征或用途。美国是判例法国家,按照"先例约束力"原则,这一解释形成了权威性规定,目前海关和法院都据此处理国际贸易中的产品原产地问题。

一、原产地规则的作用

原产地的确定在实践中有重要作用,主要体现在以下四方面:

第一,区域贸易协定成员方的产品享受各种优惠待遇,对外实行歧视性待遇,因此确定原产地格外重要(详见第十二章第一节中有关自由贸易区的原产地问题)。

第二,普惠制待遇是发达国家给予发展中国家的单方面关税优惠,其面临的重要问题是确定商品的原产地是作为受惠国的发展中国家。

第三,海关统计方面。在实行配额和许可证等非关税壁垒时,往往以原产地为根据统计进口量。政府据此检查许可证和配额等制度执行情况,并制定相关贸易政策。

第四,涉及反倾销、反补贴诉讼时,原产地的确定也十分重要。

二、原产地标准(origin criterion)

原产地标准是原产地规则的核心内容,目前有两种标准:

第一,完全原产产品标准:不含有任何国外原材料、部件或劳务,生产制造过程自始至终在一个国家或地区完成。该标准为各国所接受,但是在经济全球化的大趋势下,其适用范围有限。

第二,实质性改变标准:实质性改变标准包括税目改变标准、加工工序标准和百分比标准。税目改变标准指某种进口原材料经过制造或加工,在特定的附有清单的商品目录上改变了税目,则可视为已发生"实质性改变",采用这一方法的前提是关税税目的统一。加工工序标准的做法是制订加工工序清单,详列产品合格加工的过程,符合清单要求的即被认为是进行了实质性的加工。这一方法的缺陷是清单的制定往往是艰巨而耗时的工作。百分比标准即按出口货物的进口部分与该货物本身的价值之间的比例关系来确定货物的原产地。例如1960年成立的"欧洲自由贸易联盟"的《原产地规则》规定:50%或50%以上系自由贸易区成员创造的产品,才能享受免税待遇。这一方法的缺陷是世界原材料价格和汇率波动时,容易造成这种标准的偏离,而且各国对于商品成本的核算方法不易达成一致。中国—东盟、中国—新加坡,以及中国—巴基斯坦的自由贸易区协定中,某商品区内增加值含量不低于40%,而且最终制成阶段在成员国内完成,方能适用原产地规则。而对于中国—智利自由贸易协定,商品区内最低增加含量定为50%。

对原产地标准的不当使用可能阻止甚至阻碍国际贸易的发展,成为非关税壁垒的工具。

案例11.3

美欧纺织品和服装原产地规则纠纷

1996年7月1日开始,美国修改了对纺织品和服装的原产地规定。根据新规则,某些产品不再作为欧盟的产品,不能像原来一样免税进入美国市场。1997年5月23日,欧盟向DSB提出与美磋商,认为美国违背了《原产地规则》第2条等规定,新的原产地规则使欧盟产品进入美国市场的贸易壁垒提高。1998年,双方达成和解。该案例的启示在于:原产地规则的调整可能对进口产品造成新的贸易障碍。

三、《原产地规则协议》

1995年1月1日生效的《原产地规则协议》(以下简称《协议》)纳入了WTO货物贸易多边协议。它由前言、四部分共九条正文及两个附录组成。《协议》对下列重要问题做出了规定。

1. 原产地标准

在过渡期,要求遵循的标准有三种:第一种,关税税目标准,1988年1月正式生效的《协调商品分类与编号国际公约》目前已有120多个采纳国,世界贸易的90%都以它为媒体,其税则分类通过改造很可能发展成为世界统一的关税税目标准。第二种,从价比例标准,要求比例的计算方法应在原产地规则中得到说明。第三种,生产或加工程度标准,要求对取得产品原产地资格的生产或加工程度做准确说明。

过渡期内成员方可采用上述三种标准中的任何一种,但不能对国际贸易形成限制、扭曲或破坏影响。过渡期后,必须将各种商品划分为两类:第一类,完全生产国原产地标准。第二类,最后实现实质性改变的原产地标准。

执行原产地规则应以连续、统一、公正和合理的原则为指导,不能成为国际贸易发展的障碍。

2. 通知义务

《协议》第三部分规定,《协议》生效后,成员方应在90天内向秘书处通报现行原产地规则及执行情况,若有修订,应在实施之前60天予以公布。

四、原产地规则与中国

我国《出口货物原产地规则》(以下简称《规则》)于1992年5月1日开始实施。《规则》将原产地标准分为两大类:完全原产于中国的货物和含进口成分的货物,对于后者适用以加工工序为主,辅之以构成比例的原则。而《协议》规定以税目改变标准为实质性改变的主要判定方法。因而《规则》与《协议》还存在差距。

另外,我国《规则》的运用主要是判别进口货物应适用哪种税率以及用于进口国别统计,没有充分发挥原产地规则的多种功能效果。

因此,我国的原产地规则尚需进一步完善,以促进我国对外贸易的发展,并对民族工业实现合理、有效的保护。中国目前在积极发展区域合作,并主要选择自由贸易区的合作方式,这意味着合作集团内消除贸易壁垒,而集团各成员对外政策彼此独立。原产地规则的不断完善,是自由贸易区成功运作的重要保障(详见第十二章

第一节有关自由贸易区的原产地问题)。

第三节 海关估价制度

一、海关估价概述

海关估价是一国(地区)海关为征收关税而确定某一进出口商品完税价格的程序。

若海关随意高估进出口商品价格以增加关税收入,则海关估价构成了非关税壁垒。例如在20世纪80年代以前相当长时间内存在的ASPs(American or Australian selling prices)现象,即美国和澳大利亚等国用其国内价格作为征收关税的标准,这种高估完税价格的做法遭到其他国家的强烈反对,后来被迫放弃。

另一方面进出口商人为了逃避从价关税,低报进口商品价格,进行不正当的商业竞争。

因此,为了促进国际贸易的健康发展,统一海关估价制度具有重要意义。

二、《1994年海关估价守则》(《关于实施1994年关贸总协定第七条的协议》)

乌拉圭回合在东京回合达成的《海关估价守则》的基础上达成《1994年海关估价守则》(以下简称《守则》),它是货物贸易多边协议的组成部分。发展中成员方可以推迟5年适用,对于某些发展中国家可以进一步延长推迟适用期。

《守则》规定的海关估价方法有六类:

第一类,进口商品成交价格,即进口商对进口商品的实际已付或应付价格,包括直接付款和间接付款。下列费用应包含在内:进口商必须直接或间接支付的,但未包括在进口交易价格之内的专利费、许可费及其他知识产权费用;进口商直接或间接向出口商支付的进口商品因转售、处理或使用而带来的追加收益;由进口商承担,但尚未包括在实付或应付商品价格之内的费用,如除购买商品之外的其他佣金和经纪费;出口商以免费或减价形式向进口商提供的与进口货物的使用或销售有关的物品或劳务价格。

第二类,相同商品成交价格,又称同类商品,指与应估商品同时或几乎同时出口到同一进口国销售的同类商品。如发现两个以上同类商品的成交价时应采用其中最低者来确定应估商品的完税价格。

第三类,类似商品成交价格,是指与应估商品同时或几乎同时出口到同一进口国销售的类似商品。

第四类,倒扣法,以进口商品或同类或类似商品在国内的销售价格为基础减去有关的税费后得到的价格。

第五类,计算价格,又称估算价格,指以制造该进口商品的成本费以及销售进口商品所发生的利润和一般费用为基础进行估算的完税价格。由于难以取得国外生产商的有关数据,该方法使用较少。

第六类,其他合理方法。

三、海关估价制度的影响

案例 11.4

巴西投诉欧盟农业保障措施中海关估价采用主观标准案

1997 年巴西投诉,泰国和美国作为第三方。其中原因之一是认为欧盟的特殊保障措施违反了 WTO 的规则。具体而言,欧盟自行使用了"代表价格"对当时进口的农产品进行估价,从而决定征收附加关税。"代表价格"的决定机制是:由欧盟定期公布,根据第三国、欧盟边境价格和欧盟内部市场价格综合确定;根据进口商的要求,在 CIF 价高于代表价格时,以 CIF 价计算附加关税;如果进口商没有要求,则以代表价计算附加关税。

该案例涉及到农产品特殊保障措施运用中海关估价的标准问题。根据 WTO 的规则,应当以 CIF 价作为估价标准,农产品特殊保障措施在符合以下三个条件时可以考虑采用:

① 仅适用于关税化产品,不适用于仅以关税为保护形式的产品;

② 在进口激增时或装运货物的价格低于参考价时征收额外的关税;

③ 触发水平(trigger level):

A. 进口品所占国内市场的比例越高,触发保障措施所需的进口激增量越少;

B. 关税化产品的进口 CIF 价降到根据 1986—1988 年基期平均进口价计算的参考价,可以触发价格机制措施。

该案例最后欧盟败诉,原因是运用农业保障措施时海关估价未遵循 CIF 价的标准。

中国在"入世"之前,签署了 WTO 的《海关估价协议》,按照国际规则实施海关估价措施,对完税价格标准、价格构成、估价方法、程序、海关与被估价方各自的权利和义务等问题都作了明确的规定,海关估价所依据的法律、法规、规章等均对外公布,具有透明度高的特点。

第四节　装运前检验制度

一、装运前检验概述

"装运前检验"(preshipment inspection)是指进口国政府机构或其授权的机构或其委托的独立的第三方检验机构(以下简称检验机构),根据法律的规定或合同的约定,在进口货物出口所在地关境对其数量、质量、价格、货币兑换率及其关税税则分类等进行检查核实的做法。

率先采取装运前检验方法的是扎伊尔政府。1965年1月15日,扎伊尔政府颁布法令,宣布对扎伊尔进口货物强制实施装运前检验。这一举措很快得到发展中国家乃至发达国家的认可和接受。

装运前检验有三个基本特征:第一,其主体是进口国政府的检验机构,或经政府委托或授权的独立的第三方检验机构;第二,其对象是进口货物的数量、质量、价格、外汇等;第三,检验地是在有关货物出口关境内进行。

装运前检验措施的合理运用对全球贸易的健康发展能起到有效的监督和促进作用。但如果使用不当,如故意拖延检验时间,在检验标准和检验程序方面采取歧视性待遇等,装运前检验就构成了非关税壁垒。

二、《装运前检验协议》

《装运前检验协议》(以下简称《协议》)是 WTO 货物贸易多边协议的组成部分。它由前言和九条正文组成,对进出口方政府的义务做出了明确规定。

1. 进口方政府有六项义务

第一,非歧视义务,即对所有进口货物给予相同待遇,不得厚此薄彼。

第二,政策透明度义务,即公布有关法律、法规、规章、程序和标准等。

第三,保护商业秘密义务,即检验机构不得泄露检验中涉及的商业秘密,不得要求与检验活动无关的商业秘密。

第四,避免延误检验的义务,即检验机构在收到全部检验文件和完成检验后,应在5个工作日之内签发说明检验结果的清洁报告(clean report of findings),或提交不签发清洁报告的详细书面解释。在后一种情况下,检验机构应及时审阅出口商的书面意见,并应出口商的请求,尽快按双方达成的重新检验日期进行检验。

第五,价格核实义务,一般应以交易合同价进行核实,若进出口双方有违法行为,应以客观公正的标准加以核实。价格核实为进口报关奠定基础,故参照海关估价方法进行。

第六,接受出口商申诉的义务,即检验机构必须认真积极、慎重地对待出口商上述意见,应予以充分考虑,尽快做出决定并立即通知出口商其处理意见。

2. 出口方政府有三项义务

第一,政策透明度义务,即公布有关法律、法规、规章等。

第二,非歧视义务,即对国内外商人一视同仁,不得实行差别待遇。

第三,提供方便和技术协助义务,技术协助包括提供咨询意见和有关资料。

三、装运前检验与中国

装运前检验措施最早是非洲国家提出,在非洲部分国家得到了重视和运用。非洲各国是中国重要的贸易伙伴,中非贸易额呈现逐年增长的态势。为了促进中非贸易的健康发展,中国和非洲部分国家共同签署了相关协议,实施装运前检验。

2002年12月16日,国家质检总局与塞拉利昂贸易工业和国有企业部签署《中华人民共和国质量监督检验检疫总局与塞拉利昂共和国贸易工业和国有企业部合作协议》,开展中国出口产品的装运前检验。2006年4月25日,国家质检总局与埃塞俄比亚贸易工业部签署了《中华人民共和国质量监督检验检疫总局与埃塞俄比亚民主共和国贸易工业部关于中国出口产品装运前检验合作协议》,对埃塞俄比亚出口产品预检验的内容包括质量、数量、安全、卫生、环保项目检验,价格审核,监督装载和装箱等。2007年5月30日,国家质量监督检验检疫总局发布《关于加强出口非洲国家产品检验监管有关措施的通知》提出:出口到塞拉利昂和埃塞俄比亚的工业品要按照《中华人民共和国质量监督检验检疫总局与塞拉利昂共和国贸易工业和国有企业部合作协议》和《中华人民共和国质量监督检验检疫总局与埃塞俄比亚民主共和国贸易工业部关于中国出口产品装运前检验合作协议》执行装运前检验。2009年,国家质检总局与埃及贸易工业部签署《中埃质检谅解备忘录》,自7月1日起,埃及进出口监管总局等有关部门凭中国检验检疫机构签发的检验证书办理中国出口埃及工业产品的质量放行。

另一方面,随着中国进口的不断增长,装运前检验的合理运用可以避免一些不必要的损失和浪费,保障中国外贸的健康发展。

第五节 技术、环境壁垒与社会责任标准

一、技术性贸易壁垒

技术性贸易壁垒是新型贸易壁垒的一大趋势,它主要体现为三种形式:

1. 技术限制

如前联邦德国曾制定过一部法律,其中规定禁止车门从前往后开的汽车进口。当时意大利生产的菲亚特500型汽车正是这种样式,并在国际市场上有一定的竞争

力。前联邦德国这一规定将菲亚特500型汽车拒之门外。

2. 歧视性待遇

对进口商品规定比本国产品更高、更严的技术标准,或对来自某一国家(地区)的进口商品规定比来自其他国家(地区)的进口商品更高、更严的技术标准。这类做法明显违背多边贸易体制的非歧视原则,容易受到指控并遭败诉。

3. 技术标准执行过程中延误时间、增加进口商品成本

如复杂、旷日持久的调查;要求执行关于商品包装和标志的规定,迫使进口商品经营者更换商品包装和标志等。

二、《技术性贸易壁垒协议》

在乌拉圭回合谈判期间,技术性贸易壁垒问题是广泛磋商的议题之一,在东京回合协议的基础上达成了《技术性贸易壁垒协议》(以下简称《协议》),它是货物贸易多边协议的组成部分。

1. 适用范围

适用于所有产品,包括工业产品和农业产品。《协议》有两个例外:第一是政府采购应适用《政府采购协议》;第二是卫生和动植物措施应适用《卫生及动植物检疫措施协议》①。

2. 一般术语定义

《协议》对涉及的一般术语做出了明确定义。例如:

"技术法规"指产品特性或与其有关的工艺过程和生产方法的规定,包括适用的管理条款,以及强制执行的文件。当它们用于产品工艺过程或生产方法时,技术法规也可以包括或仅涉及术语、符号、包装、标志或标签要求。

"标准"指由公认的机构核准,供共同和反复使用的、非强制性实施的文件,它为产品过程或有关工艺过程和生产方法提供准则、指南或特性。当它们用于某种产品、工艺或生产方法时,标准也可以包括或仅仅涉及术语、符号、包装、标志或标签要求。

"合格评定程序"指任何用于直接或间接确定是否满足技术法规或标准要求的程序。

3. 技术法规的制定、通过、实施及合格评定程序

首先应遵循非歧视原则,即保证在法规方面给予从一成员方领土进口的产品的待遇不得低于给予国内或其他成员方相同或类似产品的待遇。

其次,技术法规对贸易的限制不应超过实现合理目标所必需的范围。这些目标

---

① 《卫生及动植物检疫措施协议》是货物贸易多边协议的组成部分,主要针对农产品,它允许存在合理的差别性标准。

包括国家安全需要、防止欺诈行为、保护人类健康或安全、保护动植物和环境等。

如果已存在有关国际标准或其制定即将完成,各成员方应使用这些国际标准或其有关部分作为制定技术法规的基础,除非这些国际标准或有关部分对实现有关目标显得无效或不恰当;各成员方还应确保中央政府机构①把国际标准化机构颁布的有关技术标准指南或建议作为合格程序的基础,除非出于以下需要:国家安全、防止欺诈行为、保护人类健康或安全、保护动植物和环境,或是由于常见气候条件或其他地理因素、基本工艺或基础设施等原因,可以作为例外,但应作充分解释。

如果不存在有关国际标准或拟订中的技术法规的技术内容与有关国际标准有实质不同,并且该技术法规可能对其他成员方的贸易活动有重大影响,那么成员方应适当提前一段时间在出版刊物上刊登有关通知,并通过 WTO 秘书处通知其他成员方,要充分尊重其他成员方的意见。除非成员方内发生危及其安全、健康、环境保护或在危及国家安全的紧急情况下可作为例外处理。

在合格评定程序方面也有类似规定。即如果不存在国际标准化机构颁布的有关指南或建议,或拟议的合格评定程序的技术内容和国际标准化机构颁布的有关指南或技术内容不相符时,若这种合格评定程序可能对其他成员方的贸易产生重大影响,该成员方应适当提前在出版物上发出通知,并通过 WTO 秘书处通知其他成员方,充分尊重其他成员方意见。

最后,除非紧急情况,成员方应确保技术法规公布和生效之间,以及合格评定程序的有关要求公布和实施之间有合理的时间间隔,以便出口方生产者,特别是发展中国家生产者有机会调整其产品及生产方法以适应进口成员方的要求。

4. 技术信息和技术援助

首先,每一成员方应确保成立咨询处,以回答其他成员方及其有关当事方提出的一切合理咨询,并提供有关文件,实行非歧视待遇。但不得要求提供损害成员方安全利益的信息。

其次,应给予发展中国家优惠待遇,主要体现在三个方面:

第一,各成员方在制定和实施技术法规、标准和合格评定程序时,应考虑到发展中国家的发展、资金和贸易的特殊需要,不能给发展中国家的出口设置不必要的障碍。

第二,各成员方不应要求发展中国家成员方采用不适合它们的发展、资金和贸易需要的国际标准作它们的技术法规或标准。

第三,考虑到发展中国家成员方的特殊问题,各成员方应尽可能采取合理措施,确保全体成员方的有关机构积极派代表参加国际标准化和国际合格评定体系,并使之开展工作。

---

① 《协议》将中央政府机构定义为:中央政府、中央政府各部及部门或有关活动受中央政府控制的任何机构。

三、环境壁垒

指以保护环境、保护人类和动植物生命健康等为理由构筑壁垒,它常被包括在技术性贸易壁垒中,因而同样受到《协议》的限制。环境壁垒又称为"绿色壁垒",在实际案例中,环境壁垒最典型的体现是歧视性地实施环保法规。

案例 11.5

印度、马来西亚、巴基斯坦、泰国诉美国对虾产品的进口禁令

1. 基本案情:1973 年,美国通过《濒危物种法案》,将在美国海域内出没的海龟列为法规的保护对象之一。之后,美国科学家研制出一种名为 TED 的海龟隔离器,它能有效地减少误捕、误杀海龟。1989 年,美国通过了修正的《濒危物种法案》,增加了第 609 条,禁止所有未使用装备而捕获的虾产品进入美国市场。最初,第 609 条款只适用于加勒比海及西大西洋地区的 14 个国家的出口,并且给予这些国家 3 年过渡期。1995 年 12 月,美国通过了新的实施细则,将该措施适用于所有外国,而过渡期仅 4 个月。1996 年 10 月 8 日,四国要求与美磋商,后由专家组于 1998 年 6 月做出裁决并分发给各成员方。

2. 双方主张:

(1) 投诉方认为美国的上述立法违反了 GATT 的以下规定:GATT 第 11 条有关取消数量限制的规定;GATT 第 1 条最惠国待遇原则;GATT 第 13 条禁止成员方采取歧视性数量限制的规定。

(2) 美国的抗辩:GATT 第 20 条"一般例外"。

3. 专家组的裁决:否决了美国的抗辩

(1) 美国应该举证自己首先符合 GATT 第 20 条的前言部分,对该部分内容的解释还应结合 GATT 的上下文以及 WTO 的宗旨和目标。根据 WTO 的宗旨和目标,成员方只有在不削弱 WTO 多边贸易体制并不滥用第 20 条提供的例外的条件下才可以偏离 GATT 的规定。而那种将特定产品的市场准入建立在出口成员采取某种政策的基础上的措施会威胁 WTO 多边关系的安全性和可预见性,不能保证 WTO 多边贸易体制的实现。

(2) 美国在采取措施前,没有充分寻求通过谈判达成协议的途径实现保护环境的目的,这也与 WTO 的多边规则不符。

四、中国与技术环境壁垒

从以上分析可知,WTO 允许合理使用技术和环境措施,哪怕这会对贸易产生必要的限制。而"合理"与"不合理"的界限有时是难以划分的,这也是技术与环境壁垒逐渐成为贸易壁垒主流的主要原因。

面对国际形势,我们应力争做好三方面工作:

第一,冲破国外的技术和环境壁垒。例如在 1989 年中美蘑菇罐头案中,美国食物药品管理局(FDA)以存在葡萄球菌肠毒素为由扣留了原产于中国的蘑菇罐头,中国国家商检局经过三年努力,以科学的检验证明了 FDA 的错误判断,并建立了蘑菇罐头安全生产的"良好生产操作规范"和"危害分析和关键控制点"系统,达到国际水平。

在面临国外技术壁垒阻碍时,我们应坚持原则、运用科学捍卫我国的企业声誉和出口利益。

第二,抓住机遇,以"绿色产品"扩大出口。"绿色消费"已逐渐成为一种时尚,据一项跨国环境保护民意测验结果表明,85% 的工业发达国家居民认为环保是人类未来的第一大课题;61% 的英国人表示愿意生活在环境保护的氛围里;80% 的德国人、67% 的荷兰人和 77% 的美国人表示在选购商品时会考虑环境问题;40% 的德国人和 20% 的日本人更愿意购买绿色产品或生态产品。

我国出口企业必须密切关注"绿色消费"的动向,1997 年中国国际服装服饰(秋冬)博览会上,由北京三力通产科贸集团等组织开发生产的"九采罗"牌彩色棉服装首次公开展出,引起轰动。这对开拓国际市场极为有利。中国彩色棉开发于 1994 年,在科研技术上已经形成独有的杂交彩色棉专利技术,具有国际领先水平。天然彩色棉纺织品不需化学印染加工,保护了环境,避免有害物质对人体的危害,而且色泽自然柔和、不褪色,质地柔软而富有弹性,穿着舒适。

第三,积极争取国际标准认证。在这方面,我国一些知名企业已经走在前列。1993 年 1 月美的冷气机公司的热平衡实验室通过了加拿大 CSA① 实验室认证,成为全国首家获得加拿大 CSA 认证的实验室,也是全国空调行业首家通过国外实验室认证的实验室。当年首批新型窗机顺利进入加拿大市场,拉开了美的空调进入国际市场的序幕。1995 年美的空调顺利通过了 ISO 9001 认证。1997 年 5 月 16 日,美的空调测试中心顺利通过了德国莱茵公司的 TUV 认证,这不仅标志着美的空调试验室在国内率先达到了 ISO 导则 25 实验室质量保证体系的要求,而且出口到欧盟的认证可以直接由美的空调试验室进行,试验结果德国莱茵公司完全认可。这证明了美的

---

① 加拿大 CSA(Canadian Standard Association)标志为 。

空调测试技术有了质的飞跃,同时美的空调试验室可以承接其他空调厂产品的 CE①、GS② 认证工作,包括开达、华凌、汇丰在内的多家国内空调生产厂家纷纷前来测试。TUV 认证证书的取得加快了美的空调出口到欧洲的进度,出口量以每年翻两番的速度增长;同时增加了出口品种,从过去的一年两至三款增加到十几款。

海尔集团在 ISO 9001 质量保证体系和 ISO 14001 环境管理体系的双重管理下,扩大了企业产品在国际市场上的份额,增强了产品在国际市场上的竞争力。1996 年海尔集团成为中国第一家通过 ISO 14001 认证的企业,掀起了中国企业进行 ISO 14001 环境管理体系认证的热潮,树立了良好的企业形象。

以上两个例子说明,中国企业走向国际市场的通行证是获得国际标准化组织等权威机构的认证。因此我们应根据中国国情,尽可能采用国际先进的技术标准来制定我国的技术标准,并严格按照国际惯例建立、健全企业质量认证制度,以增强我国产品在国际市场上的竞争力。

第四,尽快建立和健全中国进出口商品检验标准体系。合理的商品检验标准应该体现中国特色,又能与国际通行标准接轨,同时能捍卫中国企业和消费者的正当权益。1996 年 5 月,江苏永新纸厂进口一批废旧纸品,由于我国没有相应的技术标准,只能按照美国的废纸出口标准检验,这对中国的商品检验和贸易利益都不利。

五、社会责任标准

近些年来,因不符合"社会责任国际标准"(SA 8000, Social Accountability 8000)而在国际贸易中痛失订单的中国企业逐年增多,而以全球第一个社会责任认证标准自称的 SA 8000 被认为是出口企业继技术壁垒、环境壁垒之外的第三类关卡。SA 8000 越来越多地出现在跨国公司对发展中国家制造业订单的附加条件中,这意味着跨国公司在选择供应商时,越来越注重企业是否实行合法的劳工标准,企业不得不接受采购商严格的检查。

1997 年,美国经济优先认可委员会(CEPAA)成立,积极关注劳工情况;2001 年,该组织更名为社会责任国际(SAI)。该组织的组成人员包括来自 11 个国家的 20 个大型商业机构、非政府组织、工会、人权及儿童组织、学术团体、会计事务所和认证机构的有关人士。SA 8000 社会责任标准是该组织制定的,其核心内容包括:童工(Child Labour)、强迫性劳工(Forced Labour)、健康与安全(Health & Safety)、组织工会的自由与集体谈判的权利(Freedom of Association and Right to collective Bargain-

---

① 欧盟的"CE"(Conformity European Mark)标志为 CE。

② GS 属于 TUV 莱茵的几种认证标志之一,表示产品符合安全法,标志为 。

ing)、歧视(Discrimination)、惩戒性措施(Disciplinazy Practices)、工作时间(Working Hours)、工资(Compensation)、管理体系(Management Systems)等。具体而言:企业不应使用或者支持使用童工;公司不得使用或支持使用强迫或寄存身份证件;公司应提供一个安全、健康的工作环境,并应采取必要的措施,在可能条件下最大限度地降低工作环境中的危害隐患;公司不得从事或支持体罚、精神或肉体胁迫以及言语侮辱;公司不能经常要求员工一周工作超过 48 小时,并且每 7 天至少应有一天休假;每周加班时间不超过 12 小时,且应保证加班能获得额外津贴;公司支付给员工的工资不应低于法律或行业的最低标准,并且必须满足员工的基本需求等。

[本章小结]

通过本章学习,应在了解国际规则的基础上,结合中国对外经贸的实践对相关问题进行深入思考和探索。在建设有中国特色的社会主义市场经济的过程中,中国政府在资源配置等方面具有举足轻重的地位和作用,在贸易政策方面也必然有集中的体现。在中国外贸进一步提升发展、外贸与内需相辅相成的过程中,还应格外重视新贸易保护主义的各种政策措施。

[思考题]

1. 阐述 WTO 对技术和环境壁垒约束的特点及我国的政策取向。
2. 政府采购制度的建立对我国有何重要意义?

第十二章 对区域贸易协定的宽容

[**本章概要**]　本章全面介绍了区域贸易协定的基本概念、主要形式以及发展概况,重点阐释了区域经贸合作的经典经济学理论,分析了世界贸易组织的多边规则与区域合作的互补竞争关系,对中国的区域合作问题进行了探讨。区域合作与多边合作的并驾齐驱是第二次世界大战以后国际贸易的重要制度特征,近年来,受金融危机的影响,全球自由贸易步履维艰,而区域合作日益被提上理论和实践的日程。

第一节　国际经济一体化的形式和发展概况

国际经济一体化(international economic integration)是"国际经济学"的一个重要方面,也是当代国际经济关系中最醒目的趋势之一。几十年来,国际经济一体化浪潮和多边贸易体制格局在矛盾中寻求共存,共同在世界经济新秩序中发挥举足轻重的作用。

一、国际经济一体化的形式

国际经济一体化意味着多个贸易体经济区域的形成,在这个经济区域内,贸易壁垒被无歧视地减少或消除。按照一体化内部各成员国之间建立合作与协调程度的不同,国际经济一体化可以分为以下六种形式:

1. 优惠性贸易安排(preferential trade arrangement)

这是国际经济一体化中最低级、最松散的一种形式。它指通过协定或其他形式,在各成员国之间对全部或部分商品给予特别的优惠关税。其典型代表是1932年成立的英联邦特惠制(British commonwealth preference scheme),它由英国及一些大英帝国以前的殖民地国家组成。

2. 自由贸易区(free trade area)

按照 GATT 1994 第24条的解释:自由贸易区应理解为由两个或两个以上的关

税领土所组成的一个对这些领土内产品的贸易已实质上取消关税或其他贸易限制,各成员方对外仍保留各自不同的贸易限制的集团。其典型的代表是 1994 年 1 月 1 日正式运行的由美国、加拿大、墨西哥三国组成的北美自由贸易区(North American Free Trade Area, NAFTA)。

由于自由贸易区对内取消贸易壁垒,对外维持各成员国参差不齐的贸易限制的特点,容易导致贸易偏转(trade deflection)的现象,即自由贸易区以外的国家将其产品先输出到自由贸易区中关税较低的国家,然后在自由贸易区内将产品转动到对外关税较高的国家,以少交关税。针对这一问题,自由贸易区往往制定严格的原产地规则。如北美自由贸易区规定:享受自由贸易区待遇的在北美生产的客车、轻型卡车和有关的零部件,必须含有 62.5% 的本地区含量,其他类型车辆和零部件生产,也应包含 60% 的本地区含量。

3. 关税同盟(custom union)

按照 GATT 1994 第 24 条的解释:关税同盟应理解为以一个关税领土代替两个或两个以上关税领土,对内取消贸易壁垒,对外建立起统一的关税税率,对外保护程度"大体上不得高于或严于未建立联盟前各组成领土所实施的关税和贸易规章的一般限制水平"。

关税同盟的典型代表是欧共体原六国于 1968 年 7 月 1 日建成的关税同盟,到 1995 年 1 月 1 日扩展到 15 个国家,除欧共体原六国外,还包括英国、爱尔兰、丹麦、希腊、西班牙、葡萄牙、奥地利、芬兰、瑞典。2004 年 5 月 1 日,欧盟隆重吸收波兰、捷克、斯洛伐克、匈牙利、斯洛文尼亚、立陶宛、拉脱维亚、爱沙尼亚、塞浦路斯和马耳他 10 个东、中、南欧国家入盟,实现了其历史上第五次也是规模最大的一次扩大。至此,欧盟西起大西洋,东与俄罗斯、乌克兰、白俄罗斯接壤,北至波罗的海,南与地中海毗邻,已拥有 25 个成员国。2007 年 1 月 1 日,罗马尼亚、保加利亚成为成员国,欧盟的成员国已经达到 27 个。世界上第二大关税同盟是 1995 年 1 月 1 日正式启动的南方共同市场(Southern Common Market Treaty—MERCOSUR),包括阿根廷、巴西、巴拉圭和乌拉圭四个国家。2006 年 7 月,南方共同市场正式吸纳委内瑞拉为第五个成员国。

4. 共同市场(common market)

共同市场是在关税同盟的基础上进一步消除成员国之间对生产要素流动的限制。以资本为例,共同市场的要素流动如图 12.1 所示。

共同市场的典型代表是 1993 年 1 月 1 日正式建成的欧洲统一市场。

共同市场成立后,资本从边际生产力低的流出国涌入边际生产力相对高的流入国($P_1 < P_2$),直到两国的资本边际生产力相等(P_0)为止。$Q_1 Q_2 = Q_1^* Q_2^*$。

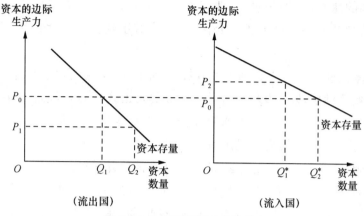

图 12.1 共同市场要求流动

5. 经济同盟(economic union)

在共同市场的基础上统一成员国的货币政策和财政政策,即成为经济同盟。当前的欧盟正处于向经济同盟迈进的过渡阶段。

6. 完全的政治同盟(political union)

在经济同盟的基础上,服从于统一的政府统治,该政府对统一的中央议会负责。其典型的代表是前民主德国和前联邦德国的统一。

应该强调,这些国际经济一体化的每一种形式都可以独立地出现,不应该把它们看做是会最终引导到完全的政治一体化上去的一个过程的不同阶段。还应该注意,每一种形式的特定经济领域中还可能会出现程度不同的部门一体化。例如 1960 年 12 月欧共体部长理事会创立了共同农业政策,当时的欧共体尚未建成关税同盟,但对农业部门却实行单一市场、共同体优先、共同财政三原则。

二、国际经济一体化的发展概况

第二次世界大战以后,国际经济一体化蓬勃发展,几乎遍及欧洲、美洲、大洋洲、亚洲、非洲等所有地区,以至于这段时期被称为"一体化的时代"。2010 年 6 月 30 日,在 GATT/WTO 中备案的区域贸易协定(RTAs)总数达 474 个,其中 290 个协定已经生效。迄今为止,在世界版图中,仅有索马里由于其独特的地理位置和文化历史特点成为 RTAs 未触及的唯一地区。

1. 欧洲

目前区域经济合作内容之广,范围之大,程度之深和体制化建设之成熟应首推欧洲联盟(EU)[①]。第二次世界大战结束后,欧洲统一的目标就被确立下来。英国前首相丘吉尔多次呼吁有历史宿怨的德法两个国家团结起来,在 1946 年著名的演

[①] 1993 年 11 月以后,欧洲统一市场称为欧洲联盟,简称欧盟。

讲——《欧洲的悲剧》中明确提出：要建立欧洲大家庭,这个大家庭应当能包容和平、安全和自由；要建立一个欧罗巴合众国,应该先着手建立一个地区性组织,建立一个欧洲理事会。

欧洲一体化进程中有一系列里程碑性的事件,而欧元的启动标志欧洲经济同盟的建设进入实质性阶段。1999年1月1日,欧元正式发行。经过三年的过渡时期,到2002年1月1日,正式进入流通领域,替代首批参加欧元区成员国的货币。2002年3月1日,上述12国的货币退出流通领域。

应该看到,欧元的出现,对于欧盟经济的发展有着积极的作用,它表现在：其一,欧洲共同体货币的统一,有利于对内和对外贸易的发展。它消除了货币汇率波动的风险,节约了各国之间的换汇成本。就旅游而言,在12个国家货币统一以前,用1000美元在12个国家旅游,每到一个国家需要换汇,经过12次换汇,每一次需要扣除手续费,最终1000美元真正留下的,可能只有500美元。欧元的发行降低了贸易的成本。其二,有利于加强竞争,促进经济的发展。货币统一后,12个国家的商品全部由欧元统一计价,加强了同一商品的竞争,增强了企业的活力。企业在竞争中要生存和发展,必须改进技术,改善管理,降低成本,提高产品质量,开发新品种。其三,货币的统一,形成了统一的货币和资本市场。股票统一以欧元计价交易,债券价格和评级趋于一致,促成欧元区一些国家的证券交易所合并,形成世界上最大的证券市场。其四,加强了欧洲货币在国际金融市场上的地位和作用。特别是2003年年初,美元持续疲软,许多国家的中央银行将部分外汇储备由美元换成欧元,预计欧元在外汇储备、外汇交易和贸易结算中的作用将会日益加强。

然而,2009年至2010年,欧元区国家出现主权债务危机,严重影响欧元的稳定。2010年,财政赤字占GDP的比重,爱尔兰达14.3%、希腊13.6%,英国11.5%,西班牙11.2%,葡萄牙9.4%。2010年希腊政府债务余额占GDP的比重则高达110%,2010年5月19日有85亿欧元的债券到期。2010年5月2日欧元区16国财长会议,为希腊启动一套总额为1100亿欧元的救助方案。其中成员国将出资800亿欧元,其余来自国际货币基金组织。这一套救助方案附加有严格的条件,也就是在未来3年内实施更加严格的财政紧缩政策,削减财政预算300亿欧元,以及进行结构性改革,并将改革置于共同监督之下。除希腊外,意大利政府债务余额占GDP的比重则高达119%。2010年11月,爱尔兰10年期国债利率为8.929,达到创纪录的高点。欧洲债券市场承受巨大的压力。爱尔兰总理考恩曾一度坚称不需要外部援助,但迫于压力,向欧盟和国际货币基金组织(IMF)求援。最终欧盟(EU)给予爱尔兰约850亿欧元的援助。此外,西班牙、葡萄牙的财政状况都较为严重。

2. 美洲

作为世界上容量最大的商品市场,1994年1月1日正式启动的北美自由贸易区同时也是外贸依存度最高的区域经济集团。北美自由贸易协议的主要内容包括：其一，在10年里分阶段基本上消除相互之间的关税，墨西哥有一小部分农产品的关税在以后的5年里全部消除，也就是说在15年里，即2008年全部消除关税。(All remaining duties and quantitative restrictions were eliminated, as scheduled, on January 1, 2008.）其二，墨西哥对美国和加拿大传递服务业的限制逐步下降。其三，美国对于墨西哥的新鲜水果和蔬菜的进口关税削减25%—35%。其四，在汽车方面"国内构件的规定"，美国—加拿大自由贸易协议规定为50%，然而，北美自由贸易协议改为62.5%。其五，规定了争端的解决程序，特别是制定了倾销和补贴案件中专家小组的条款和争端的解决。

北美自由贸易区在促进区域贸易和经济的发展起了积极的作用。第一，促进了地区贸易增长：1993年的3 060亿美元；2008年的9 490亿美元，15年里增长了3倍。第二，促进了区域内直接投资的增长：1993年区内直接投资为1 369亿美元；2008年增长至5 527亿美元。15年里三国之间的直接投资增加了的4倍。特别是墨西哥吸引了大量的外国尤其是美国的投资，年平均吸引外国直接投资120亿美元。第三，北美自由贸易区的建立，促进了墨西哥经济的发展。1993年，墨西哥的GDP为2 595亿美元，2008年为10 880亿美元，15年增长了4倍；人均GDP，1993年为2 998美元，2008年增加至10 200美元，增长了3倍；出口额，1993年为518.85亿美元，2008年为2 926.66亿美元，增长了5倍。

然而，北美自由贸易区的发展，也存在着负面的影响，墨西哥对美国的依赖程度日益加深。对美国出口占墨出口总额的80%以上，美国资本占墨西哥吸收外资总额的65%以上。墨西哥主要经济部门（石油行业、制造业、出口加工业、纺织服装业等）均面向美国市场。此外，海外移民汇款（主要来自美国）已经成为墨西哥仅次于石油收入的第二大外汇来源。因此，美国经济的波动决定着墨西哥的经济发展。例如，自2001年3月至2003年第二季度，美国经济进入衰退，三年里经济增长率分别是：1.1%、1.8%和2.5%。而墨西哥经济随着美国经济衰退，而呈现出停滞状态。2001年至2003年，墨西哥的经济增长率分别为-0.9%、0.1%和1.4%，年均增长率仅为0.2%。2009年美国经济增长率为-2.4%，而墨西哥为-6.5%。此外，从1994年至2004年，墨西哥从美国进口的农产品增长了726%，导致墨西哥国内的小农阶级几乎消失殆尽，损失工作机会多达130万。因此，北美自由贸易区的建立并未有效地化解墨西哥国内的就业问题。

1994年12月9日至11日，美洲34个国家的领导人在美国的迈阿密举行第一次美洲首脑会议。会议决定在2005年完成建立"美洲自由贸易区"的谈判。2001年4月22日，美洲34个国家在阿根廷首都布宜诺斯艾利斯，就美洲自由贸易区协议草本进行谈判。协议草本涉及9个问题，即投资规则、农产品补贴、政府采购非歧视性原则、贸易争端解决机制、关税和非关税壁垒消除时间表、保护知识产权、倾销和反倾销、开放服务贸易、正确处理自由贸易和竞争的关系等。2005年11月,美洲举行了第四次首脑会议,就美洲自由贸易协议进行谈判,委内瑞拉、巴西、乌拉圭、巴拉圭和阿根廷5国对协议提出了不同意见,从而未能达成协议。

3. 亚太地区

(1) 中国和东南亚联盟

2002年11月4日,中国和东盟签署了"中国—东盟合作框架协议",总体确定了中国—东盟建立自由贸易区的基本框架。双方一致同意在10年内建成中国—东盟自由贸易区。协议的基本内容:一是逐步实现货物贸易和服务贸易自由化;二是创建透明、自由、公平和便利的投资机制;三是实现全面经济合作的目标。

中国与东盟签署了"早期收获"方案,原则上自愿参加,互相开放,但不要求对等开放。2003年10月1日,中泰水果和蔬菜实行"零关税";2004年6月1日,中国和新加坡水果和蔬菜实行"零关税";2005年1月1日起,中国与马来西亚、菲律宾、印尼、文莱之间进出口水果和蔬菜实施零关税;2006年起,600多种农产品实施零关税。

2004年11月29日,双方签署了中国—东盟《货物贸易协议》和《争端解决机制协议》。这是中国对外签署的第一个自由贸易区货物贸易协议。从2005年7月20日,全面启动关税减让计划。双方对约7 000个税目的产品实施降税。产品分为正常产品和敏感产品。正常产品分一轨产品和二轨产品,共同点在于关税都要降至零,区别在于实现的时间不同。所谓敏感产品是,各方需要进行保护的产品。敏感产品分一般敏感产品和高度敏感产品,共同点在于其最终税率不降至零;不同点是关税税率不同。中国提出的敏感产品主要包括大米、天然橡胶、棕榈油、部分化工品、数字电视、木材和纸制品等;东盟国家则提出了橡胶制品、塑料制品、陶瓷制品、部分纺织品和服装、钢材、部分家电、汽车、摩托车等敏感产品。

协议规定,在未来的5年内,即2010年,中国与东盟最早的6个成员国新加坡、泰国、马来西亚、印度尼西亚、菲律宾和文莱大部分关税降至零,建成自由贸易区。东盟4个新成员,即越南、老挝、缅甸和柬埔寨可享受5年的过渡期。至2015年,中国和东盟全面建成自由贸易区。

2010年1月1日起,中国对来自东盟10个国家进口的91.5%以上的产品实现零关税,对东盟的平均关税从9.8%降到0.1%。东盟前6个老成员国对来自中国进口的90%左右的产品实现了零关税,对中国的平均关税率由12.8%降至0.6%。其余4个新成员将在2015年实现这一目标。

柬埔寨、老挝和缅甸是东盟中最不发达的国家。自2004年1月1日起,中国对这3个国家部分出口到中国的产品,提供了第一批特惠关税待遇。从2006年1月1日开始,中国对柬埔寨的83项、老挝的91项、缅甸的87项对华出口产品单方面实行零关税。特惠关税待遇范围将会进一步扩大。

中国东盟建立自由贸易区具有重要意义:有利于双方贸易条件的改善,促进贸易的发展;有利于双方投资环境的优化,促进投资的增长;有利于双方经济的发展和繁荣;有利于双方友好合作关系的深入发展,维护东亚和亚太地区的和平和稳定;有利于双方在国际事务中发挥更大的作用;有利于双方在政治、军事、安全方面的相互信任,建立良好的周边关系。

(2)中国内地和香港、澳门建立更紧密的经贸关系

2003年6月29日和10月17日,《内地与香港关于建立更紧密经贸关系安排》和《内地与澳门关于建立更紧密经贸关系安排》(CEPA)相继签订。

CEPA的主要内容包括货物贸易、服务贸易和投资等方面。其一,货物贸易方面,从2004年1月1日起,内地对原产于香港、澳门的进口产品273个税目实行零关税;2005年1月1日起,731个税目实行零关税;2006年1月1日起,全部税目实行零关税。其二,服务贸易方面,从2004年1月1日起,开放管理咨询、会议展览、广告、会计、法律、医疗和牙医、物流、货代、仓储、分销、运输、建筑、视听、旅游、电信、银行、保险、证券等18个领域;2005年再开放8个领域(专利代理、商标代理、机场服务、文化娱乐、信息技术、职业介绍、人才中介机构、专业资格考试);2006年6月26、27日签署CEPA补充协议三,从2007年1月1日起进一步采取15项具体开放措施;2007年6月29日,签署CEPA补充协议四,从2008年1月1日起实施,一是开放更多的领域(新增加了11个领域,一共开放的领域达38个),二是开放的程度更高(提出共192项开放措施),三是开放的模式更多;2008年7月29日签署CEPA补充协议五,在原有开放承诺基础上,进一步采取简化审批程序、放宽市场准入条件、取消股权限制、放宽经营范围和经营地域等措施;2009年5月9日签署CEPA补充协议六,进一步扩大服务贸易市场开放,其中市场开放措施共有29项,涵盖20个服务领域;2010年5月27日签署CEPA补充协议七,在14个领域,采取27项措施,对建筑、医疗、视听、分销、银行、证券、社会服务、旅游、文娱、航空运输、专业技术人员资格考试和个体工商户等12个领域在原有开放的基础上,进一步放宽市场准入条件,放宽经营范围和经营地域。截至目前,共开放44个服务贸易领域,开放措施277项。在贸易便利化方面增加教育、文化、环保、创新科技等领域合作,明确了合作机制和内容。其三,贸易投资便利化:促进贸易、投资合作;通关便利化;检疫、检验、食品安全、质量标准等管理合作;发展电子商务;法律、法规透明化;加强中、小企业信息交流和合作;中医药产业合作。

CEPA签署的重要意义,有利于香港和澳门经济的繁荣;有利于内地与香港、澳门经济的融合;有利于中国的统一大业;有利于中国履行WTO的承诺,在2006年全面开放服务贸易。

(3) 澳大利亚—新西兰自由贸易区

1983年,澳大利亚和新西兰签订了"澳大利亚—新西兰密切经济关系贸易协议"(Australia-New Zealand Closer Economic Relations Trade Agreement)。它是一个非常详尽的开放的协定。该协议规定,在1987年,两国间的关税全部消除,到1990年,取消所有的配额限制;在自由贸易区内全部消除出口补贴;统一技术、健康和安全标准;在政府的采购和工程合同招标中,相互给予国民待遇。这是一个非常罕见的贸易集团,在内部撤除各种关税和非关税壁垒,实行贸易自由化的同时,不对外加强保护。因此,该集团贸易转移的情况比较少。澳新自由贸易区建立以后,两国之间的贸易额有所增长,但是较为缓慢。1990年,澳大利亚对新西兰的出口额为25.66亿美元,在其出口总额404.17亿美元中占4.9%。2009年澳大利亚对新西兰的出口额为46.98亿美元,在其出口总额1 543.34亿美元中所占比重仅为0.3%。新西兰对澳大利亚的出口额,1990年为33.88亿美元,在其出口总额中所占比重为19.7%,2009为57.34亿美元,所占比重为23.0%。两国之间的贸易额增长速度比较缓慢,原因在于两国的经济结构以及进出口产品的结构相似,2009年,在澳大利亚出口产品中,农产品和矿产品的出口额占其出口总额的72%,排前5位的是煤炭、非货币用黄金、铁矿石、原油、金属矿石。而进口产品中,制成品占其进口总额的72.2%,排前5位的是汽车、成品油、通信设备、自动化机器设备、医药品等。2009年,在新西兰的出口产品中,农产品和矿产品的出口额占其出口总额的70%,排前4位的是奶酪、肉类、木材、鱼类,进口产品中,制成品进口占其进口总额的74%,排前5位的是汽车、机器、电气设备、燃料、纺织品。可见,澳大利亚的出口产品的大多数不是新西兰所需要的,新西兰出口产品的大多数也不是澳大利亚所需要的;澳大利亚的主要进口产品不是新西兰所能供应的,新西兰主要的进口产品也不是澳大利亚所能供应的,两国间经济的互补性较差。

(4) 亚太经济合作组织

亚太经济合作组织(Asia-Pacific Economic Cooperation, APEC)第一届部长会议于1989年11月在堪培拉召开,到1997年10月它包括了18个成员经济体,跨越亚洲、美洲、大洋洲三大洲,吸纳了东盟6国、北美自由贸易区等次区域集团,是迄今为止世界上最大的区域性经济合作组织。1991年中国以主权国家名义、香港和台湾以地区经济体名义加入APEC。1998年,越南、秘鲁、俄罗斯被吸收为正式成员,APEC扩大到21个成员方。

2001年6月6日至7日,APEC贸易部长级会议在中国上海举行,通过了《主席声明》,要求继续推进开放的贸易政策,为多边贸易体制多作贡献。同时,与会代表还就促进投资自由化和便利化、加强经济技术合作、新经济和电子商务等问题展开了广泛的讨论,并达成了诸多共识。

APEC 经过十多年的发展，无论在体制化建设，还是在贸易、投资自由化及经济技术合作方面都取得了实质性进展，并力争在 2020 年前实现亚太自由贸易区的建成。

第二节　国际经济一体化的经济学分析及与多边贸易体制的关系

GATT 1994 第 24 条明确规定："不得阻止缔约国在其领土之间建立关税同盟或自由贸易区，或为建立关税同盟或自由贸易区的需要采用某种临时协定。"从 GATT 到 WTO，对区域贸易协定采取了"法律"到"实践"的宽容，集中体现在四个方面：第一，区域贸易协定是最惠国待遇原则最重要的例外；第二，GATT 1994 第 24 条、25 条对区域贸易集团的宽容和免责；第三，《服务贸易总协定》第五条（经济一体化）规定"不应阻止任何成员参加或达成在参加方之间实现服务自由化的协议"；第四，对于发展中国家的区域贸易协定，遵循 GATT 1994 第四部分（贸易与发展）以及东京回合的"授权条款"①。多边贸易体制对区域经济集团的明确要求体现在 GATT 1994 第 24 条的规定："成立关税同盟或自由贸易区的目的是便利组成同盟或自由贸易区的各领土之间的贸易，但对其他缔约方与这些领土之间进行的贸易，不得提高壁垒。"

案例 12.1

印度与土耳其关于纺织品进口限制的纠纷

1995 年，根据土耳其第 95/1 号决定第 12 条规定，土耳其为加入欧盟，将采纳欧盟对纺织品进口的限制措施，决定从 1996 年 1 月 1 日起对进口的 19 类产品实行数量限制。1996 年 3 月 21 日，印度提出磋商要求。1999 年 WTO 专家组裁定土耳其败诉。

本案的关键启示在于：首先，如何防止建立关税同盟提高对外的保护程度；其次，如果不实施本案的争议措施，是否无法建立关税同盟？土耳其可以考虑在纺织品领域签署附加协议，从而既不违反 WTO 的规则，又避免影响总体加入欧盟。

多边贸易体制的以上规定的深刻含义是什么？一种观点认为，这意味着以自由

---

① 对于发展中国家之间相互给予的关税和非关税优惠待遇，可按世或区域贸易安排的框架处理。

贸易区和关税同盟为代表的区域经济集团是值得鼓励的,其合理性在于:既然自由贸易使世界福利最大化,而区域集团向自由贸易迈进了一步,那么,关税同盟即使没有实现福利最大化,也是在现有条件下最大限度地提高了福利水平。这一解释是依照次优理论(second best theory),然而是值得商榷的。

一、静态局部均衡分析:维纳的关税同盟理论

早在1950年,维纳(Viner)强调指出:建立关税同盟并不等同于向自由贸易的靠拢,因为它虽然提高了成员间自由贸易的程度,但却限制了对外贸易,所以这种自由贸易与保护贸易的结合产生了"贸易创造"和"贸易转移"双重效应。

1. 贸易创造(trade creation)

关税同盟建立之后,从伙伴国进口的较为便宜的产品取代了原来国内较为昂贵的生产,从而增加了社会福利,这就构成了贸易创造。贸易创造增加了贸易量并促使资源配置更趋合理。

以法德关税同盟建立前后比较为例,如图12.2所示。

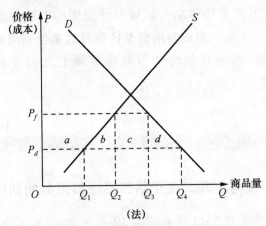

图12.2 法德关税同盟对法国的影响(一):贸易创造

图12.2中P_d代表德国的出口价格,P_dP_f是法德关税同盟前法国对德国进口产品征收的单位产品关税,进口量为Q_2Q_3,关税收入为c。法德成立关税同盟后,德国进口品的关税(P_dP_f)被取消,进入法国市场的德国产品价格从原P_f降至P_d。进口量为Q_1Q_4,其中Q_1Q_2和Q_3Q_4是德国较便宜的进口产品取代了法国较昂贵的生产。对法国社会福利的影响是:

生产者剩余减少	$-a$
消费者剩余增加	$+(a+b+c+d)$
关税收入减少	$-c$
净福利水平上升	$+(b+d)$

2. 贸易转移(trade diversion)

关税同盟建立后,原来从同盟外进口的成本较低的产品被同盟内成本较高的产品取代,恶化了资源配置,这构成了贸易转移。

仍然以法德关税同盟为例,假设同盟外的美国的成本比德国更低,如图12.3所示。

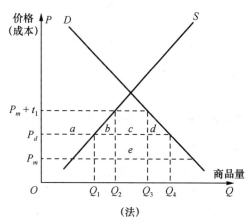

图12.3 法德关税同盟对法国的影响(二):贸易转移

图12.3中P_d是德国的生产成本,P_m是美国的生产成本,$P_m < P_d$。在关税同盟建立前,法国对外关税水平为单位产品征收t_1的关税,法国从美国进口Q_2Q_3的产品,关税收入为$(c+e)$。

法德建立关税同盟,两国之间取消关税,而法国对美国维持单位产品t_1的关税水平,则进入法国市场的德国产品价格低于美国产品($P_d < P_m + t_1$),法国改从德国进口,进口量为Q_1Q_4,其中Q_1Q_2和Q_3Q_4是德国较低成本的进口产品取代了法国较高成本的生产,是贸易创造,而Q_2Q_3是德国较高成本的进口产品取代了美国较低成本的进口产品,是贸易转移。对法国社会福利的影响为:

生产者剩余减少	$-a$
消费者剩余增加	$+(a+b+c+d)$
关税收入减少	$-(c+e)$
社会净福利水平的变化为	$b+d-e$

由此可见,即使遵循GATT 1994第24条的规定对外不提高贸易保护程度,关税同盟的建立仍可能因贸易转移的效应而对社会福利造成损失。所以不能认为关税同盟即使不能使福利最大化,也必然提高社会福利水平。在多边贸易体制关税减让的机制下,关税同盟的建立对社会福利提高的可能性更小。在无歧视地降低关税之后再建立关税同盟,图12.3的情况可能变成以下三种。

第一种情况如图12.4所示。

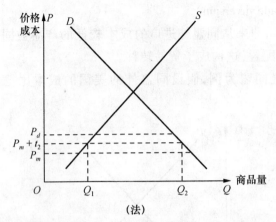

图 12.4　关税减让机制下法德关税同盟建立对法国的影响（三）

法国无歧视地将单位产品关税水平降到 t_2，则美国产品进入法国市场后价格为 $P_m + t_2$，低于德国的生产成本 P_d。这时即使法德建立关税同盟，也不改变法国从美国进口 Q_1Q_2 的状况，法国的社会福利不发生变化。

第二种情况如图 12.5 所示。

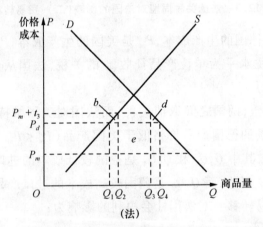

图 12.5　关税减让机制下法德关税同盟建立对法国的影响（四）

法国无歧视地将单位产品关税水平降到 t_3，在图 12.5 中与图 12.3 相比 $(b+d)$ 被缩小而 e 被扩大，更容易导致社会福利净减少。

第三种情况如图 12.6 所示。

法国无歧视地将关税水平降到单位产品征税 t_4，$P_m + t_4 = P_d$，则法德建立关税同盟后法国仍然从美国进口 Q_1Q_2，社会福利不变，若改从德国进口，必然有净福利损失。

可见，在多边贸易体制关税减让机制下，地区经济集团的建立可能带来社会福利增加的机会会减少。因此，对多边贸易体制宽容区域贸易协定的机制的理解不能

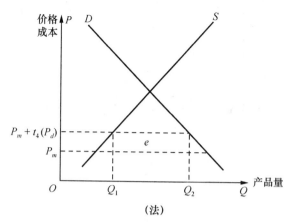

图12.6 关税减让机制下法德关税同盟建立对法国的影响(五)

局限于社会福利因素的考查。

二、规模经济与区域合作

1. 小岛清协议性国际分工理论

日本学者小岛清在《对外贸易论》中提出了协议性国际分工的思想。该理论的基本假定是:首先,各方的生产要素、需求市场极其相似;其次,区域内存在规模经济。基本观点认为:其一,完全专业化的分工和交换能使各方都受益;其二,由于利益的分配是不均衡的,需要国际协议来维系分工的格局;其三,比较优势接近的国家与地区之间容易建立合作集团。

图12.7中假定两个国家(A、B)、两种产品(X、Y),a、b为封闭经济下两国各自的一般均衡点。由于理论假定中两国生产要素、需求市场极其相似,且存在规模经济,两国的生产可能性曲线凸向原点①,在a、b点上两国两种产品封闭经济的相对价格相等。

如果两国之间实现自由贸易,可能有两种分工情形:C点的专业化分工模式是A生产Y、B生产X,对应的消费点是p;D点的专业化分工模式是A生产X、B生产Y,对应的消费点是q。图示中Y产品的规模效应强于X产品,分工到Y商品生产的国家获得的福利增进幅度比较大,两国都会选择对自身有利的分工模式(A国倾向于C点分工,B国倾向于D点分工),因此需要国际协议来维系稳定的分工格局。

---

① 生产可能性曲线的形状详见第八章图8.6和第十八章图18.1说明。

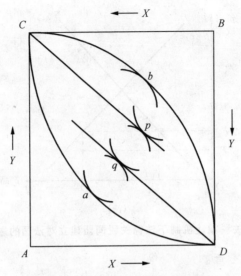

图 12.7 协议性国际分工理论图示

2. 克鲁格曼中心—外围模型

克鲁格曼在《地理与贸易》一书中建立了中心—外围的合作模型。该理论假定存在规模经济理论,而地理集中是规模经济、运输成本和需求市场之间的相互作用和综合考量所作出的决策。将一个地区分为东部和西部两大块,

$$SN = (1 - \Pi)/2 + \Pi SM$$

其中 SN 是西部人口占总人口的比例,Π 是从事制造业人口在总人口中的比例,$1 - \Pi$ 是从事农业人口在总人口中的比例。假定有一半农民居住在西部,$(1 - \Pi)/2$ 西部从事农业人口在总人口中的比例。SM 是西部制造业劳动力在制造业总人口中所占份额,ΠSM 是西部从事制造业人口在总人口中的比例。

令 X 为典型制造商的销售量;F 为开办一个工厂的固定成本;t 为一单位制造品的运输成本。当 $SNxt < F$ 时,生产集中在东部;当 $(1 - SN)xt < F$ 时,生产集中在西部;当两个条件不满足时,则每个地区各自开办工厂。

克鲁格曼中心—外围模型指出:制造带往往集中在人口密集、而且有更发达的交通运输网络的地区;另一个地区成为农业的外围。这种模式取决于较大的规模经济、较低的运输成本,以及制造业在支出中较大的份额这三者的某种结合。

三、动态分析:西陶斯基和德纽的大市场理论

西陶斯基和德纽侧重于考查区域贸易集团的动态效应。他们认为,贸易集团化对其成员国的贸易和经济发展将产生以下几方面的积极影响:

1. 规模经济效应

在世界市场激烈的竞争中,外部市场究竟有多大是不确定的。组建区域贸易集

团,使各成员国有了一个比较稳定的扩大了的市场,更能实现规模经济的要求。而且在生产要素可以自由流动的共同市场内,生产资料可以集中使用,有利于实现规模经济。

2. 竞争效应

区域贸易集团内部实行自由贸易和生产要素的自由流动,使各成员国面临更为激烈的竞争,从而刺激了劳动生产率的提高和成本的下降,并刺激新技术的开发和利用。出现"大市场使得竞争激化,竞争推动了大规模生产,从而有利于实现大量消费"的良性循环。

3. 投资效应

区域贸易集团内各企业为了应付市场的扩大和竞争的加剧,必然千方百计增加投资,以更新设备,采用新技术,扩大规模。这就刺激了集团内投资的增长。

另一方面,区域贸易集团吸引了大量集团外国家的资金。这是因为区域贸易集团对外实行歧视性贸易政策,使集团外商品进入成员国市场受阻,而直接投资是冲破贸易壁垒以防被日益壮大的统一大市场排斥在外的有力手段。同时,允许生产要素自由流动为外部投资提供了新的经济条件。

只要区域贸易集团动态的积极影响足以弥补可能造成的静态福利损失,就体现了WTO运行机制对区域贸易协定宽容的经济意义。

四、互补性竞争论

国内一些学者提出的互补性竞争论认为区域贸易集团与多边贸易体制关系的核心为互补性竞争。

互补性体现为区域贸易集团的高级形式可以实现多边贸易体制尚不能达到的合作方式,而多边贸易体制提供了协调各区域贸易集团关系以及解决贸易纠纷的有效机制,WTO贸易争端解决机构的设立弥补了大多数区域贸易集团争端解决不力的缺憾。

竞争性体现为:一方面,区域贸易集团对外贸易歧视妨碍了多边贸易体制全面贸易自由化的推行;另一方面,组成贸易集团的国家具有更强的势力,甚至可能依仗贸易集团对抗多边贸易体制。

案例 12.2

加拿大诉美国对加猪肉征收反补贴税案

根据美国反补贴税法,美国商务部假定加拿大对养猪业的补贴全部转移到了猪肉加工业,根据这一假设,商务部计算了对从加拿大进口的猪肉征收的反补贴税。

1989年9月28日,加拿大向GATT申诉,要求解决美国对其猪肉征收反补贴税的问题。加拿大认为,这一假定缺乏事实依据,使实际征收的反补贴税高于应征收的反补贴税,违反了GATT第6条第3款①和《反补贴守则》第4条第2款;同时,损害了加拿大根据GATT第2条②和第6条应得到的利益。

1990年2月20日,GATT专家组成立。1990年9月18日,专家组递交了报告。专家组认为:GATT第6条第3款要求必须根据事实确定进口产品得到的补贴;加拿大对养猪业的补贴是对原料的补贴,而出口的猪肉是终端产品,要把对原料的补贴看成对终端产品的补贴必须有事实证明终端产品的生产者购买了受补贴的原料。美国商务部确定补贴不是依据事实,而是依据假设,据此征收反补贴税违反GATT第6条第3款。专家组希望美国再进行一次调查,以确定加拿大对猪肉生产业的实际补贴,并退回多征税款。

美国申辩说,美加自由贸易协定③专家组正在处理该案,应当等待该专家组的处理意见。1991年6月14日美加自由贸易协定专家组做出彻底否定美国商务部征收反补贴税的决定,美国才放弃其强硬态度。GATT专家组的报告被拖延十个月,1991年7月11日才获通过。根据美加自由贸易协定专家组的决定,美国政府撤销了对加拿大猪肉征收的反补贴税。该案从一个侧面反映了区域集团化与多边贸易体制可能出现的抗衡。

案例 12.3

美加软木贸易纠纷

2002年,美国商务部裁定加拿大便宜的伐木费是对伐木业变相的出口补贴,补贴程度相当于19%,同时认为加拿大有倾销行为,倾销程度相当于8%。为此,美国对加拿大软木进口征收27%的关税。加拿大将美国告上NAFTA和WTO,2005年7月,NAFTA裁定美国败诉,应退还40亿美元关税。但同年8月,WTO裁定美国没有违背国际法。此案悬而未决。

在多边贸易体制和区域合作并驾齐驱的贸易环境中,贸易政策作用的发挥要注意不同层面的选择,以符合多边贸易体制的规则。

---

① GATT第6条第3款规定,反补贴税是"抵消性"的关税,不能超过补贴的估计数额。
② GATT第2条即关税减让表。
③ 1989年1月1日,美加自由贸易协定正式生效。

案例 12.4

欧盟诉阿根廷鞋类进口保障措施

1997 年 2 月 14 日,阿根廷发起保障措施调查,随后采取保障措施。该措施自 1997 年 2 月 25 日起有效期为 3 年。阿根廷在调查时以本国为单位,在采取措施时以"南方共同市场"为单位,排除集团内成员。

阿根廷的做法违反了 WTO 的规则。具体而言,《保障措施协定》(SA) 第 1 款注释中明确指出:关税同盟可作为一单独整体或代表一成员方实施保障措施;在确定严重损害或严重损害威胁的所有要求时,前者应以整个关税同盟中存在的条件为基础,后者则应以该成员中存在的条件为基础,且保障措施仅限于该成员。

另一方面,要注意多层面贸易政策的综合运用,更好地捍卫国家的贸易利益。例如在美国钢铁保障措施案中,受损害的各方采取了综合措施来应对:一是在 WTO 投诉;二是积极运用自身法律法规进行贸易报复,必要时使用集团力量。

案例 12.5

美国钢铁保障措施案

2001 年"9·11"事件后,美国发起新一轮军事经济,而且消费者更多倾销于陆路交通,这为本已是夕阳产业的美国钢铁业提供了新的发展契机。2002 年 3 月 20 日,美国启动其贸易法的"201 条款"保障措施规定,对钢铁、长板等进口的主要钢铁品种,实施为期 3 年的关税配额限制或加征高达 8%—30% 不等的关税。这是美国历史上对进口钢铁施加的最严重的一次贸易限制。

该措施直接影响的国家和地区包括欧盟、加拿大、韩国、日本、墨西哥、土耳其、巴西、中国、俄罗斯和中国台湾。2003 年 3 月,WTO 专家组裁决美国的做法违反 WTO 的规则,否定美国实施保障措施的两个前提条件:进口已经增长;这种增长对国内产业造成严重危害或存在严重危害的威胁。而美国马上提出上诉,使案件又拖延的几个月。在这段时间里,美国钢铁业掀起规模空前的合并与结构调整以增强竞争力。

各受损方在联合投诉的同时,采取了贸易报复手段,其中欧盟以集团力量对美国 14 类产品进行贸易报复。这些手段对抑制美国这类保护主义措施的进一步运用和事态恶化产生了不可忽视的作用。

第三节 "新区域主义"与亚洲区域合作

"新区域主义"是近20年兴起和发展的全球经济和政治发展的内在需要和必然结果：首先，GATT前八轮多边贸易谈判促使全球贸易壁垒大幅度下降，维纳提出的传统关税同盟理论中发达国家通过贸易创造获取福利增进的目标不再是其进行RTAs协商和谈判的出发点（参见上一节的相关阐述），而其他需求，例如投资优惠以及资源获得变得更为重要；其次，发展中经济体从亚洲"四小龙"的经济崛起看到开放经济、吸引外资、鼓励出口对自身综合实力的促进，纷纷采取改革开放政策，但WTO进一步推进全球贸易自由化步履维艰，区域合作则成为现实的选择；再次，经济危机时期广泛的区域合作有助于协调经济贸易关系，有效地缓解、转移和减少自身及邻近区内突发负面冲击和联动效应，获取稳定的投资和市场；最后，全球化进程带来了发达国家生产环节的转移，地缘的临近为产业内垂直分工节约运输成本，也更有利于各生产环节之间的沟通，推进垂直分工的深化。

"新区域主义"的特点是：首先，包含了更广阔地域和更多样化的经济体，新兴发展中经济体担任了重要和最积极的角色，发展中的新兴经济体和小经济体以区域合作的平台在全球化浪潮下锁定来自发达国家和大经济体稳定和高质量的投资，以及稳定的大规模的市场；其次，区域合作的基础更加宽泛，为实现不同的目标，很多经济体同时参与着多个区域一体化和协作安排，多个重叠和相互交错的RTAs成为潮流；最后，"新区域主义"在一定程度上有意避开在机构层次和构建上的共同安排，以更迅速和更容易在彼此之间达成协议，启动经济某方面（通常是贸易）的协作和一体化。

近年来亚洲地区的区域合作发展迅猛。WTO的数据显示：2007年9月至2011年1月初，世界新实施的RTAs共有43个，其中14个是亚洲国家之间发生的，占此时期全球新增RTAs的近1/3；这些协定中另外近20%（共8个）的一方是亚洲。截至2010年9月，亚洲主要经济体参与的RTAs平均数目达到8个，其中突出的有新加坡（20个RTAs）、中国（12个RTAs）、日本（11）、印度（11）、泰国（11）、马来西亚（10）。区域合作在经济危机时期为亚洲经济注入了生机与活力，成为这一时期亚洲领跑世界并率先复苏的有力保障因素之一。

亚洲"新区域主义"在过去十年中的兴起和发展创造了有利于进一步推进全球贸易自由化的条件：首先，亚洲大部分国家和地区的经济发展水平相当，既不属于发达经济，也不是世界最落后的地区；其次，亚洲合作地区大都有丰富的劳动力或自然资源，而资金技术相对缺乏；最后，虽然亚洲各国经济规模相差很大，但东南亚小国以同盟（ASEAN）的整体形式参与区域一体化进程，使各参与方的对称性更强。

亚洲"新区域主义"目前还存在一些尚待解决的问题,在未来发展过程中需格外关注。首先,亚洲FTAs都是以一个国家或一组国家为主,分别与不同的其他国家成立FTAs,而其他国家之间不一定存在FTA,从而形成"意大利面碗"(spaghetti bowl or noodle bowl)现象。例如东盟与中国签署了FTA协定,目前正与日本、韩国商讨成立另外的FTAs,但中日韩之间还没有达成FTA;于是,中国很多产品可以自由输往东盟,而东盟很多产品可以自由输往日本,但中国很多产品直接输往日本却要交纳关税。这个情况给企业和政府带来巨大的商业和行政成本。其次,这些区域合作成果为微观企业产生的实质影响究竟有多大?这取决于如何帮助企业更多地了解和更好地利用这些协议,以及如何将边境合作的成果推进到内陆地区。另外,如何使更多的亚洲小国和不发达国家参与到一体化进程中,以免其被主流经济和政治边缘化而变得更加落后。最后,如何在商品贸易一体化的基础上更多地推进服务贸易一体化,进而推进到投资甚至宏观经济政策一体化。

[本章小结]

通过本章学习,应全面了解区域贸易协定在当前国际贸易中的地位和作用,着重从静态与动态相结合的角度深入理解区域经贸合作的基础与障碍,运用相关经济学原理思考和分析中国面临的现实问题。中国在区域合作的进程中取得了很大成就;同时,中国是最大的发展中国家,邻国众多,发展很不平衡,这些客观情况应当纳入中国区域合作的政策方略当中。

[思考题]

1. 国际经济一体化的各种形式有何异同?
2. 关税同盟在多边贸易体制下的静态影响是什么?
3. 共同市场的动态影响是什么?
4. 中国应如何参与国际经济一体化浪潮?

第十三章 农产品贸易制度

[**本章概要**] 本章介绍了世界贸易组织的《农业协议》、《动植物卫生检疫措施协议》等农产品贸易方面的国际规则,阐释了中美农业合作谈判的成果,并分析了中国"入世"对农业的影响及有关对策。中国尚处在工业化的进程中,当前特别强调内需与外贸的有机结合,在这些政策战略的实施过程中,农业和农村有着特殊重要的地位和作用。熟悉和了解相关国际规则,有助于更好地发展中国的现代化农业。

农产品贸易长期以来一直游离在GATT管辖范围之外,各国普遍对农业生产和农产品贸易采取名目繁多的政策和措施,由此引起了彼此的矛盾和冲突。特别是20世纪70年代以后,农业生产和农产品贸易的争论在欧美之间几乎达到白热化程度,农产品贸易成为乌拉圭回合谈判的焦点问题之一。几经周折,终于达成《农业协议》,我国于1994年签署了该协议。

第一节 《农业协议》的主要内容及国际影响

《农业协议》由序言、13个部分共21条正文和5个附录组成,它包括四个方面内容:

概括而言,《农业协议》允许各成员方政府对农业给予支持,但应尽可能采取对贸易扭曲程度小的政策。《农业协议》允许在实施承诺的方式上可以有一些灵活性:发展中国家削减补贴和降低关税的程度不必等同于发达国家,并享有更长的过渡期完成义务;针对粮食供应依赖进口的国家和最不发达国家的利益,协议还做了特殊特定。

一、《农业协议》的主要内容

《农业协议》的主要内容涉及四个方面:其一,市场准入条款。要求各方承诺在实施期限内,将减让基期的关税削减到一定水平。减让基期为1986—1988年;实施期限从1995年开始,发达国家为6年,发展中国家为10年;减让承诺从1995年开始,发达国家将以1986—1988年为基础,按简单算术平均计算的税率削减36%,发展中国家削减24%,每项产品的关税税率至少削减15%(发达国家至少削减24%,发展中国家削减10%)。

其二,国内支持条款。各成员方采取措施支持农业生产,既有其必要性,但又是造成国际农产品贸易不公平竞争的主要原因之一。因此,国内支持条款中不引起贸易扭曲的政策为"绿箱"政策,可以免予减让承诺。对产生贸易扭曲的政策为"黄箱"政策,要求各方综合支持量来计算其措施的货币价值,并以此为尺度,逐步予以削减。

其三,出口补贴条款。各成员方应明确出口补贴减让承诺、列入减让承诺的出口补贴措施范围、减让基期、控制补贴扩大等制约条款。《农业协议》对发展中国家享有的特殊与差别待遇、农产品加工品作出了明确规定。

其四,动植物卫生检疫措施条款。首先,不得以环境保护或动植物卫生为理由变相限制农产品进口。其次,对进口农产品的卫生检疫措施必须以科学证据(国际标准或准则)为基础,但在科学证据不充分时,成员方可根据已有的有关信息,采取临时卫生检疫措施。最后,所有这类进口限制措施都必须在充分透明的前提下实施。

二、《农业协议》的国际影响

值得注意的是,《农业协议》对政府合理干预农业给予了较大的宽容,允许各成员方政府对农业进行适当补贴。其一,"绿箱"政策(green box measure),包括政府服务,如研究、病虫害控制、基础设施及粮食安全等;还包括不刺激生产的对农民的直接支付,如某种形式的直接收入支持、帮助农民进行农业结构调整的援助,以及环境和区域援助计划中的直接支付等。其二,"蓝箱"政策(blue box measure):给予被要求限制生产的农民以某种直接支付。其三,"微量"的"黄箱"政策(amber box measure):对贸易有扭曲作用的国内支持,例如政府以保证价购进农产品,属于"黄箱"政策。该政策的合理范围是与接受支持产品的生产总值相比,发达国家不超过生产总值的5%,发展中国家不超过10%。

《农业协议》的这些规则应当是符合农产品本身的经济规律的。经济学家费雪和丁伯根用"蛛网循环"理论描绘了农产品市场的特征,如图13.1所示。

图13.1中,由于农产品的供给是季节性、不连续的,第一期农民提供了Q_1数量的产品,获得的市场价格是P_1,而其成本是C_1,结果获利;于是第二期,农民按照P_1的价格预期提供商品Q_2,但市场价格跌到P_2,结果亏损;第三期农民只好按照P_2的

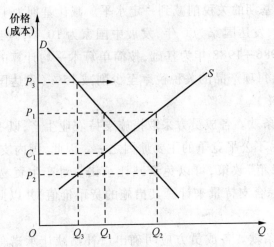

图 13.1 农产品市场的发散型"蛛网循环"

价格预期提供 Q_3 数量的产品,市场价格猛增到 P_3……以此类推,如果由市场自发调节,农产品市场无法达到供求相等的均衡点,而是离均衡点越来越远。因此,农产品市场存在市场不灵的问题,需要政府干预。

在实践中,美国、欧洲、日本等主要发达国家和地区普遍对农业进行大规模补贴。

图 13.2 中,欧洲是土地面积相对狭小的地区,按照世界价格水平 P_w,应当是农产品的进口地区。但欧洲用共同财政形成农业的支持价格 P_E,从而使欧洲成为农产品的出口地区。

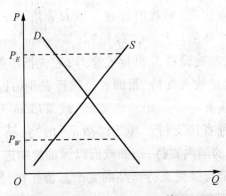

图 13.2 欧洲的共同农业政策(CAP)

美国持续对农业进行补贴,不断增加补贴额、扩大补贴的范围。2008 年 5 月 15 日美国国会参议院通过了总额为 2 900 亿美元的 2007—2012 年农业法案,进一步扩大了对国内农作物种植者的补贴。此外,美国还对某些农产品实施特别补贴,例如对养蜂业的补贴。美国政府 20 世纪 80 年代中期制订了蜂蜜计划,对蜂蜜实施最低限价政策,为此,美国政府每年必须支付 1 亿美元纳税人的钱,昂贵的成本使该计划在1996年作废。美国改用反倾销来保护养蜂业,2001年对中国蜂蜜征收183%的反倾销税。在美国养蜂业者更进一步的游说下,蜂蜜补贴条例重新在2002年农业法案中通过。

发达国家和地区此起彼伏的对农业的补贴引发了农产品贸易摩擦,农业补贴问题成为发达国家之间贸易摩擦的最棘手的问题之一,也是WTO多边贸易谈判进程的主要障碍之一。

值得注意的是,《农业协议》对发展中国家给予了诸多优惠安排:首先,在实施市场准入承诺时,要求发达国家充分考虑发展中国家的特定需求和条件,提供特定农产品进入发达国家的贸易条件;其次,在国内支持方面,免除发展中国家对农业的普遍投资补贴、对低收入或缺乏财力的农业生产者实施的普遍补贴、为鼓励放弃种植非法麻醉品作物而对生产者的资助等方面的减让承诺,并要求发达国家充分认识到发展中国家鼓励农业发展和乡村开发的政府辅助措施是其发展规划的不可分割的构成部分。

另一方面,区域集团对农产品贸易的影响也不容忽视。例如后加入欧盟的12个国家经济发展水平相对比较低,它们加入欧盟以后,现有的成员国需要在财政上援助这些新成员。根据欧盟东扩的协议草案,在2006年,欧盟要把用于农业的预算提高到453亿欧元,比原有的预算提高了53亿欧元。2004年加入的10个成员国,从2004年开始将享受直接的农业补贴;到2013年享受与现有成员国同等的待遇。

第二节 动植物卫生检疫措施

动植物卫生检疫措施(Sanitary and phytosanitary measures,SPS)是保护人类、动植物健康所必要的措施,通常被称为检疫措施。WTO允许成员方采纳或实施为保护人类、动物或植物生命或健康所必需的措施,但应遵循《动植物卫生检疫措施协议》的有关规定。

(1)各成员方的检疫措施应具有科学性,不得有武断或不公正的歧视,或对国际贸易构成变相限制。按照SPS的规定,只要实施者不在情形相同或相似的成员之间构成武断或不合理的歧视,就允许采用差别性标准。因为各成员方的气候、病虫害滋生环境等是不同的。这有别于技术性贸易壁垒协议要求的严格最惠国待遇原则。

(2)各成员方应将各自的检疫措施建立在现行的国际标准、指导原则或建议的基础之上,或制定更高水平的检疫措施,但必须有科学的理由。

(3)透明度原则。如果有关措施与现行国际标准、指导原则或建议有出入且对其他成员方的贸易有影响,应尽早通知其他成员方并说明相关理由。

案例 13.1

加拿大诉韩国瓶装水争端

1. 基本案情:1995年韩国成为世界第5大瓶装水市场,该年韩国公布了一项有关瓶装水的法令,其中第3条规定任何经化学处理的瓶装水禁止销售,第8条规定瓶装水的保质期为自生产日期开始6个月。

加拿大认为这两条违反了SPS第2条、第5条有关科学性的规定,于1995年提出磋商要求。后韩国作出让步,双方达成和解。

2. 关键启示:SPS关于科学性的要求

(1) SPS第2条第2款:各成员应保证任何卫生与植物卫生措施仅在为保护人类、动植物生命或健康所必需的限度内实施,并根据科学原理,如无充分的科学证据则不再维持,但第5条第7款规定的情况除外。

(2) SPS第5条第7款:在有关科学证据不充分的情况下,一成员可根据可获得的有关信息,包括来自有关国际组织以及其他成员实施的卫生与植物卫生措施的信息,临时采用卫生与植物卫生措施。在此种情况下,各成员应寻求获得更加客观地进行风险评估所必需的额外信息,并在合理期限内据此审议卫生与植物卫生措施。

(3) SPS第5条(风险评估与适当的卫生与植物卫生保护水平的确定):各成员应保证其卫生与植物卫生措施的制定以对人类、动植物的生命或健康所进行的、适合有关情况的风险评估为基础,同时考虑有关国际组织制定的风险评估技术。在确定适当的保护水平时,应考虑将对贸易的消极影响减少到最低程度的目标。

案例 13.2

美国、加拿大诉欧共体影响肉类进口的措施案

1. 基本案情:1981年和1988年,欧盟理事会发布一系列指令,禁止进口使用荷尔蒙添加剂生产的牛肉。1997年7月1日上述指令被96/22/EC指令取代,新指令仍然执行禁令,并加强了控制和测试的规定,同时规定了处罚措施。1996年,美国、加拿大、澳大利亚、新西兰与欧盟磋商未果,5月20日DSB应美国要求成立专家组,澳大利亚、新西兰、加拿大、挪威作为第三方。1997年5月7日,专家组向各当事方送交报告。欧共体提出上诉。1998年1月18日,上诉机构报告作出。2月13日,DSB通过了上诉机构报告和经修改的专家组报告。

2. 关键启示：

(1) 举证责任：只有在确定了投诉方已经提供了初步证据之后，举证责任才转移到被诉方。

(2) 关于 SPS 第 3 条第 1 款："以国际标准为依据"并不意味着"与国际标准一致"，本案中欧共体没有采用国际标准，但这并不违背 WTO 的义务。

(3) 关于 SPS 第 5 条第 1、2 款：各成员方应以风险评估为基础，同时考虑有关国际组织制定的风险评估技术。在进行风险评估时，各成员方应考虑可获得的科学证据；有关工序和生产方法；有关检查、抽样和检验方法；特定病害或虫害的流行；病虫害非疫区的存在；有关生态和环境条件；检疫或其他处理方法。本案中欧共体的措施未经过严格的科学性证明。

(4) 关于 SPS 第 5 条第 5 款：每一成员方应避免其认为适当的保护水平在不同情况下存在任意或不合理的差异，如此类差异造成对国际贸易的歧视或变相限制。欧共体的措施造成了对贸易的歧视和扭曲。

案例 13.3

加拿大诉欧共体影响从加进口松属木材的措施案

1. 基本案情：2000 年 7 月，欧盟健康与消费者保护局发出紧急通知，将对松木包装箱实施新的动植物卫生检疫方法，新措施声称为保护欧盟免受松材线虫的侵害，被覆盖的产品应在 56 摄氏度的条件下热处理至少 30 分钟且保持湿度低于 20% 或在饱和条件下进行高压处理。该措施可能影响的国家是加拿大、中国、日本、美国，其中加拿大 69% 的出口将受到影响。加拿大为此请求 WTO 关注此事，美国、日本、韩国、智利等国也表示关注。欧共体决定暂缓实施该措施。

2. 关键启示：SPS 的实施程序和信息跟踪。SPS 的实施应该符合透明度原则，另外，作为 WTO 成员方，应注意关注其他成员方公布的政策信息，并及时做出应对的决策。

案例 13.4

加利福尼亚农业贸易迎接地中海果蝇的挑战

1. 基本案情：由于气候条件比较适宜，地中海果蝇"迁居"加州。农业在加州有重要的作用，这促使加州政府和联邦政府采取必要的行动以保护该产业的持续健康发展。

加州涉案农产品大多出口到日本,日本政府因一直对从国外进口的农产品采取非常严格的管制而著名,日本体系的特色是严厉的产品检验和进口消毒程序,目的在于防止任何可预见的农业害虫和污染物进入当地环境。日本政府对地中海果蝇采取了极严厉的标准。

1975年加州LA政府发动该州首次灭蝇行动,总成本约100万美元。但好景不长,1980年监视器在LA发现4只成年果蝇和1只幼虫。在日本禁止进口的威胁下,加州发动"空袭"——对约1500平方英里的面积用航空器进行农药喷射,此外还有其他隔离检疫的建议。1982年,监视器只发现2只果蝇。美国农业部和加州粮农部官员们宣告胜利,实际行动的总费用达约1亿美元。

1988年,54只果蝇在LA被发现;1992—1993年,202只果蝇在加州被发现。1994年,日本宣布无法忍受,威胁将对加州受污染的水果发布禁令。1994年3月,根据国际科学顾问专家组的建议,加州粮农部对近1500平方英里的地区开始了盆地形的灭蝇运动。日本对该行动表示满意,未实行禁令。

但根据加州粮农部1990年确认,有35种产品是地中海果蝇的可能寄主,该害虫可能已潜在影响了65.28亿美元价值的加州农产品,其中17.08亿美元价值是出口产品。

2. 关键启示:SPS的宏观成本和政府在SPS相关事件中的重要作用。

第三节 中美农业合作谈判成果

1999年4月达成的《中美农业合作协议》促进了双边农产品贸易的发展,主要内容包括科技交流、具体项目合作和动植物检疫问题。其一,关于中美农业科技交流与合作。其二,具体的合作项目,共有十余项。其三,解决了TCK(矮星黑穗病)小麦、柑橘和肉类的动植物检疫问题,具体包括:(1)中国同意解除美国西北七州小麦输华的禁令,双方确定了TCK允许量的标准,超过标准,我国将禁止进口;(2)中国同意解除对美国加州等四州柑橘输华的禁令,同时美方承诺加快批准进口我国的园艺产品;(3)中国同意美国农业部批准的工厂向中国出口肉类,同时中方保留对美工厂抽查的权利。

农业一直是中美GATT和WTO双边谈判中争议最大的部门之一,这次终于能够达成协议原因是多方面的。第一,中美农业在资源方面的极大差异和互补性,意味着双方互利互惠合作存在广阔空间,合作协议的最深厚土壤在于它具有长期的经济合理性,符合两国人民的根本利益。第二,中国经济发展和国力增强为达成协议提供了有利条件。由于实行改革开放政策,我国经济实力不仅与改革前相比有了天壤之别,即便与1993年申请恢复GATT席位的第一次冲刺时期相比也有了显著增长,这使我们的贸易伙伴意识到把中国排除在WTO之外是一个机会成本很高的政策。第三,中国政府当时在进入WTO问题上坚持积极坚韧原则立场和灵活务实策略方针,终于在最强大和最挑剔的谈判对手一方得到初步认可。

《中美农业合作协议》的签署,表明中国农产品市场对外开放的程度将有较大地提高,从长远的趋势看,可以增加我国农业的竞争力,促进农业向优质、高产、高效方向发展。

当然,在一段时间内,会对我国农业形成一定的压力,这主要是由于两国农业生产效率以及人均自然资源的差距所造成的:美国是世界上最大的农产品出口国,其农产品以质优价廉而著称;长期以来,美国政府实行对农业补贴的政策措施;美国实行轮耕制度,有大量闲置的土地资源可供动用,增产的潜力很大。

改革开放以来,中国粮食生产水平已经大大提高,农业竞争力有了显著提高,可以在某种程度上抵消开放农产品市场后可能带来的消极影响。从积极的意义上分析,如何将面临的压力转变为动力,把握住机遇,抓好农业结构调整,提高农产品加工的附加值,是促进中国农业发展的关键所在。

案例 13.5

中美 TCK 小麦纷争

中美恢复正常经贸关系后,小麦一直是我国进口的重要的美国商品。当我国多次检验出 TCK 后,自 20 世纪 70 年代初就明令禁止从美国疫区(西北部)购买小麦,中美双方为此产生争执,中国十几年没有从美国进口疫麦。

1992 年中美市场准入谈判中,美国以此事提出市场准入要求。1993 年美国农业部部长访华,中美双方组成工作组探讨美国西部小麦以及防止 TCK 传入中国等问题,未能达成一致。美国认为中国设置技术性贸易壁垒,要求我国修改 1992 年 9 月农业部公布的《进境植物危险性病、虫、杂草名录》等检疫法规,准许美国疫麦进入中国市场,并将中国列入"超级 301 条款"①黑名单中的"观察国家类"(watch list),导致中美动植物检疫争端的复杂化。

---

① 美国《1988 年综合贸易法案》将《1974 年贸易法》中的"301 条款"修订为"一般 301 条款"、"超级 301 条款"和"特殊 301 条款"。"超级 301 条款"用于解决市场准入问题,规定每年 4 月 30 日以前,美国政府确定一份在自由贸易方面做得不够的国家名单,并向国会提出报告,然后在规定时间内谈判解决,否则美国要进行报复。

在《中美农业合作协议》中,我国在 TCK 问题上作出了一定让步,但不是放弃通过动植物检疫保护我国农业生产的原则立场,而是在控制 TCK 传入的方法上做了务实有效的调整。以前的禁运政策一定程度上以"零风险"要求为假想目标。实际上,由于美国国内谷物流通系统未对 TCK 小麦隔离,即便我国实施禁运政策,也不能根除 TCK 小麦在美国国内与其他产地小麦混杂后出口到我国;我国近年海关检查发现不止一起美国进口小麦包含受 TCK 感染样本,说明产地禁运政策并不能保证实现"零风险"目标。控制 TCK 风险,必须通过加强海关检查;发现受到 TCK 感染的小麦立即用可靠方式处理。依据这一思路,我国同意解除对太平洋西北部七个州的小麦进口禁运;今后将加强对美国进口的粮食和其他农产品的海关动植物检疫,一旦发现 TCK 小麦就转运到海南省处理加工。这样安排合理性在于:第一,海南不具备小麦生产的气候条件,TCK 对当地农业生产没有危害。第二,TCK 小麦加工后食用对人类健康无害,所以对消费者没有不利影响。第三,海南地理位置与可能传播 TCK 的北方小麦产区(主要是西北和东北部分地区)海峡相隔并距离遥远,因而能够把 TCK 传播机率控制到最低水平,从而有效实现保护我国小麦生产免受 TCK 危害的目标。

附

从美国的"粮仓"——伊利诺伊州体验中美农业合作的基础

2009 年 3 月至 2010 年 3 月,在中国国家留学基金项目支持下,我在美国伊利诺伊州访学了一年。这一年的收获如此丰硕,不仅是学术,还有这片"林肯的土地"那份淳朴、敦厚、友善、热情的人文环境的熏陶,令我宾至如归。

我住在南伊利诺伊大学的校园里,门前和窗外的大草坪上和绿树丛中,经常有一家三口的鹿、胖乎乎的獾熊、灵巧的小蜂鸟来做客。校园里松鼠常常摆出各种姿势让我们拍照,"春江水暖"时野鸭成群结队地在冰雪初融的湖面上嬉戏……这一切让我深深感受到人与自然的和谐之美。

我的邻居是一位农场主的女儿,她的父母经营着广袤的玉米地,于是我们经常可以吃到她亲手为我们烤糊的玉米。春末夏初,校园里便开始了种植活动(gardon),我们俩成了先锋:她可以展示自己的绝活,而我则想在祖国 60 周年国庆时在这片肥沃的黑土地上种上中国的花园。从未务过农的我,凭借一份赤子的真诚和辛勤,以中国的爆竹红、中国国旗的颜色(红与黄)为主流色,种出了被大家公认为"最美丽的花园"。新中国 60 周年国庆的那一天,站在这片花园前,我由衷地感受到中美文化和精神的默契与交融。中美农业合作的坚实基础既来源于气候、土壤等物质条件,也扎根于人文精神的共鸣。

在学校组织下，我们参观了伊利诺伊州的北美野牛农场。一望无际的、肥沃的多汁草原，天然放养着这些无忧无虑的动物。听说它们到生命的极点时会享尽人间的快乐，农场主会给它们听音乐、吃最喜欢的食物……

休息时间，学校师生一起去国家公园，年逾八旬的老教授也不例外。美国人对国家公园非常珍爱，并会将落在地上的种子捡拾起来，找个合适的地方种上。"众人拾柴火焰高"，伊利诺伊的"绿洲"之美得益于人们对环境的爱护。

[本章小结]

通过本章学习，应熟悉和了解国际农产品贸易的相关规则，理解中国农业发展的政策举措，进一步思考中国农业未来的蓝图。世界贸易组织的规则中允许政府对农业采取绿箱政策等合理的干预和支持，这也是国际通行的做法，"入世"以来中国通过实施社会主义新农村建设的措施推动农业的发展，更好地实现与国际接轨。

[思考题]

1. 面对"入世"的挑战，中国农业最大的难题是什么？其解决的前景如何？
2. 结合我国实际，如何理解农产品贸易制度下关税政策的作用？

第十四章 纺织品与服装贸易制度

[**本章概要**]　本章介绍了世界贸易组织的《纺织品服装贸易协议》对过去长期实施的《多种纤维协定》"双边配额制"的主要修订及其影响,并着重分析了中国纺织品服装业的发展现状、面临的国际竞争形势及其对策。中国已成为世界最大的纺织品服装出口方,国际纺织品服装贸易制度的变革对中国外贸必然产生重要的影响。

国际纺织品与服装贸易长期游离于 GATT 管辖范围之外。1961 年 7 月 GATT 召开了世界纺织品进出口国会议,签订了第一个国际性多边棉纺织品协议——《国际棉纺织品贸易短期安排》,它实质上是低收入国家对棉纺织品进口国实行 20 多种棉纺织品的自愿出口限制(VER),其有效期为一年,即 1961 年 10 月 1 日到 1962 年 9 月 30 日。1962 年又签订了《国际棉纺织品贸易长期安排》,规定了参加国协调彼此棉纺织品贸易的框架,有效期为 5 年,1967 年和 1970 年延长过两次,1973 年时成员国有 82 个。1972 年 6 月,GATT 成立了纺织品工作小组,1973 年工作组提交了一份工作报告,成为签订《多种纤维协定》(MFA)的依据。《多种纤维协定》1974 年 1 月 1 日正式生效,内容包括棉、毛、人造纤维和植物纤维产品贸易,其有效期为 4 年,后经过 1978 年、1982 年、1986 年三次延长。《多种纤维协定》规定了"双边配额制"[①]:即进口方可实行有弹性的配额,并确保配额下供应方的出口年增长率不低于 6%;并规定了"合理背离"条款和"反急增"条款为进口方背离承诺和实行特殊保护提供了依据。

第一节　《纺织品与服装协议》

乌拉圭回合经过艰苦的谈判,终于达成了《纺织品与服装协议》(以下简称《协议》)。该《协议》包括 1 个序言、9 个条款和 1 个附件,从七个方面规范了国际纺织

---

① 参见第九章图 9.6。

品与服装贸易。

一、一般规则

（1）适用范围是以《协调商品名称及编码制度》规定的六位数的纺织品和服装分类清单为基础。

（2）鼓励《协议》各成员方进行持续的自动的产业调整，以增强其市场竞争力。

（3）最不发达国家享有特殊待遇。

二、一体化进程

采取逐步渐进方式实现贸易自由化目标，给予纺织品进口国与出口国均有一调适期，分三个阶段将纺织品贸易回归 GATT 规范。

第一阶段，从 1995 年 1 月 1 日起，成员方应将《协议》附件中所列产品的 1990 年总进口量的 16% 纳入 GATT 1994 体系中。

第二阶段，1998 年 1 月 1 日，上列比率提高到 17%。

第三阶段，2002 年 1 月 1 日，上列比率提高到 18%。

2005 年 1 月 1 日，将《协议》附件中全部产品纳入 GATT 1994 的调整范围。此时，《ATC 协议》自动退出历史舞台。

三、自由化进程

各成员方应逐渐取消与 GATT 1994 相违背的有关措施。并对允许存在的双边协议限制水平的增长率作出了规定：

（1）《世界贸易组织协定》生效之日起至其后的第 36 个月，不得低于 1995 年 1 月 1 日前的 12 个月因实施《多种纤维协定》而确定的增长率，并应提高 16%；

（2）第 37 个月至第 84 个月，在前者基础上，再增长 25%；

（3）第 85 个月至第 120 个月，在前者基础上，再增长 27%。

四、反舞弊措施

对于通过转运、改道、谎报原产地、伪造正式文件等方式规避对《协议》执行的舞弊行为，各成员方在符合其国内法律法规的前提下，应进行充分合作，并在可能的范围内交换有关资料和提供方便，以处理因舞弊而引起的问题。若有争议，可提交 WTO 纺织品监督机构（Textile Monitoring Body, TMB）[①]。

---

① TMB 是由 WTO 货物贸易委员会设立的监督机构，由 1 名主席和 10 名委员组成。其主要职责为：第一，监督《协议》的执行；第二，应成员方的要求，对有关问题或争议进行审议，并提出建议或调查结论；第三，协助货物贸易理事会定期审查纺织品和服装一体化各阶段实施情况并提交综合报告。

五、过渡性保障机制

在渐进自由化的过程中,对于尚未回归 GATT 之未设限项目部分,若能证明某一特定产品的大量进口已造成境内相同或类似产品的工业受到实际威胁或严重损害,则进口方可对该进口产品采取相应措施。但采取措施前,应提供为期 60 天的磋商机会,若未能达成协议,成员方可在之后的 30 天内实施相应措施,并将措施通知 TMB。措施实施时间最长为 3 年,或直至该产品纳入 GATT 1994 管辖为止,两者以先到期者为准。过渡性保障措施的特点是可以在"成员对成员"的基础上进行。

六、市场准入要求

(1)通过削减关税和约束关税,减少或取消非关税壁垒,便利海关、行政和许可证手续等措施,实现纺织品和服装产品市场准入状况的改善。

(2)通过实施倾销和反倾销的规则和程序、补贴和反补贴以及知识产权保护,确保纺织品和服装贸易在公平合理的条件下进行。

(3)在实施一般贸易政策时应避免对纺织品和服装进口造成歧视。

第二节 中美、中欧纺织品贸易摩擦及谈判

长期以来,纺织品服装是中国最具竞争力的出口产品之一。随着中国成功"入世"及纺织品配额的全部取消,中国纺织品服装的出口量呈现强劲的增长势头。美欧是主要的进口市场,美国是世界最大的纺织服装进口国家,频繁的贸易往来使中美、中欧之间的贸易摩擦不断发生,在《纺织品服装协议》所规定的配额取消之际摩擦更有升级。

一、中美、中欧纺织品贸易摩擦

2003 年 11 月 18 日,美国纺织品协议执行委员会作出了对从中国进口的针织布、胸衣、袍服三种纺织品提出磋商请求的决定,意味着对这三种纺织品设立新的配额限制。2004 年 10 月 22 日,美国纺织品协议执行委员会正式作出对中国产 11 个税号的袜类产品采取特别限制措施的决定;该年美国发动 12 起纺织品特保措施调查,同时继续对中国针织布、袍服、胸衣 3 种纺织品进口设限。2005 年 4 月 4 日,美国启动纺织品设限第一步,美国纺织品协定执行委员会(CITA)宣布,对中国棉织衬衫及上衣、棉质长裤以及棉质和人造纤维内衣三类产品展开调查。2005 年 5 月 13 日,美国商务部长宣布,决定对棉质裤子、棉织衬衫和内衣裤三个类别的中国服装重新实行配额限制,进入美国市场的数量当年最多只能增长 7.5%。2005 年 5 月 18

日,美国追加对中国男式儿童纯棉和合成纤维梭织衬衫、合成纤维裤子、合成纤维针织裤子和精梳纯棉纱线4个类别设限。

2005年1月10日,继土耳其宣布对中国42类纺织品启动"特保"措施后,欧洲纺织服装协会(Euratex)宣布对5至6类来自中国的纺织品提起"特保"申请。2005年4月6日,欧盟委员会公布了对中国纺织服装类产品实施"特保"措施的方针,明确了欧盟启动纺织品"特保"措施的必要条件、相关程序和相应措施。2005年5月17日,欧盟贸易委员曼德尔森称,欧盟要对从中国进口的T恤和麻纱两类产品启动"紧急特保"程序,并就相关问题和中国方面进行正式磋商。2005年5月27日,欧盟启动对中国两项纺织品的"特保"程序,虽然有15天磋商期,但已经开始总量限制。

2005年1月1日,中国开始对148项纺织品征收出口关税。2005年3月,中国对纺织品出口实行"自动许可证制度",开始建立以出口数量为核心的风险预警机制。2005年5月22日,中国宣布自6月1日起大幅度提高74种纺织品出口关税税率,多数纺织品的税率为原来的五倍。针对美欧的贸易保护主义措施,2005年5月30日,中国宣布自2005年6月1日起对中国纺织品的出口关税进行进一步调整的决定:规定对2005年1月1日开始征收出口关税的148项纺织品中的78项产品停止征收出口关税,原定于2005年6月1日提高或降低出口关税的相关产品同时取消。美欧的贸易保护主义迫使中国降低出口关税以作应对,双方的贸易摩擦一度白热化。

二、中美、中欧纺织品服装谈判

2005年6月11日凌晨,经过紧张的10小时谈判,中国和欧盟就纺织品贸易问题达成《中欧谅解备忘录》,在最后时刻避免了一场迫在眉睫的贸易战,化干戈为玉帛。这次谈判取得三大重要成果:一是争取到了较好的纺织品出口基数和合理的增长率,二是以较小的代价争取到了一揽子安排,三是促使对方承诺克制使用我国在加入世贸组织时承诺的242段条款,在世贸组织各成员中率先打开一个缺口。这一协议的达成,体现了中国政府为最大限度地保障我国纺织企业的利益而积极磋商、解决贸易摩擦的诚意,有利于为中国和欧盟相关企业创造积极、稳定、可预见的贸易环境,促进中国纺织品对欧出口有序增长。同时,中欧通过协商解决纺织品贸易争端,也为中国与其他国家通过协商解决贸易争端,提供了示范作用。

2005年11月8日,经过七轮纺织品服装贸易谈判,中美达成《关于纺织品和服装贸易谅解备忘录》,2006年1月1日正式生效,2008年12月31日终止。根据双方达成的协议:美国将在协议期内对中国向美国出口的棉制裤子等21个类别产品实施数量管理,包括11个类别服装产品和10个类别纺织产品;协议产品2006年基数基本上是2005年美国从中国的实际进口量,2007年和2008年基数均为上一年度全年协议量;协议产品2006年增长率为10%—15%,2007年为12.5%—16%,

2008年为15%—17%。美方还承诺:对协议外产品,将克制使用《中国加入WTO工作组报告书》第242段条款;对协议签署日之前因242段设限造成的卡关货物立即放行,不计入协议量。

三、美欧不断推进纺织品服装地区保护主义

在中美、中欧纺织品贸易摩擦和谈判的进程中,美欧区域合作不断扩大的影响不容忽视。2000年5月8日美国总统正式签署《与非洲和加勒比贸易法案》,这是美国继1994年批准统一成立世界贸易组织法案之后,采取的又一个重大贸易举措。该法案涉及非洲48国(撒哈拉以南),加勒比及中美洲25个国家,主要在纺织品和服装方面给予这些国家优惠待遇,将于2000年10月1日生效。法案给予这些国家更多机会进入美国市场。对于加勒比及中美洲地区:用美国面料生产的服装免配额和关税(目前服装进口平均关税为17%);用美国纱线在该地区织成面料并加工的针织服装(袜子和衬衫除外)免配额外负担及关税,但全年限量2.5亿等量平方米,每年有一定幅度的增长。对于非洲:用美洲面料生产的服装免配额和关税;用当地面料(无论纱线来源)加工的服装免配额及关税,但全年不超过上年美国服装进口总量的1.5%;不发达国家生产的服装(无论面料来源)免配额及关税,但仅限于人均GNP低于1 500美元的不发达国家,这一范围包括整个撒哈拉以南的绝大部分国家(不包括博茨纳、加蓬、毛里求斯、纳米比亚、塞舌尔和南非)。

《与非洲和加勒比贸易法案》推动了美国棉纱和坯布对加勒比地区的出口,扩大了美纺织原料的出口,同时还可以提高美国在加勒比地区的市场占有率,美国内纺织生产商将会因此受益。美国服装成衣制造业可利用加勒比地区的廉价劳动力为其生产中低档服装,以降低成本,提高其服装业的竞争力。该法案的通过将有利于非洲及加勒比地区及中美洲有关国家增加对美出口,改善经济状况,尤其是对南非等具有一定规模面料生产能力的较发达国家极为有利。

近年来签署的《韩美自由贸易协定》对于纺织品服装贸易也有专门的规定:实行"纱源头原产地规则",为韩国的服装产品提供了优先进入美国市场的权利,同时也增加美国面料、纱线的出口以及这些行业的工作机会;加强两国间的合作,杜绝迂回出口(中国和东南亚产等低价产品通过韩国出口到美国)。

2004年以来,欧盟在持续东扩的过程中,对于新纳入的12个成员国提供了更密切的纺织品贸易合作机会和市场空间。

中国纺织品服装出口传统上主要以中低档廉价产品为主,缺乏出口商品牌,单位出口附加值低,出口市场主要集中于中国香港、日本、美国、欧盟、韩国,出口情况受上述市场的变动影响很大,增加了贸易的不稳定性。随着非洲和加勒比地区、新增欧盟成员国对美欧出口的逐步增长,中国在美欧市场份额会受到一定的影响,国

际市场上的竞争也会越来越激烈。但另一方面,中国纺织品服装业面临压力的同时,也在一定程度上有新的机遇:例如中国棉花资源占世界总产量的23.85%,具有世界第二位的化纤资源,而且劳动力资源丰富,在我国发达城市纺织业初级加工不景气的同时,可积极开拓非洲市场,扩大对非洲地区纱线出口;另外,在国家鼓励企业到海外投资设厂的政策支持下,有能力的纺织品服装企业可以到非洲及加勒比海地区设厂生产,以满足当地消费者的需求。

第三节 后配额时代中国纺织品服装业的发展

WTO总干事拉米2010年10月15日在巴黎的法国参议院发表的演讲中指出:应当以新的视角看待国际贸易,应重视一个客观现实,一件商品从原料、设计、中间产品、组装遍及全世界。在全球化生产和消费的时代,任何针对中国的贸易保护主义做法损害的将是前后关联的各方。被网易"读书书库"推荐为最佳财经书籍的《一件T恤的全球经济之旅》揭示了一件看似普通的T恤背后隐藏的政治经济利害关系,折射出自由贸易和保护主义倾向如何改变着这个纷繁复杂的世界。这本书生动地描绘了中国如何将从美国进口的棉花加工成T恤;揭示了这些T恤沿墨西哥湾经巴拿马运河进入美国市场经历的千难万险("尽管美国国会、工业领袖和议员竭尽全力阻挠,尽管有配额和关税的存在,还是有价格最低廉、质量最上乘的中国T恤进入美国市场");最后,美国人穿过的T恤被装进大集装箱里,运往非洲。

一、中国纺织品服装业的优势

经过长期不懈努力,纺织服装产业已具备规模经济、配套生产、质优价廉的专业劳动力资源等优势。进入后配额时代以来,中国纺织工业抓住了重要战略机遇期,更加充分地发挥中国人力资源优势和产业体系完整、结构不断调整的优势,大规模吸引先进技术、资金和先进管理经验,同时积极提高企业研发创新能力,开拓国内国际两个市场,呈现出快速发展的良好局面(见表14.1—14.4)[①]。

表14.1 纺织行业工业生产总值情况表

(单位:亿元)

	纺织全行业	棉纺行业	化纤行业	服装行业
2005年	20 632	5 301	2 608	4 975
2006年	25 138	6 522	3 206	6 159
2009年	37 980	10 077	3 925	10 435

---

① 本节表格数据来自中国纤检(http://china.toocle.com),2011年1月14日。

表14.2 纺织行业进出口贸易情况表

（单位：亿美元）

	出口	进口	贸易差额
2005年	1 175	171	100
2006年	1 471	181	1 290
2009年	1 713	169	1 544

表14.3 纺织行业固定资产投资情况表

（单位：亿元）

	全国	东部	中部	西部
2005年	1 660	1 254	295	111
2006年	2 059	1 476	431	153
2009年	3 102	1 766	1 077	259

表14.4 全球贸易格局基本情况

（单位：亿美元）

	2005年	2007年	2008年
全球	4 815	5 862	6 121
中国	1 152	1 712	1 852
印度	169	195	211
印尼	83	97	100
日本	74	76	79
墨西哥	94	74	69
巴基斯坦	107	112	111
泰国	68	72	75
土耳其	189	228	230
美国	174	167	169
欧盟27国	1 559.39	1 869.50	1 925.82
俄罗斯	6.52	7.04	7.00

中国纺织品服装产业拥有强大的上下游配套能力，为积极参与国际竞争提供了有力保障。中国纺织服装产业链门类齐全、配套协调、布局合理。从上游的纺纱、织布，到下游的服装制作以及其他纺织品加工，我国的产业链完整，生产能力均衡，配套到位，这是不少国外同行业竞争者所望尘莫及的。我国纺织服装产业上下游配套、均衡的生产构架和能力可以保证在今后的国际贸易活动中，继续凸显多点出击的优势，整个产业链的各个环节，特别是纺纱、坯布织造与整理、服装成品加工和其他纺织品生产方面，都可获得大量订单，这是一些已具备了低价劳动力和一定原材料资源的国家一时难以做到的。

"十二五"期间，量的增长不再是重点，纺织行业发展的新思路强调劳动生产率的提高、渠道的建设、完善设计体系、品牌建设以及加大技术纺织品发展力度。纺织行业新的发展方向是高性能、高仿真、功能性新型材料的发展及应用,回收再利用技术,系统集成技术。"以人为本"观念和发展理念,低碳、节能环保的发展模式,以及新型能源产业的发展都将给纺织品服装产业创造新的空间。

二、中国纺织品服装产业面临的挑战

首先,新型贸易保护壁垒对中国纺织品服装产业造成了不容忽视的影响。进入21世纪以来,纺织品服装出口遭受技术性贸易壁垒有增多的趋势:技术性贸易壁垒所涉及的领域已不局限于产品的外观属性,而是已经深入到产品的内在性能。

目前,涉及纺织品服装出口的技术性贸易壁垒主要有:

(1)欧洲生态纺织品产品及生产认证。主要的"生态纺织品"认证以 Oko-Tex Standard 100(即欧洲生态纺织品标准100)为代表,其内容主要包括对纺织品进行最终检测项目和指标的确定。检测项目规定了在纺织品中禁止或限量使用已知的或可能存在的有毒有害物质,共计14个大项42个小项,具体包括:pH值、甲醛、可萃取(游离)重金属、杀虫剂、五氯苯酚及氯化甲苯系列、PVC增塑剂、有机锡化合物、有害偶氮染料、致癌致敏染料、抗微生物整理剂、阻燃剂、色牢度、挥发性物质、气味等,并提出了禁用和限量使用的指标要求。目前欧盟在纺织品和服装领域主要标示两种绿色标签,即欧盟"生态标签"和"生态纺织品认证"。前者是欧盟制定的,后者是国际纺织品生态研究检测协会制定的。欧盟为此还制定了生态标签认证标准(Eco-label)和生态环保纺织品标准(Oeko-Tex Standard 100),这些标准已成为鉴定绿色纺织品服装的重要国际标准,主要是要求相关生产企业实现生产过程"清洁化"和产品的无毒、无害。"生态标签"的标准涉及纺织品原料、生产、产品本身和耐用性等多方面,"生态纺织品认证"主要关注纺织品本身,前者比后者的要求更严格。2005年配额取消后,在国际贸易活动中以生态环保和安全健康为主要内容的技术壁垒将更加成为发达国家限制发展中国家纺织品服装出口的主要工具,也将在相当长一段时间内成为制约我国纺织品服装出口的瓶颈。

(2)ISO 14000 国际环境保护体系认证。该认证标准是以环境保护内容为核心,更多地强调企业对共同生活的地球环境所应该承担的义务。欧共体已仿效德国对进口纺织品、服装设立严格的环境标准,对进入其市场的纺织品服装实行无公害检验合格证的规定。我国作为纺织品服装的生产、出口大国,对外贸易有一定的优势,但是由于受生产工艺落后及残留的有毒有害物质问题的困扰,一时难以达到发达国家规定的严格的环保、生态标准要求,出口受阻已成现实。

(3)SA 8000 社会责任体系认证。SA 8000 标准认证更强调企业应承担的社会责任,要求企业在赚取利润的同时,要承担保护环境和劳工群体利益的具体责任,确保生产经营活动的合法性,并有利于社会的稳定。自 2004 年 5 月 1 日起,部分欧美国家已开始对进口产品生产企业强制实行 SA 8000 标准认证,不少国外订货商下达生产任务单前,都要求到企业实地考察。这无疑增加了企业承接出口任务的难度。

为积极应对新型贸易壁垒,企业首先必须提高质量意识和产品达标能力,要按国际上通行的技术要求和规则组织生产。目前国际市场越来越注重产品的品质,在贸易谈判中先谈的往往是品质要求和达到品质要求的能力,接下来才是价格问题。同时要提升生产企业内部的管理水准,进一步跟上和适应国际贸易要求。

其次,中国纺织品服装贸易的地区发展存在不平衡,如表 14.5 所示。

表 14.5 纺织行业固定资产投资占比情况表

(单位:%)

	全国	东部	中部	西部
2001 年	100	75	16	9
2005 年	100	76	18	7
2006 年	100	72	21	7
2009 年	100	57	35	8

2009 年地区发展不平衡的问题得到了较大幅度的改善,这得益于中国的加工贸易政策的重大调整。2007 年 7 月 23 日,国家商务部和海关总署联合发布公告:从 8 月 1 日起对加工贸易政策做出重大调整。按照公告,一批新的商品被列入加工贸易限制类目录,主要涉及纺织纱线、布匹、塑料原料及制品、家具等劳动密集型产业,共计 1 853 个商品税号,占全部海关商品编码的 15%。此次设限针对的主要是"两高一资"(高耗能、高污染、资源性)产品。对于限制类商品,东部地区将不批准设立新的加工贸易企业,现有企业可以继续从事加工贸易业务,但须按规定缴纳台账保证金。其中 A、B 类企业(即依法经营,没有走私违规行为的企业)缴纳 50% 台账保证金,C 类企业缴纳 100% 台账保证金。在中西部地区,可以继续设立新的加工贸易企业,其 A 类和 B 类企业实行保证金台账"空转"管理。

再次,原材料及能源问题的制约影响。就棉花而言,目前国内市场价格逐年攀升,进口量持续增加,进口价格也居高不下。化纤价格则受到世界石油价格上涨的影响也处于高价态势。这些情况直接导致纺织服装产成品利润空间缩小,给企业成本控制增加了不少难度。电力等能源紧张问题也困扰着纺织服装企业。

应对原材料和能源问题的策略是:适应市场配置需求,加大行业整合的力度,让有限的资源流向规模合适、技术领先、管理规范和效率效益俱佳的企业。事实上,目前在国内纺织业已经与钢铁、电解铜、水泥等行业一起被国家列入重点调控的产业。

最后,美欧等主要纺织品服装进口国家和地区的区域合作产生的贸易转移对中国纺织品服装出口形成竞争压力(参见上一节"美欧不断推进纺织品服装地区保护主义"的相关分析）。

三、中国纺织品与服装产业的竞争策略

后配额时代中国纺织品与服装产业的发展机遇与挑战并存,能否及时把握机遇、应对挑战,取决于竞争策略的抉择。

1. 提高产品档次,创世界名牌

产品档次的提高有赖于其科技含量的提高以及加工的精、深、细程度,必须注重企业的技术改造、切实提高经营管理水平、实行集约化经营。

2. 实行贸易与投资并重的纺织品及服装出口战略

为绕开区域贸易集团对外歧视性贸易壁垒,许多国家和地区纷纷采取直接投资的方式。如中国台湾年兴纺织公司已投资在墨西哥建立纺织厂,主要生产牛仔布,该项目1998年装机投产,计划5年内投资总额将达1.2亿美元。香港"Fountain Set"纺织公司也正计划在墨西哥北部城市阿瓜斯卡连特斯投资1.5亿美元兴建一座纺织厂,从事布料及针织品生产。我国应借鉴这些经验,着力培养一些纺织品和服装业的跨国公司、企业,重点投资于作为我国出口主要市场的区域贸易集团,实行从纺纱织布到成衣制作一条龙式就地生产经营,有效占领区域贸易集团内的市场份额。

3. 适应服装快速反应的发展趋势,大力开发电子商务,拓展市场空间

服装快速反应是世界服装业的发展趋势,它有三个基本特点：

第一,提高企业对消费者需求的敏感程度。其基本做法是实现商品的条形码化,利用数据电子传输和柔性加工系统等现代信息与控制手段把生产商和销售商联合在一起,实现自动补货和理货到位。

第二,标准化。标准化是快速反应的通用语言,美国服装与制造商协会经过十年的努力,已取得了实质性进展,并已得到应用。

第三,网络化经营。快速反应促使大量零售业合并,形成了巨大的销售网络;同时,跨国界的众多生产商、销售商、供应商、设计商等组成快速反应网络有利于选择最好的商业机会;决策辅助支持系统帮助作出最有利的经营决策;大规模存货型生产被小批量快速反应生产所取代,"零库存"[①]生产方式减少了资金占用和存货损失。

美国65%的服装企业加入了快速反应,快速反应增强了美国纺织品和服装企业的竞争力,而墨西哥等中美洲发展中国家参加美国的快速反应系统也得到了显著利益。我国纺织品和服装产业从长远利益出发,必须顺应国际市场发展趋势,大力发展电子商务、发展服装快速反应系统,才能在竞争中赢得胜利。

---

① 参见萧琛,《全球网络经济》,华夏出版社1998年版。

[本章小结]

通过本章学习,应了解世界贸易组织在纺织品服装贸易领域的主要规则,更加全面深入地思考和分析中国纺织品服装出口面临的机遇和挑战。"双边配额制"的取消使纺织品服装的出口方面临更多的贸易机会,但出口方之间的激烈竞争、主要进口方市场对中低档商品需求的相对下降,以及主要进口地区的区域合作对集团外产品产生的排斥和歧视性,都是不容忽视的现实挑战。

[思考题]

1. 网络经济与中国纺织品与服装产业的发展前景之间有何联系?
2. 试析"双边配额制"取消对中国纺织品服装出口的影响。

第十五章 与贸易有关的投资措施制度

[**本章概要**] 本章介绍了世界贸易组织的《与贸易有关的投资措施协议》,以及中国面临的机遇和挑战。本章系统分析了该协议的基本原则、例外条款和主要管理机构的职责,引用了一些现实案例阐释该协议涉及的法律问题及现实运用。最后,本章提出在该协议规则下,如何推动中国的海外投资,这也是当前中国商务部指出的中国外贸发展的重要论题。

投资措施是一国政府为贯彻本国的外资政策,针对外国投资的项目或企业采取的鼓励与限制措施的总称。鼓励措施主要有:关税减免、加速折旧、优惠提供信贷或直接给予资金补助、外汇管制方面给予优惠等。限制措施主要有:当地股权要求、外汇管制、国内销售要求、贸易平衡要求、当地成分要求、出口要求、进口替代要求、许可证要求、制造要求等。

与贸易有关的投资措施指针对贸易流向和贸易本身、引起了对外贸易的限制或损害作用、违背《关贸总协定》有关规定的投资措施。这里的"贸易"仅指货物贸易。

第一节 《与贸易有关的投资措施协议》

乌拉圭回合达成了《与贸易有关的投资措施协议》(Agreement on Trade Related Investment Measures, TRIMs),其适用范围是货物贸易领域,主要内容包括:

一、国民待遇原则

案例 15.1

美国诉加拿大《外国投资审核法案》

1974 年加拿大通过该法案规定:在加拿大投资的外国公司必须向加拿大政府递

交投资项目建议书,其中应包括生产出口产品和购买加拿大产品,投资者应购买一定比例的加拿大产品或优先购买有竞争力的加拿大产品。加拿大政府虽允许投资者自愿选择是否接受该规定,但如果政府审查投资者计划不符合这一规定,又不愿承担义务,政府可以不批准投资项目。

这一法案实施后,美加经过多年磋商未能达成一致。1982年年初,美国向GATT提出申诉,认为这一规定违反了"国民待遇原则"。1982年3月GATT专家组成立,1983年11月专家组向理事会递交报告认为:加拿大政府把投资者购买加拿大产品作为批准投资的条件,这种做法使外国产品处于比加拿大产品不利的地位,而且购买加拿大产品与执行审核外国投资的法律并无直接关系。因此该规定违反了"国民待遇原则"。

GATT对这一案件的审理体现了WTO在相关问题上的原则和立场。

二、禁止实施的措施

1. 数量限制

其中包括三类:第一类,限制企业进口用于当地生产或与当地生产有关的产品;第二类,根据企业创收外汇数量限制其获得外汇,从而限制企业进口用于当地生产或与当地生产有关的产品;第三类,限制企业出口产品的数量或价值比例。

2. 其他限制外资企业生产经营及用汇的措施

例如"当地成分要求"、"贸易平衡要求"、"进口用汇要求"、"国内销售要求"等都作为禁止实施的措施。

三、例外条款

一般例外规定:GATT 1994的所有例外均适用于本协定;发展中国家例外规定:发展中成员方为保护新生工业和维持国际收支平衡,可以暂时背离有关规定。

各成员方在限期内取消与TRIMs不相符的与贸易有关的投资措施,其中发达成员方自WTO协定生效后过渡期为2年,发展中成员方5年,最不发达成员方7年。

四、透明度原则

(1)在世贸组织协定生效后90天以内,各成员方要将其正在实施的投资措施通知货物贸易理事会,但可能损害特定企业合法商业利益的信息无需披露。

(2)成员方应将可以找到的与贸易有关的投资措施的出版物通知秘书处以保证透明度。

五、与贸易有关的投资措施委员会

TRIMs 成立了与贸易有关的投资措施委员会,其主要职责有三项:第一项,管理的实施,并就此向货物贸易理事会提交年度报告;第二项,向各成员方提供有关该协议实施的协商机会;第三项,其他职责。

第二节　TRIMs 与中国"走出去"战略

中国《十二五规划纲要》第八章明确强调实施"走出去"战略,要求加快熟悉国际规则,加强国际交流与合作,推动工程咨询服务出口,提升行业国际影响力和工程咨询单位国际市场竞争力,培育一批品牌优势突出、具有国际竞争力的工程咨询集团(工程公司),实现国际国内两个市场协调发展。"十二五"规划重视"走出去"在转变外贸与国际收支结构方面的重要性,提出实施"走出去"战略调整中国两元结构的贸易生产体系。

一、TRIMs 的特点及影响

TRIMs 是贸易与投资相结合的协议。它第一次将投资问题纳入世界多边贸易的法律体制之中,打破了传统国际贸易与国际投资法律体系的分隔,揭示了国际贸易与国际投资的密切关系。中国是世界最大的贸易体之一,但面临频繁的贸易摩擦,以及美欧区域合作产生的贸易转移的影响。如何将贸易与投资相结合,将中国的贸易优势转化为进一步的贸易投资优势,开辟了进一步提升中国对外贸易发展地位的新途径。

TRIMs 作为 WTO 的协议,只约束政府行为,具体而言,是东道国政府。该协议没有约束外国投资者特别是跨国公司投资行为的规范,对于跨国公司的销售和市场配置战略、差别价格和转移定价、限制性商业做法等都不作规定。

TRIMs 促进了各国外资立法的统一性和公开性,为各成员方提供了一套统一的国际准则,并以此约束各成员方的外资立法。

TRIMs 只约束与货物贸易有关的投资措施,是原则性与灵活性相结合的协议,某些领域成为灰色区域。近年来,有的国家酝酿设立国家基金,防止本国企业被外国企业并购,这种保护主义的做法是否违反 TRIMs?中国在对外投资过程中,一直注重多边贸易体制、区域合作与双边关系相结合。中国已经达成一系列投资协议,例如中国—新加坡(2008)、中国—秘鲁 FTA(2009 年 12 月生效)、中国—东盟(2010 年 2 月 15 日生效)、中国—哥伦比亚 BIT(2010)、中国—中国台湾地区(ECFA 2010)。

二、中国"走出去"战略的特点和成效

中国实施"走出去"战略的着力点主要表现在两个方向：第一，大力发展国际工序分工体系中的中高端制造和服务代工能力。首先，注重在国内逐步形成中国企业为跨国公司提供零部件配套的综合能力。其次，通过实施"走出去"战略，形成区域提供跨境配套的能力，其中部分产品是对日、韩、港澳台企业为跨国公司全球生产体系提供配套工序或环节的替代，部分产品是中国企业自主发展起来的从事加工贸易的能力。目前，中国的海关特殊监管区域，如综合保税区、保税港区、出口加工区、保税物流园区等，正在转型升级为真正意义上的"境内关外"的自由贸易园区；下一步，则通过实施"走出去"，进一步转型为境外的出口加工区、境外保税物流园区或境外综合保税区，成为建立中国区域和全球贸易生产体系的重要部分。

第二，积极促进形成国际差异化分工体系中的中高端生产和服务的自主发展能力。加工贸易和一般贸易两个贸易生产体系之间的优势互补、合作互动、相互学习，形成了"中国特色"的贸易增长方式转型机制。

2002年以来，随着中国住宅、汽车、通信等领域的消费需求持续高涨，带动重化、装备、建材等产业的发展，进而拉动能源和资源进口以及对外投资的快速增长。2005年以来，中国海外投资额增长有明显加快之势，主要集中在中国需求增长最快的领域，如能源、矿业、工程承包及竞争优势较显著的领域。近年来，中国非金融类对海外投资额已超过500亿美元，呈逐步趋近外商对华直接投资规模之势。

中国企业对海外直接投资主要有绿地投资和跨国并购两种形式。绿地投资也就是新建投资。项目从征地、七通一平、盖厂房、安装设备、招聘工人和管理人员，直到产供销、内外贸模式的建成。跨国并购是通过收购和兼并境外资产的股权实现的。随着全球经济的开放，通过股权并购实现全球强强联合，打造全球行业内的巨无霸，成为国际竞争的新趋势。

中国加快对海外投资的基本动因主要基于：第一，通过扩大海外投资实现顺差的对外转移，减缓贸易摩擦；第二，通过海外直接投资扩张市场和企业经济规模；第三，投资开发利用国外的资源和本国短缺的生产要素，包括在国外市场乃至全球范围内配置企业供应链，通过跨国并购，带动中国优势产品的对外销售、售后服务和海外市场布局；第四，通过近4万亿美元对外金融资产的再配置，推动中国企业的贸易和生产体系"走出去"，同时带动银行、人民币、资本、研发能力走出去。

中国企业从事海外投资的形成了一些成功模式：第一类是我国有明显比较优势并成功转化为竞争优势的企业。如家电、轻纺和成衣、食品加工和轻工业产品、一些质量价格比有明显优势的机电产品，可以通过对海外投资在当地设立企业和机构，把国内过剩的生产能力、原材料及零部件带到国外市场，形成跨国经营的供应链条。

第二类是资本或资源密集型行业。国内需求增长强劲,带动海外投资建设能源和资源的长期稳定供应地,如油气、矿产、木材及纸浆生产基地。这类项目建设不仅会涉及采掘、加工、运输、仓储、销售、融资、投资方式等系统性投资问题;还会涉及国际政治、经济、技术和生态环境等不可预见性因素。目前,中国主要投资在非洲、拉美等地。第三类是具有一定技术门槛、研发和创新能力的新兴产业。如中兴通讯、华为、海尔、海信、联想、TCL等企业。它们通过对外投资寻求建立资讯、研发和设计、生产和销售等环节。这些企业最可能成长为中国的跨国公司。第四类是对外投资建设长期稳定的海外市场和需求源。这既包括生产型企业,也包括从事贸易、物流和分销的服务型企业,更包括现代农业企业的国际化。目前中国农业企业相继在俄罗斯、东南亚、非洲和中南美洲等地合资、合作办农场,建立了一批大豆、玉米、天然橡胶等农产品生产基地,当地生产、当地销售。

三、不断推进中国企业"走出去",积极探索海外投资的发展新模式

"十二五"是全球产业结构调整的关键时期,这一时期的重大战略机遇在于:第一,中国逐步形成跨国投资、跨境服务、跨境布局的竞争实力;第二,中国逐步把产品价值链的工序和环节延伸扩展到境外,形成跨境经营的综合竞争实力;第三,纺织、服务、箱包、鞋帽、玩具等传统产业可以通过对外投资建立境外开发区(境外经贸合作区),把产品的加工组装、销售网络、售后服务及产品设计开发等工序和环节延伸扩展到目标市场区。

"十二五"是全球市场需求不足、供给过剩的时期,企业实施"走出去"战略需格外注意:第一,在国内需求引导下全球优质要素将向中国集聚,东部地区成为统筹内外需求的新增长极。应依托国内竞争优势,实施经济国际化战略"走出去"。第二,积极发展跨境服务贸易和投资。第三,跟随国家自由贸易区战略"走出去"。第四,把握参与国际合作与国际竞争的机遇,逐步建立中国对外金融投资组合、对外直接投资组合和战略性资源储备组合的合理结构,将外汇流量资产转换为战略性资源的存量资产,加快推进人民币区域化和"走出去",加快推进生产国际化进程,研究制定适用于新兴经济体和发展中国家不同发展阶段的绿色标准、就业机会创造标准、扶贫标准、市场开放及商业和金融监督标准等体制机制,鼓励低碳、绿色、透明、包容性发展。

[本章小结]

通过本章学习,应明确世界贸易组织《与贸易有关的投资措施协议》的国民待遇原则、透明度原则、禁止数量限制原则等基本原则及例外条款,深入思考中国在该协议下的机遇和挑战。当贸易保护主义盛行时,直接投资通常可以作为冲破贸易壁垒

的有效的工具。熟悉和掌握国际规则，有助于更好地综合运用贸易和投资的手段，推动世界贸易的发展。

[思考题]

TRIMs给中国提供的机遇和挑战是什么？

第十六章 服务贸易制度

[**本章概要**] 本章介绍了服务贸易的形式、类型和各种保护措施,以及世界贸易组织的《服务贸易总协定》和中美服务贸易合作协议的基本情况。乌拉圭回合将服务贸易纳入到多边贸易体制管辖范围之内,该领域日益成为现代国际贸易的重要论题。服务贸易有着独特的运作方式和保护措施,而且涉及一些重要而敏感的问题,是应当引起高度重视的领域。

第一节 服务贸易概述

一、服务贸易的形式和类型

1. 形式

WTO运行机制下将国际服务贸易分为四种形式(假定A是服务的提供方,B是服务的消费方,→代表移动方向):

第一种,跨境提供(cross-border supply),即 A→B

A、B都不移动,服务产品从A流向B,其典型的代表是国际电台;

第二种,境外消费(consumption abroad),即 A←B

A不移动,B移动到A方消费,其典型的代表是国际旅游;

第三种,商业存在(commercial presence),即 A→B

B不移动,A以服务实体的方式移动到B提供服务,其典型的代表是跨国银行在东道国设立分行;

第四种,自然人移动(movement of personnel),即 A→B

B不移动,A以自然人的身份移动到B提供服务,其典型的代表是管理人员的流动。

在WTO《服务贸易总协定》(GATS)中,服务业被分为12大类,即:(1)商务(法律、计算机、研究开发、房地产、租赁、广告、咨询等);(2)通信(邮电、电信、视听等);(3)建筑;(4)销售;(5)教育;(6)环境卫生;(7)金融(银行、保险);(8)健康与社会;(9)旅游;(10)文娱体育;(11)运输;(12)其他。

二、服务贸易的保护措施

WTO将服务贸易的保护措施分为两大类:

1. 影响市场准入的保护措施

(1)服务产品移动壁垒,诸如数量限制、政府采购、落后的知识产权保护体系等。

数量限制。如欧盟规定至少60%的电视节目来自欧盟成员国;巴西规定其电影院每年至少140天播放巴西电影。

政府采购。如美国海运法规定,3/4的美国政府货运和所有军事货运必须使用悬挂美国国旗的船只。根据美国与阿根廷、巴西和中国签订的双边海运协定,40%的双边贸易运输应留给悬挂美国国旗的船只,40%留给贸易伙伴国,其余20%留给第三国贸易伙伴。

落后的知识产权保护体系。如美国政府估计,每年外国盗版的影视片使美国娱乐业出口损失约10亿美元;大约80%的影片不能从票房收入中收回成本,即使加上出口,也有约60%不能收回成本。

(2)资本移动壁垒,例如实行外汇管制(限制外汇售卖或采取外汇购买许可证制度),或限制外国投资者将投资收益汇回母国(这种做法普遍存在于建筑业、计算机服务和娱乐业中)。

(3)人员移动限制,如工作许可制度和本地成分规定等。

工作许可制度。如加拿大实行工作许可制度,美国在加拿大的分公司如要维修设备,哪怕美国公司的技术人员就在1公里外的美国境内,它也只能从更远的地方或花更长的等待时间雇用有工作许可证的加拿大维修人员。

本地成分规定。如巴西规定:专业人员开业必须接受当地教育或培训。澳大利亚规定:做广告电影片至少要有4个澳大利亚人组成的小组来完成,其中1名必须来自澳大利亚演员联合会。

(4)开业权壁垒(生产者创业壁垒)。

2/3的美国服务厂商认为这是他们面临的最主要壁垒,它包括:商业经营和服务范围的限制以及经营业绩要求等。如日本一度要求凡参加其建筑工程招标的投标人必须有在日本施工的经验。这一政策使得20世纪60年代中期以后没有一家外国公司赢得主要的建筑工程合同,因为外国施工队很难取得在日本施工的机会。在美国的压力下,1988 年日本放弃了这一要求。

2. 影响国民待遇的保护措施

首先表现为歧视外国服务提供者。如日本要求外国货运者要通过一系列仓库转运其货物,而日本航空公司承运的货物只要通过一个仓库就可以了。

其次表现为以补贴等方式扶持本国服务提供者,补贴的效用可以用生产补贴等值(PSE)来衡量。

$$\text{PSE} = \frac{E_g}{E_m} = \frac{Q \cdot (P_d - P_w \cdot x) + D + I}{Q \cdot P_d + D}$$

E_g 是政府转移总价值;E_m 是服务生产的总价值;Q 是服务供给量;P_d 是服务的国内价格;P_w 是服务的世界价格;x 是汇率换算系数;D 是政府的直接支付;I 是政府的间接转移。

服务贸易的保护往往会导致"道德风险"的产生。在信息经济学中,道德风险指经济代理人使自身效用最大化的同时损害委托人或其他代理人效用的行为。服务的提供者经常以代理人的身份出现,在法律上,代理人的义务是"勤勉"地履行代理职责,"勤勉"即"达到本职应有的尽职程度"。在受到保护的环境下,"勤勉"缺乏客观的明确的标准,而在代理事项上委托人与代理人之间又存在信息不对称,很容易出现道德风险。只有引入市场竞争,才能建立有效的防范道德风险的机制。

第二节 《服务贸易总协定》

《服务贸易总协定》(GATS)是乌拉圭回合谈判的主要成果之一,于 1994 年 4 月 15 日由 111 个国家和地区在摩洛哥签署,我国是该协定的起草国和签字国。GATS 分 6 部分、29 个条款和 8 个附件,首次确立了有关服务贸易的多边框架,强调在透明和渐进自由化的条件下扩展服务贸易。

一、市场准入

1. 市场准入承诺清单

清单上列明记载各成员方对其他成员方的服务和服务提供者给予承诺的服务部门以及维持哪些条件和限制,见表 16.1。

表 16.1　GATS 市场准入承诺清单

服务活动	供给方式	市场准入限制
第一部分:水平承诺		
所有部门	1 2 3 4	无 无 无 逗留期限取决于测定的经济需求
第二部分:具体部门承诺		
会计服务	1 2 3 4	无 无 只有自然人可以作为审计师注册 除水平承诺外无限制

注:1、2、3、4 分别为服务贸易的四种形式,即跨境提供、境外消费、商业存在和自然人移动。

2．禁止采用的措施

第一种是数量限制,即限制服务提供者的数量、限制交易金额或资产额、限制业务总量或用数量单位表示的服务提供的总量、限制特定服务部门或服务提供者为提供特殊服务所必须雇用的自然人总数等;第二种是要求服务提供者通过特定法人实体和合营企业来提供服务;第三种是限制外国资本参加的最高股权额或限制个人的或累计的外国资本总额。

3．承诺清单的修改

在承担义务开始实施之日起 3 年后才能修改承诺清单;修改必须先通知成员方,并征得同意;对因为修改清单而引起的赔偿适用最惠国待遇原则。

二、非歧视原则

1．最惠国待遇原则

各成员方给予任何其他成员方的服务和服务提供者的待遇,应立即无条件地给予另一成员方相似的服务和服务提供者。

GATS 最惠国待遇有三个基本特点:第一,GATS 的最惠国待遇不仅针对服务产品,还针对服务的提供者;而货物贸易的最惠国待遇只针对产品。第二,GATS 的最惠国待遇属于一般义务,即不论是否列入承诺清单,都应遵循;而 GATS 的国民待遇属于具体承诺义务,即通过谈判可作适当保留。第三,GATS 的最惠国待遇不适用于边境邻国之间相互给予双方边境居民的接受或提供服务的某些方便和优惠。

2．国民待遇原则

各成员方以其承诺清单中所列的服务部门及有关条件和限制为准,对其他成员方的服务和服务提供者,应给予与国内类似的服务和服务提供者同等地位,见表 16.2。

表 16.2　GATS 承诺表中的国民待遇限制

服务活动	供给方式	国民待遇限制
第一部分:水平承诺		
所有部门	1	无
	2	无
	3	研究与开发补贴
	4	无
第二部分:具体部门承诺		
会计服务	1	无
	2	无
	3	公司中至少有一名财产合伙人为永久居民
	4	无

GATS 国民待遇的特点是:第一,GATS 的国民待遇不仅针对服务产品,还针对服务的提供者;而货物贸易的国民待遇只针对产品。第二,属于具体承诺的义务,各缔约方可根据本国经济发展水平决定在哪些部门实施国民待遇,以及列出相应限制条件。第三,强调实际效果,不管形式上如何体现,各成员方应确保给予其他成员方的服务和服务提供者与国内类似服务和服务提供者相同的竞争条件。

三、逐步自由化

服务贸易自由化的进程应考虑到各成员方的国家政策目标以及其整体和各个服务部门的发展水平,在保证权利和义务平衡的前提下,逐步提高服务贸易自由化水平。

四、透明度原则

除非在紧急情况下,各成员方必须将影响本协定实施的有关法律、法规、行政命令、决定、规定、习惯做法以及参加的影响服务贸易的其他国际协定,最迟在它们生效之前予以公布。

例外:一旦公布将会妨碍其法律实施或公共利益,或损害某一企业(包括国营和私营)正当合法的商业利益的机密材料不要求公布。

五、鼓励发展中国家更多参与服务贸易

(1)允许发展中国家在承诺市场准入义务时着重考虑以下三方面:第一,对国内服务业发展,特别是获得商业技术方面有所裨益;第二,改善本国信息网络、利于获得销售渠道;第三,提供对发展中国家有利的出口方式。

(2)发达国家及其他有能力的成员方在 WTO 协议生效两年内,建立联络网点,以方便发展中国家服务提供者获得三种资料:第一种,有关商业、技术服务提供方面

的资料;第二种,专业资格登记、认可和取得方面的资料;第三种,可能获得的服务技术资料。

(3)发达国家对发展中国家在承担协商义务方面存在的严重困难给予特别考虑。

六、制度条款

规定每一成员方对任何其他成员方可能就影响本协议执行的任何事项提出的申诉、磋商的权利、义务及争端解决和实施的方式。

七、利益否定条款

如果一成员方证实某项服务是由非成员方提供,或在非成员方境内提供,该成员方可以拒绝将承诺的利益给予此项服务的提供者。

对于某个具有法人资格的服务提供者,如果该成员方能证实他是非成员方的服务提供者,也可以拒绝将承诺的利益给予该服务提供者。

八、保障与例外

在国际收支发生严重困难和对外财政困难或受到威胁的情况下,在承担义务的服务贸易中,各成员方可实行或维持限制措施。

允许各成员方基于保护公共道德,维护公共秩序,保护人类、牲畜及植物的生命和健康,防止欺诈行为或从安全出发而采取措施,只要这些措施在各参加方之间不构成武断或不公正的歧视,不构成对国际服务贸易的变相限制,就认为有效。

第三节　服务贸易的全球与区域发展[①]

服务贸易的全球发展存在不平衡,特别是金融危机以来,一些受冲击比较小的地区服务贸易的发展经历的负面影响也相对小。

图 16.1 显示,居于上面的曲线是亚洲服务贸易出口的增长率,下面的曲线是世界服务贸易出口增长率。2004—2009 年,亚洲服务贸易出口的增长快于全球总水平。亚洲服务贸易占全球服务贸易的比重不断攀升。2009 年,这一比重上升到 26.9%,比上年增长了 4 个百分点。2009 年,亚洲服务出口占其货物与服务总出口的比重仅为 15.9%,远远低于当年世界平均水平 21.6%,亚洲服务贸易仍具发展潜力。

[①] 本节资料来源:樊瑛等,"亚洲旅游和服务贸易",第二届亚洲研究论坛——亚洲发展与全球治理(2011 年 6 月 22 日),中国社会科学院亚洲研究中心及世界经济与政治研究所主办。

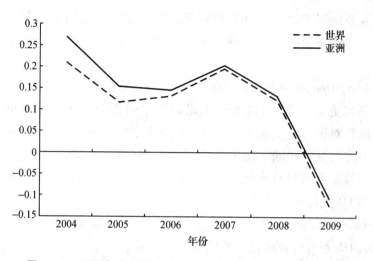

图 16.1　亚洲与世界服务出口的增长率比较（2004—2009）
资料来源：UNCTAD，UNCTAD stat.
注：本图亚洲数据包括东亚、东南亚、西亚以及澳大利亚和新西兰。

就具体国家而言，2009年中国和日本步入世界十大服务出口大国之列：中国服务出口位居世界第五位，出口额1 295亿美元，占世界服务总出口额的比重是3.79%；日本位居世界服务出口第六位，出口额1 283亿美元，占世界服务总出口额的比重是3.76%；印度、中国香港和新加坡的服务出口额分别是911亿美元、863亿美元和739亿美元，名列第十一、十二和十五位。

另一方面，中国服务进口在2009年首次超过日本成为亚洲最大的服务进口国，位居世界第四位（1 487亿美元，占世界服务总出口的比重为4.57%），日本位居世界第五位（1 274亿美元，占世界服务总出口的比重为3.91%），韩国位居世界第12位（757亿美元，占世界服务总出口的比重为2.32%）。

2010年中国的服务贸易持续增长。上半年中国服务贸易进出口总额为1 656.3亿美元，比上年同期增长31.7%，增幅比上年同期增加46%；同期服务贸易出口额为769.7亿美元，同比增长41.2%，出口的大幅增长主要源于运输、其他商业服务和建筑服务等出口额的明显回升；同期服务贸易进口886.6亿美元，增幅为24.5%。

2009年，中国服务业对外直接投资占对外直接投资总额的比重高达70%。其中租赁和商业服务对外直接投资204.7亿美元，占对外直接投资总额的比重为36.2%；金融服务实现对外直接投资87.3亿美元，占比15.5%；批发零售业对外直接投资61.4亿美元，占比10.8%；交通运输、仓储和邮政业对外直接投资20.7亿美元，占比3.7%；房地产业对外直接投资9.4亿美元，占比1.6%。

国际旅游抵达人数和旅游收入是衡量服务贸易竞争力的两大指标。2009年世界十大旅游服务国家为法国、美国、西班牙、中国、意大利、英国、土耳其、德国、马来西亚和墨西哥。2009年中国旅游服务居世界第四、亚洲第一;马来西亚居世界第九和亚洲第二。

根据Ochiai, Dee and Findlay(2009)的论述,区域合作协定(FTAs)较之GATS涉猎的服务领域更为广泛,但是水平承诺的效果可能会在不同产业间抵消。FTAs通常会协议取消对于跨境提供和境外消费两种提供模式的所有壁垒,而对于商业存在则保持与多边贸易体制同等的限制水平,对于自然人流动的附加承诺与GATS相比也较少。区域服务贸易自由化协定在相互承认、转移支付、补贴和商业惯例等方面的贡献与WTO多边自由化相比颇少。

Fink and Jansen(2009)指出,由于自由区在服务贸易领域原产地规定的约束相对宽松,区域内服务贸易自由化对外的歧视性影响甚微。很多区域自由贸易协定中的最惠国待遇条款适用于服务开放承诺,因此新的自由贸易协定的签订会带来"棘轮效应"。服务贸易领域的开放承诺特征成为制约这些区域服务贸易合作谈判向前推进的重要阻力。纵观国际承诺,特别是区域中歧视性承诺,可以发现有关服务领域的承诺较少。

Drake-Brockman and Findlay提议将服务从WTO的单一承诺中解脱出来,这将使国际合作的焦点更加透明,而且更大限度地支持制度改革。他们提出了两个问题,对于这两个问题的回答都是肯定的。第一,"WTO还可以继续推动服务改革吗?"WTO与服务贸易改革的主要原则一致,能够推动服务改革,记录并约束当前的实际政策,在WTO发展进程中接受服务改革报告并提交给贸易政策审核机构(或是争端解决机制),并对特定成员国改革实施情况进行审核。第二,"服务改革能够推进WTO发展吗?"鼓励经济体推进自身改革,增加政策透明度,减少服务作为中间投入的成本。通过服务改革降低商品改革的政治成本。因此,区域经济一体化起到了非常关键的作用。例如,区域经济一体化为改革主体提供支持,共享经验,其中包括改革的时序安排等(Findlay,2011)。

[本章小结]

通过本章学习,应系统了解服务贸易的主要形式和基本类型,明确服务贸易保护措施的特殊性,熟悉《服务贸易总协定》基本原则和例外条款。在此基础上,应格外重视中国面临的国际服务贸易发展形势,对具体行业的发展战略有客观审慎的思考。服务贸易是中国当今发展对外经贸关系的重要方面,有着重要的历史性意义,应当结合中国的具体国情采取相应的战略部署。

[思考题]

1. GATS和中美服务贸易合作协议为中国服务贸易的发展提供了哪些机遇和挑战？

2. 服务贸易的保护措施有哪些？其后果如何？

第十七章 与贸易有关的知识产权制度

[**本章概要**]　本章介绍了与贸易有关的知识产权的主要形式、世界贸易组织的《与贸易有关的知识产权协定》的相关规则以及中国面临的相关问题。技术贸易是乌拉圭回合纳入到多边贸易体制的又一个崭新而重要的领域，本章全面阐释了版权邻接权、商标权、地理标志、专利权、工业品外观设计、集成电路布图设计、商业秘密等七个领域，并分析了其对中国产生的影响。

第一节　与贸易有关的知识产权概述

知识产权又称"智慧财产权"或"智力财产权"，是指法律规定的知识产权所有人对其在科学、技术、文学、艺术等领域里所创造的智力成果享有的专利权。

WTO 与贸易有关的知识产权主要包括七个范畴：

一、版权与邻接权

即我国法律中所称"著作权"，包括作者权和传播者权。

案例 17.1

奥地利 1982 年判例：版权纠纷案

一个自以为有名气的运动员 A 被一位摄影师 B 拍了照，后未经 A 许可，该照片被一家体育用品商店 C 连同其他运动员的照片一起使用在商业广告上。A 起诉 C 侵犯其版权，要求按每件商品售价一定比例提成，作为侵权赔偿。

【分析】　此案的审理着重区分三个概念：版权、肖像权、形象权。版权应属于摄影师 B，不属于 A。A 的肖像权确实受到侵犯，可以要求商店 C 停止使用此肖像并赔礼道歉。只有当 A 的名气足以使他获得形象权（商品化权）时他才能获得提成赔偿。

法院经过抽样调查,几乎没有顾客是因为看到 A 的照片才购买商店的商品,即 A 的名气还不足以使其肖像在商业中创造获利机会,即 A 没有形象权,故不能获得提成赔偿。

案例 17.2

美国 1978 年判例:迪士尼公司状告侵权案

沃尔特·迪士尼制片公司创造的米老鼠、唐老鸭形象风靡全世界。空中劫持者图书公司编辑出版的连环漫画杂志《空中劫持者滑稽故事》中,抄袭了沃尔特·迪士尼公司 17 个动画角色,连名字也完全相同,但代表一群反正统文化的作风不正、吸食毒品的捣蛋鬼。迪士尼公司状告空中劫持者图书公司侵犯其版权。法院判决迪士尼公司胜诉。

二、商标权

1. 商标权的获得原则

目前在世界各国使用的商标权获得原则有三种:

第一种,注册原则:即规定先注册的一方取得商标权。例如中国采取自愿注册和强制注册相结合的方式,烟草和人用药品均属于强制注册的对象。

第二种,使用原则:即规定先使用商标的一方取得商标权。这种方式下有时难以确认使用时间的先后次序,从而引起纠纷。

第三种,折中原则:如美国规定,商标注册后必须连续使用五年,商标权才能有确定的效力。

2. 商标权的获得程序

以中国为例,商权的获得应经过三个步骤:

第一步,申请,即商标申请人向商标主管部门提出注册申请。有效申请应具备的条件是:申请人具有权利能力和行为能力;将商标用于与自己业务有关的商品或服务上;商标具有显著特征;不属于不能注册的商标;比别人先提出注册申请。

第二步,审查。商标主管部门主要审查商标注册申请是否有不能注册的情况。以下事项不得注册为商标:与同类商品已注册商标相同或类似的标志;官方标志、名称、图形(包括政府或国际组织),如国旗、国徽、军旗、红十字、WTO 等;地理名称和图形,除非已善意地取得了该商标注册,并在公众中不会引起误解,如"茅台"酒、"泸州"老窖等;商品本身的通用名称和外形;未经许可使用他人的姓名、肖像或企业名称;违背公众秩序或道德。

第三步,公告。商标主管部门认为申请注册商标符合法律规定后,予以公布,让公众进行审查。在我国公众审查时间为1—3个月,若有异议,可诉诸商标主管部门或法院;若无异议,则核准。

3. 商标权的保护期限

一般为10—20年,在中国为10年,在有效期届满前6个月可以续展。

三、地理标志

即有商业意义的原产地标志,如法国白葡萄酒、景德镇瓷器等。由于这些标志能带来商业利益,因此享受自动保护。

四、专利权

对于各种发明,只要具有新颖性、创造性(先进性)、实用性(可行性)等实质条件,并满足一定程序的形式条件,即可获得专利权。专利的保护期限自登记之日起不得少于20年。

目前中国的专利权包括发明、实用新型和外观设计三种,发明的保护期是20年,实用新型和外观设计保护期为10年。

五、工业品外观设计

在纺织品、皮革制品、汽车等产业中,该项知识产权的保护尤为重要。WTO将之作为特殊的工业版权享受自动保护。

六、集成电路布图设计权(拓扑图)

WTO各成员方按《集成电路知识产权华盛顿公约》[①]的有关规定对集成电路的布图设计提供保护。

七、未披露的信息专有权(商业秘密)(know-how)

应受保护的商业秘密必须同时具备三个条件:第一,是秘密的,未被公开过的;第二,它们因被保密才有商业上的价值;第三,合法控制它们的人已经为保密而采取了措施。

---

① 详见本章第三节。

案例 17.3

以色列 1992 年判例：商业秘密纠纷案

A 曾多年在前苏联政权的高级职位上从事国际贸易活动，后迁居以色列并办了移民证。以色列老板 B 雇用 A 从事对前苏联的贸易。一年后 A 辞职，自己开办公司从事对包括前苏联地区在内的贸易活动。B 起诉 A，认为 A 侵犯了 B 的外贸渠道（包括与 B 有贸易往来的前苏联公司名单、档案等）的商业秘密。

法院判决 A 辞职一年之内不能利用他所掌握的任何属于 B 的商业秘密。

第二节 《与贸易有关的知识产权协议》

《与贸易有关的知识产权协议》(Agreement on Trade-Related Aspect Intellectual Property Rights，TRIPs)是乌拉圭回合的重要成果之一，中国 1995 年签署了该协议。TRIPs 由前言及正文 7 个部分、73 条组成，其目的是：本着减少国际贸易中的不公平和障碍的愿望，考虑到有必要加强对知识产权充分有效的保护，确保实施知识产权的措施和程序，对合理贸易不造成任何障碍。TRIPs 有三个基本原则：

一、与 WIPO(世界知识产权组织)的四大公约并行不悖

1. 《巴黎公约》

《巴黎公约》的保护对象是工业产权[①]，1883 年签订，有 130 多个成员，是签订最早、影响最大、成员最多的保护知识产权的国际协定，现通行 1967 年文本。中国 1985 年加入。其基本原则有如下六项：

第一，国民待遇原则。《巴黎公约》规定，在工业产权方面，任何缔约方国民，不论其是否在一缔约方有永久住所或营业所，只要他们遵守对该国国民适用的条件和手续，就享有与该国国民的同等待遇。非缔约方如在一缔约方境内有永久住所或真实、有效的工商业营业所，也可享有国民待遇。

第二，优先权制度。《巴黎公约》规定：对于专利权和商标权，申请人首次向缔约方之一提出申请之日起可以在一定期限内（发明和实用新型为 12 个月，工业品外观设计和商标为 6 个月）以同一内容向其他缔约方提出申请，而以第一次申请日期作为以后提出申请日期。

[①] 包括专利、商标、服务标记、厂商名称、地理标志、商业秘密、外观设计、实用新型等。

第三，强制许可制度。《巴黎公约》规定：对于专利权，自提出申请之日起满四年，或批准专利之日起满三年(取其中较长者)，若无正当理由不实施专利，则应强制许可。第三方取得强制许可后可实施发明，但应付给专利权人合理报酬，专利权人仍享受专用权、转让权和实施权。第一次强制许可证颁发后满两年，若专利权人无正当理由仍然不实施专利，则撤销其专利权。

第四，独立性原则。《巴黎公约》规定：各成员方的专利权保护各自独立，一方的专利权保护不因另一方对该权利的撤销而失效。

第五，驰名商标的特殊保护。《巴黎公约》规定：在一缔约方已成立的驰名商标，无须在另一缔约方境内申请或注册，即享受特殊保护，享受自动保护。

《巴黎公约》第6条第2款规定，某一商标如果已在某国注册或使用成为该国的驰名商标，但被他人复制、伪造或翻译，缔约方应依本国法所确定的职权，或受害人的请求，拒绝仿冒商标注册，并禁止其使用。商标的主要部分抄袭驰名商标或造成混乱的伪造者应适用本条规定。有关当事人自注册之日起至少五年内可提出取消这种仿冒商标的请求。如果仿冒人以欺诈手段取得商标注册，被侵害人的请求期限不受限制。

第六，临时性保护。成员方境内举办的经官方承认的国际展览会上展出的商品，自展出之日起，发明和实用新型的保护期为12个月；商标和工业品外观设计保护期为6个月。

2．《伯尔尼公约》

《伯尔尼公约》的保护对象是文学艺术作品，1886年签订，到1996年有117个成员方，现通行1971年巴黎文本。中国1992年加入。

《伯尔尼公约》规定了国民待遇、自动保护、独立性等基本原则。它保护的权利包括两大类：第一类，经济权利，即翻译权、复制权、表演权、公开朗诵权、改编权、录制权、制片权、广播权等；第二类，精神权利[①]，即署名权、保护作品完整权等。经济权利的保护期限一般不少于作者有生之年加死后50年，摄影作品保护期限不少于完成后25年，电影保护期限不少于完成后50年。精神权利的保护期限至少与财产权一样，可提供无限期保护。

《伯尔尼公约》还规定了追溯力条款，即已进入公有领域的作品，在该公约生效后仍应提供版权保护。但美国和俄罗斯对此做出了保留。

3．《罗马公约》

《罗马公约》是版权邻接权国际保护的第一个公约，1961年缔结，到1996年1月有50个成员方。只有加入《伯尔尼公约》或《世界版权公约》的国家和地区才有

---

① 值得注意的是，WTO的TRIPs对《伯尔尼公约》精神权利的保护做出了保留。

权利加入《罗马公约》。

《罗马公约》规定了国民待遇原则,"国民"的核定标准有国籍标准、录制标准和发行标准三种。此外,《罗马公约》还做了两项重要规定:第一,录制权的非自动保护原则规定,受保护的录制品一切复制件上必须有三种标注:℗标志、首次发行年份、主要表演者和权利人姓名;第二,在三种情况下可做例外处理:私人使用、在时事报道中有限引用、仅为教学、科研目的而使用。《罗马公约》规定的版权邻接权的保护期限为不少于20年。

4.《集成电路知识产权华盛顿公约》

《集成电路知识产权华盛顿公约》保护对象是半导体芯片上的电路设计,1989年5月缔结。我国1989年加入。

该公约规定了国民待遇原则,其最关键的内容是"注册保护制",即芯片掩膜的所有人在其产品投入商业领域后两年之内可提交注册申请,成员国对于取得注册的芯片掩膜至少应提供10年保护期。

二、强调国民待遇原则

TRIPs 第3条第1款明确规定:在保护知识产权方面,除了四大公约的例外情况外,各成员方应为其他成员方的国民提供不低于本国国民的待遇。

三、规定最惠国待遇原则

与 WIPO 四大公约不同,TRIPs 还规定了最惠国待遇原则。TRIPs 第4条规定:在保护知识产权方面,一成员方给予另一成员方公民提供的利益、优惠、特权或豁免,应当同时无条件地给予其他成员方公民。

此外,TRIPs 还规定了透明度原则、互惠原则等,并授权交叉报复,即在知识产权保护方面受到损害的一方可以对货物贸易、服务贸易等领域进行报复。

第三节　TRIPs 对中国的影响

中国保护知识产权的立法已具备一定基础,但是与 TRIPs 的要求还有一定距离。如我国目前须弥补法律空白,加强保护集成电路布图设计、保护地理标志、保护商业秘密等方面的立法,应进一步加强"驰名商标"的法律概念和对"驰名商标"保护的特别规定。因此,我国必须进一步完善知识产权的相关立法,与 TRIPs 相接轨。

一、冲破知识产权壁垒

知识产权壁垒是利用知识产权保护设置的扭曲国际贸易的措施,是非关税壁垒的一种新动向。自20世纪80年代末以来,中美进行了多次知识产权谈判。1989年2月开始的中美知识产权谈判于1989年5月在华盛顿签署了备忘录。1991年美国贸易代表对中国发动"特殊301"①的调查,宣布将提高中国对美出口的价值15亿美元的商品关税作为对中国没有有效保护知识产权的报复。1992年,中美达成关于保护知识产权的谅解备忘录。1994年,美国贸易代表再次对中国提起"特殊301"调查,将中国从知识产权的"重点观察国"升级为"优先采取措施国"。1996年,达成中美谅解备忘录。TRIPs为知识产权的保护问题制定了良好的规范,为冲破知识产权壁垒提供了法律依据。

二、尊重知识、科技兴国

TRIPs为技术的研究和开发注入了新的动力。我国应着力加强R&D的扶持工作,因为按照技术生命周期的发展规律,技术的价格在整个生命周期中前两个阶段高,而往后逐渐降低(如图17.1所示)。前两个阶段的技术有发展前途,也是发达国家愿意购买的目标,因为发达国家有足够的进一步开发和实施的实力。当然这两个阶段的技术开发需要垫付资金,由于研究开发活动属于不可申诉的补贴,完全可以合法地得到政府的补贴支持。因此我国应充分重视加强技术创新的扶持工作,以此带动中国技术出口。

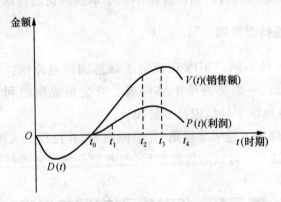

图17.1 技术的生命周期

1. t_0 时期以前是研究开发阶段(实验室技术),这时投入研究开发成本,还没有销售额和利润。
2. t_0 到 t_1 时期销售额和利润都比较少。
3. t_1 到 t_2 时期销售额和利润急剧增长,技术也逐渐普及推广。
4. t_2 到 t_3 时期为饱和期,销售额增长缓慢,利润开始下降。
5. t_3 到 t_4 时期为衰退期,销售额和利润均下降。

---

① "特殊301条款"针对知识产权问题。

[本章小结]

通过本章学习,应全面了解世界贸易组织规则下的技术贸易的主要标的,明确国际知识产权保护的规则,思考其对中国的影响。当技术革新的浪潮来临时,各国一度依赖发达国家技术创新和技术转让,以市场换技术。今天,中国已经明确提出"自主知识产权"的技术创新目标,随着综合国力的不断提升,中国一定会在世界技术贸易舞台上发挥更加重要的作用。

[思考题]

1. TRIPs与四大公约有何异同?
2. 思考案例:印度20世纪80年代判例

美国人约翰·布莱迪(A)发明一种饲料机,A在印度申请专利并着手建立合资企业。A请印度化工设备公司(B)为其加工饲料机的部件。A将设计图与说明书交给B,交付前B承诺保密。后B借故推掉了为A加工的任务,自己生产类似饲料机并投入市场。A起诉B。请问B的行为是否构成侵权?侵犯了哪些权利?(请列举四项)

第十八章 世界贸易组织运行机制的理论依据

[**本章概要**] 本章系统阐释了经典的自由贸易理论和贸易保护的理论依据,以揭示自由贸易与贸易保护的辩证关系及其在经贸发展史上的相互作用。世界贸易组织的基本宗旨是促进全球贸易不断自由化,为此,绝对优势论、比较优势论、要素禀赋论、规模经济论等自由贸易理论提供了坚实的基础;同时,世界贸易组织允许用区别政策处理必要的客观情况。

从前面的分析中可以得出结论,世界贸易组织崇尚的是贸易的自由化,同时允许适当、合理的贸易保护。为了更好地理解世界贸易组织运行机制的精髓,以下将从自由贸易和贸易保护两方面阐明其理论依据。

第一节 自由贸易的理论依据

一、绝对优势理论

被誉为"西方经济学之父"的亚当·斯密(Adam Smith)在其1776年出版的《国富论》中提出了绝对优势理论。

"绝对优势"(absolute advantage)指一国生产某种产品耗费较少的社会资源,从而导致其具有价格和成本上的优势。在某种产品上具有绝对优势的国家可以生产和出口这种产品。一个国家之所以进口某种产品,是因为它自己生产这种产品要耗费更多的社会资源,即它在这种产品的生产上有"绝对劣势",还不如进口成本和价格更低的产品。因此绝对优势理论认为:一个国家应该生产和出口其具有绝对优势的产品,进口其不具有绝对优势的产品,这就是国际贸易和国际分工的基础。

如表18.1所示,英国生产呢绒花费较少的劳动时间,葡萄牙生产酒花费较少的劳动时间。所以英国在生产呢绒上有绝对优势,葡萄牙在生产酒上有绝对优势。

表 18.1　绝对优势理论贸易模式

	呢绒(1 单位)	酒(1 单位)
英国	2 小时	4 小时
葡萄牙	4 小时	3 小时

贸易前两国各生产和消费 1 单位呢绒，共花费 6 小时；两国各生产和消费 1 单位酒，共花费 7 小时。贸易后英国完全专业化生产呢绒，在同样 6 小时内，可以生产 3 单位呢绒。葡萄牙完全专业化生产酒，在同样 7 小时内，可以生产 7/3 单位酒。所以在耗费相同社会资源（以劳动时间衡量）的情况下，两国可以消费到更多的产品。英国从葡萄牙进口酒，向葡萄牙出口呢绒；葡萄牙从英国进口呢绒，向英国出口酒。这就构成了两国贸易和分工的基础。

绝对优势理论奠定了古典国际贸易理论的基础，但它不能解释国际贸易为什么会在"绝对优势国家"和"绝对劣势国家"[①]之间发生，如表 18.2 所示。

表 18.2　"绝对优势国家"和"绝对劣势国家"

	呢绒(1 单位)	酒(1 单位)
英国	2 小时	2 小时
葡萄牙	4 小时	3 小时

英国在呢绒和酒两种产品上耗费的劳动时间都比较少，是"绝对优势国家"。葡萄牙是绝对劣势国家。按照绝对优势理论，贸易不可能在英国和葡萄牙之间进行。但现实当中先进国家和落后国家之间的贸易并不少见。

二、比较优势理论

美国著名经济学家曼昆曾引用一个例子说明日常生活中的经济学原理：迈克尔·乔丹是 NBA（美国职业篮球赛）中最优秀的篮球运动员之一，他在其他活动中也很可能是出类拔萃的，例如乔丹修剪自己的草坪大概比其他人都快，那么他是否应该自己修剪草坪呢？

精明的经济学家为乔丹算了一笔账：乔丹能用 2 小时修剪完自己的草坪，而在同样的 2 小时中，乔丹能拍一部运动鞋的电视商业广告，并赚到 1 万美元。邻居家的小姑娘杰尼弗能用 4 小时修剪完乔丹家的草坪，而在同样的 4 小时中，杰尼弗可以在麦当劳店工作赚 20 美元。与杰尼弗相比，乔丹在修剪草坪上有绝对优势，因为他可以用更少的时间干完这件事。按照绝对优势理论原理，乔丹应该自己修剪草

[①] 绝对优势国家即在各种产品生产上都具有绝对优势的国家，绝对劣势国家即在各种产品生产上都不具备绝对优势的国家。

坪。但这显然是不经济的行为。因为乔丹修剪草坪会损失1万美元的机会成本①，而杰尼弗修剪草坪只损失20美元的机会成本。如果乔丹雇用杰尼弗修剪草坪，只要他支付给杰尼弗的钱大于20美元而低于1万美元，双方的状况都会更好。因此，乔丹应该雇用杰尼弗为他修剪草坪。

上例中如果将乔丹和杰尼弗分别当成两个国家，则很好地体现了比较优势理论对国际贸易的解释。

1. 比较优势理论的贸易基础分析

大卫·李嘉图在其代表作——1817年出版的《政治经济学和赋税原理》中提出了比较优势理论②。"比较优势"（comparative advantage）指一国生产某种产品的机会成本低于另一个国家。比较优势理论认为：一国应该生产和出口它具有比较优势的产品，而进口它不具有比较优势的产品，这是国际贸易和国际分工的基础。

如表18.3所示，由于美国生产一辆汽车的机会成本是2吨的食物，而日本只有1吨食物，因此日本在生产汽车上有比较优势。而美国生产1吨粮食的机会成本是0.5辆汽车，日本生产1吨粮食的机会成本是1辆汽车，所以美国在生产粮食上有比较优势。

表18.3 美国和日本生产食物和汽车每人每月的生产量

	粮食	汽车
美国	2吨	1辆
日本	1吨	1辆

所以美国应专门生产粮食，而日本应专门生产汽车。美国从日本进口汽车，向日本出口粮食；日本从美国进口粮食，向美国出口汽车。这就构成了两国贸易和分工的基础。

2. 贸易获利图解

"比较优势"比较的是机会成本，机会成本可能有不变、递增和递减三种情况，相应的生产可能性曲线的形状也有所不同（如图18.1所示）。

大卫·李嘉图的比较优势理论假设机会成本不变。后世经济学家进一步发展了比较优势理论，在后面将论及的要素禀赋理论假设机会成本递增，规模经济理论假设机会成本递减。

---

① 机会成本是在资源一定的条件下为多生产某种产品而必须放弃的其他产品数量，也就是在时间和精力一定的条件下，为从事某一件事而必须放弃的其他收益。

② 大卫·李嘉图使用的是相对生产成本的概念。Q_1产品的相对生产成本为$\dfrac{L_1/Q_1}{L_2/Q_2}$（其中，L_1、L_2分别为两种产品上投入的劳动力，Q_1、Q_2分别为两种产品的产量），相对生产成本低的国家在该产品的生产上有比较优势。新古典经济学提出了机会成本的概念，在此引用以使比较优势理论更为简化和直观。

下面运用传统的 2×2 模型（即两个国家 A、B；两种产品，如钢铁和小麦；A 在生产钢铁上有比较优势，B 在生产小麦上有比较优势），对不同机会成本下的贸易获利情况进行分析。

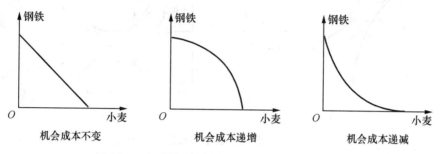

图 18.1　不同机会成本下的生产可能性曲线①

（1）机会成本不变的贸易获利分析（图 18.2）

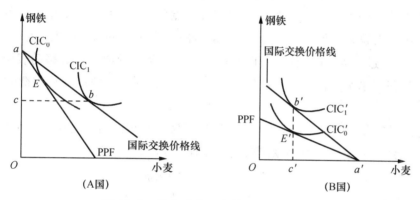

图 18.2　机会成本不变的贸易获利分析

A 国在钢铁的生产上有比较优势，B 国在小麦的生产上有比较优势。贸易前 A 国在 E 点生产和消费，B 在 E' 点生产和消费，两国都是自给自足。贸易后 A 国完全专业化生产钢铁，生产点在 a；与国际价格线相切的新的无差异曲线② CIC_1 决定了 A 的消费点在 b（A 进口 bc 的小麦，出口 ac 的钢铁）。无差异曲线向右移动，表明 A 国达到了更高的福利水平。B 国完全专业化生产小麦，生产点在 a'；与国际价格线相切的新的无差异曲线 CIC_1 决定了 B 的消费点在 b'（B 进口 $b'c'$ 的小麦，出口 $a'c'$ 的钢铁）。无差异曲线向右移动，表明 B 国也达到了更高的福利水平。因此，贸易使参与的双方都获利。在两国贸易均衡的情况下，$ac = b'c'$，$bc = a'c'$。

（2）机会成本递增的贸易获利分析（图 18.3）

A 国在钢铁的生产上有比较优势，B 国在小麦的生产上有比较优势。贸易前 A

---

① 生产可能性曲线详见第八章图 8.6 说明。
② 无差异曲线详见第八章图 8.7 说明。

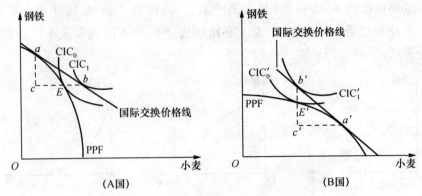

图 18.3 机会成本递增的贸易获利分析

国在 E 点生产和消费，B 国在 E' 点生产和消费，两国都是自给自足。贸易后国际交换价格线与 A 国生产可能性曲线切于 a 点，A 国在 a 点生产；与国际交换价格线相切的新的无差异曲线决定了 A 国的消费点在 b 点（进口 bc 的小麦，出口 ac 的钢铁），无差异曲线向右移动表明 A 国达到了更高的福利水平。同理，B 国的生产点在 a'，消费点在 b'，B 进口 $b'c'$ 的钢铁，出口 $a'c'$ 的小麦。无差异曲线向右移动表明 B 国达到了更高的福利水平。因此，贸易使参与的双方都获利。在两国贸易均衡时，$ac = b'c'$，$bc = a'c'$。

值得注意的是，由于机会成本递增，A、B 贸易后实现的是不完全专业化生产。

（3）机会成本递减的贸易获利分析（图 18.4）

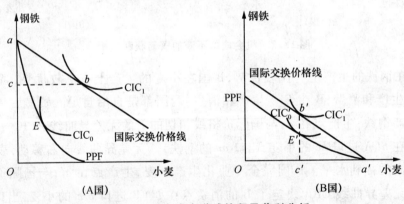

图 18.4 机会成本递减的贸易获利分析

A 国在钢铁的生产上有比较优势，B 国在小麦的生产上有比较优势。贸易前 A 国在 E 点生产和消费，B 国在 E' 点生产和消费，两国都是自给自足。贸易后 A 国完全专业化生产钢铁，生产点在 a，与国际交换价格线相切的新的无差异曲线 CIC_1 决定了 A 的消费点在 b（出口 ac 的钢铁，进口 bc 的小麦）。无差异曲线右移表明 A 达到了更高的福利水平。B 国完全专业化生产小麦，生产点在 a'，与国际交换价格线相切的新的无差异曲线决定了 B 的消费点在 b'（出口 $a'c'$ 的小麦，进口 $b'c'$ 的钢铁)。无差异曲线右移表明 B 达到了更高的福利水平。因此,贸易使参与双方都获利。当两国贸易均衡时,$ac = b'c'$,$bc = a'c'$。

3. 提供曲线和国际均衡

从上面的图形分析中可以推出,对于 A 国或 B 国而言,随着国际价格线的变化,进出口情况也会相应地发生变化。提供曲线(offer curves)描绘了在不同国际交换比率下一国愿意提供的出口商品的数量以及可能达到的进口的商品数量(图 18.5、图 18.6)。

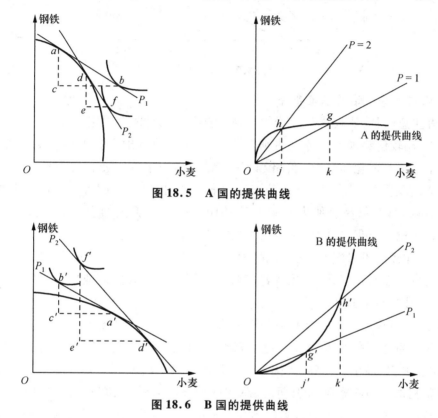

图 18.5 A 国的提供曲线

图 18.6 B 国的提供曲线

在国际交换比率为 P_1 时,A 国进口 $cb = Ok$ 的小麦,出口 $ca = gk$ 的钢铁;在国际交换比率为 P_2 时,A 国进口 $ef = Oj$ 的小麦,出口 $de = hj$ 的钢铁。如此类推,O 点、h 点、g 点……的连线即 A 国的提供曲线。

在国际交换比率为 P_1 时,B 国出口小麦 $a'c' = oj'$,进口钢铁 $c'b' = j'g'$;在国际交换比率为 P_2 时,B 国出口小麦 $d'e' = ok'$,进口钢铁 $f'e' = h'k'$。O 点、g'、h' 点……的连线即 B 国的提供曲线。

国际均衡点即两国提供曲线的交点,在这一点决定的国际交换比率即均衡的国际价格,这时一国的出口量正好等于另一国的进口量(图 18.7)。

OP_0 为均衡的国际价格,A 国出口 Lm 的钢铁,进口 Om 的小麦;B 国出口 Om 的小麦,进口 Lm 的钢铁。

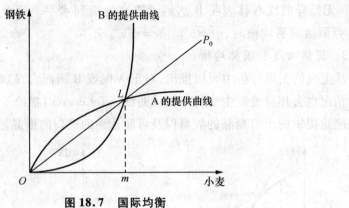

图 18.7　国际均衡

4. 比较优势理论的限定条件

值得注意的是,比较优势理论的严格有效必须满足两个限定条件:

第一,比较优势理论建立在古典假定严格成立的基础上。古典假定认为:经济状况是平稳运行的竞争经济,价格和工资是灵活的,不存在非自愿失业。然而现实当中可能出现反差,比如1980年美国三大汽车公司在日本汽车的冲击下,失业率为20.2%,继续自由贸易会使失业率上升,GDP下降,使美国的生产能力停滞甚至萎缩。所以美国实行保护政策,要求日本实行自愿出口限制。

因此,在经济不景气时,比较优势理论被大打折扣就不足为奇了。只有当汇率、价格和工资处于合适的水平,宏观经济政策已消除了主要的商业周期和贸易混乱之后,古典的比较优势理论才能严格有效。

第二,比较优势理论的严格有效建立在对收入分配的特定假定之下。自由贸易的获利并不意味着每个人、每个企业、每个部门或生产要素都能从贸易中获利。据统计,在过去20多年里,高收入国家的非熟练劳动力的实际工资下降了。比较优势理论对获利情况的考察是从长期的、总体的角度。它认为:在长期中那些从低收入部门被转移出来的劳动力会逐渐转向高工资的部分;而且一些部门的收益量大于另一些部门的受损量,因此从总体上看社会福利增加了。但不能忽视的是,国际贸易会使一部分人的利益受到暂时的损害,这部分人是贸易保护的支持者。

因此,在现实当中对比较优势理论的运用一定要结合具体情况,绝不能教条化、理想化。当然不可否认,尽管比较优势理论有局限性,它仍然在理论界居于重要地位。正如萨缪尔森所言:它是经济学中最深刻的真理之一;它为国际贸易提供了不可动摇的坚实基础;那些忽视比较优势的国家在生活水平和经济增长方面会付出沉重的代价。

三、要素禀赋理论

比较优势的存在奠定了国际贸易理论的基石。继大卫·李嘉图之后,经济学家着力探讨并从不同角度论证什么是比较优势的源泉,是什么导致一个国家具有某种比较优势,而不具有另一种比较优势。

1. H-O 理论

在 20 世纪 20 年代和 30 年代,瑞典经济学家埃里·赫克歇尔(Eli Heckscher)和他的学生伯尔特尔·俄林(Bertil Ohlin)提出了要素禀赋(the factor of production)理论,这一理论因两位经济学家而被称为赫克歇尔—俄林理论,或简称为 H-O 理论。

H-O 理论共有十条基本假设:

(1)机会成本递增,只能实现不完全专业化生产。

(2)$2 \times 2 \times 2$ 模型,即两个国家(如图 18.8 所示):一个资本密集型国家,一个劳动密集型国家;两种产品(如图 18.9 所示):一种资本密集型产品,一种劳动密集型产品;两种要素投入:一种是资本(K),一种是劳动力(L)。

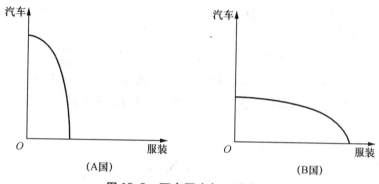

图 18.8 两个国家与两种产品

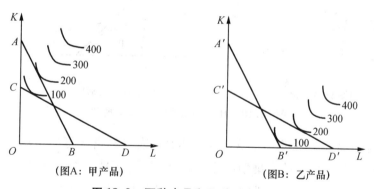

图 18.9 两种产品和两种要素投入

见图 18.8,图中纵轴的汽车是资本密集型产品,横轴服装是劳动密集型产品。A 国是资本密集型国家,其生产可能性曲线偏向汽车;B 国是劳动密集型国家,其生产可能性曲线偏向服装。

见图 18.9,图中纵轴代表资本(K),横轴代表劳动力(L),直线 AB、CD、$A'B'$、C'

D' 是等成本线①,其中 AB、$A'B'$ 偏向资本,是资本密集型生产方式;CD、$C'D'$ 偏向劳动力,是劳动密集型生产方式。图 A 的曲线是甲产品的等产量线②,在资本密集型生产方式下可以生产 200 单位,而在劳动密集型生产方式下只能生产 100 单位,所以资本密集型生产方式更有效率,即甲产品是资本密集型产品。同理,图 B 的曲线所示的乙产品的等产量线表明,乙产品是劳动密集型产品。

(3) 两国在生产中都采用相同的技术,因而具有相同的生产函数。

(4) 两国两种产品生产的规模报酬不变。

(5) 两国的消费偏好相同,因而都面临相同的社会无差异曲线。

(6) 两国的商品和要素市场处于完全竞争状态。

(7) 生产要素在国内可以自由流动,但在国际间却完全不流动。

(8) 没有阻碍自由贸易的运输成本、关税和非关税壁垒等限制。

(9) 两国生产要素被充分利用。

(10) 两国间贸易平衡。

H-O 理论认为:不同国家具有不同的要素禀赋,不同产品的生产需要投入的要素禀赋不同,一个国家应该生产和出口在生产中密集使用本国丰裕要素的产品,进口在生产中密集使用本国稀缺要素的产品(如图 18.10 所示)。

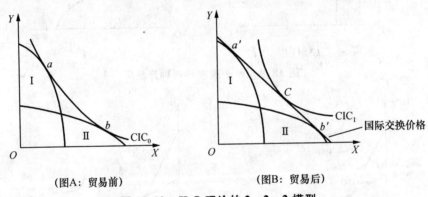

(图A:贸易前)　　　　(图B:贸易后)

图 18.10　H-O 理论的 $2 \times 2 \times 2$ 模型

图中横轴代表劳动密集型的 X 产品,纵轴代表资本密集型的 Y 产品。Ⅰ国是资本密集型国家,Ⅱ国是劳动密集型国家。图 A 显示:贸易前Ⅰ、Ⅱ两国有共同的社会无差异曲线 CIC_0,Ⅰ国在 a 点生产和消费、Ⅱ国在 b 点生产和消费。图 B 显示:贸易后与国际交换价格线相切的是两国面临的福利水平更高的社会无差异曲线 CIC_1,消费点在 C。Ⅰ国在 a' 点生产、Ⅱ国在 b' 点生产。

社会无差异曲线 CIC_0 移动到 CIC_1 代表了贸易获利,它可以分为两部分。

---

① 在既定的一条等成本线上的各点代表相同的总成本。
② 在既定的一条生产量线上的各点代表两种要素的组合带来的产量相等。

图 18.11 以 I 国为例,贸易前 I 国在 a 点生产和消费,贸易后社会福利水平的提高可视为两个部分:第一,通过 a 点作与国际价格线相平行的线,与这条平行线相切的社会无差异曲线是 CIC_2。从 $CIC_0 \to CIC_2$ 代表在生产情况不变的情况下,贸易使交换比率发生变化,从而增加了社会福利,因此称为"交换得益"。第二,$CIC_2 \to CIC_1$ 代表因专业化生产使社会福利增加,因而称为"专业化得益"。

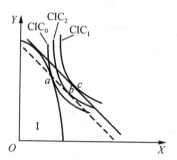

图 18.11 H-O 模型的贸易获利分析

2. 动态要素禀赋

(1) 要素禀赋变化理论(changes in factor proportions)

英国伦敦城市大学的高级讲师罗布津斯基(T. M Rybczynski)提出了要素禀赋变化理论。罗布津斯基定理认为:在商品相对价格不变的情况下,一种要素的增长会使密集使用的该要素的商品生产增长,密集使用其他要素的商品生产减少。根据这一理论,一个国家的要素比例是会发生变化的,比较优势也会随之发生变化,从而引起出口产品的结构发生变化。普遍的规律是:一个国家原来是劳动力相对丰裕的,由于经济发展过程中资本积累的速度大大快于人口增长的速度,这个国家逐渐转变为资本相对丰裕的国家,则其出口产品中的资本含量会逐渐提高。以中国为例,见表 18.4。

表 18.4 1990—1998 年中国出口商品构成

(按国际贸易标准分类)　　　　　单位:亿美元,%

年 份	初级产品		工 业 制 成 品			
	金 额	比 重	总金额	总比重	机械及运输设备金额	机械及运输设备比重
1990	158.9	25.6	461.8	74.4	55.9	9.0
1991	161.5	22.5	556.9	77.0	71.5	10.0
1992	170.0	20.0	679.4	80.0	132.2	15.6
1993	166.7	18.2	750.9	81.8	152.9	16.7
1994	197.1	16.3	1 013.3	83.7	219.3	18.1
1995	214.9	14.4	1 272.8	85.6	313.9	21.1
1996	219.3	14.5	1 291.4	85.5	353.1	23.4
1997	239.3	13.1	1 587.7	86.9	437.0	23.9
1998	206.0	11.2	1 631.6	88.8	502.3	27.3

资料来源:《中国对外经济贸易白皮书》,1999 年,第 331 页。

相对于初级产品而言,工业制成品的资本含量较高,它在出口中所占比重逐渐提高,从1990年的74.4%增加到1998年的88.8%。在工业制成品中,机器及运输设备属于资本密集型产品,它在出口中所占比重逐渐提高,从1990年的9%上升到1998年的27.3%。

(2) 要素价格均衡化(factor-price equalization)

要素价格均衡化是H-O理论的重要推论。因为萨缪尔森对这一领域作出了重要贡献,故又称为H-O-S定理(Heckscher-Ohlin-Samuelson Theorem)。这一定理认为:国际贸易将使各国同类要素的绝对和相对价格趋于均等,因此国际贸易替代了国际要素流动。

① 绝对要素价格均衡化

劳动密集型国家原来劳动力比较便宜,资本比较昂贵,随着不断生产和出口劳动密集型产品,进口资本密集型产品,则对劳动力的需求相对增加,劳动力价格上升;对资本的需求相对减少,资本的价格下降。资本密集型国家情况正好相反。随着贸易的发展,两个国家的要素价格逐渐趋于相等。

但在现实当中,随着国际贸易的发展,发达国家和发展中国家的工资差距不是在缩小,而是在扩大。并不符合要素价格均衡化的趋势。究其原因,一方面因为各种贸易壁垒阻碍了一部分正常贸易;另一方面,发达国家的服务行业的发展吸纳了大量劳动力,增加了对劳动力的需求,维持了劳动力的高价格。服务业劳动生产率的提高相对缓慢,而且某些领域的贸易存在自然的、人为的障碍(如理发业的跨国交易,不仅涉及交通成本问题,还涉及可能存在的人员流动壁垒),这就增加了对本国劳动力的需求。

② 相对要素价格均衡化

相对要素价格可以用劳动力价格(即工资w)和资本价格(即利率r)的比值来表示,也可以用资本量(K)与劳动力(L)的比值来表示,因为要素价格与要素的稀缺性是相对应的。

在艾奇沃斯框图中(图18.12),Ⅰ、Ⅱ两国的两条交换契约线是X、Y两种产品等产量线切点的连线。贸易前,Ⅰ国在A点生产,Ⅱ国在B点生产,$\left(\frac{K}{L}\right)_A > \left(\frac{K}{L}\right)_B$。贸易后,Ⅰ国在$E$点生产,Ⅱ国在$E'$点生产,$\left(\frac{K}{L}\right)_E = \left(\frac{K}{L}\right)'_{E}$。

参见图18.10,贸易前Ⅰ国在a点消费,对应的$\frac{P_x}{P_y}$为图18.13中的P_a,$\frac{w}{r}$为图18.10中的$\left(\frac{w}{r}\right)_a$;Ⅱ国在$b$点消费,对应的$\frac{P_x}{P_y}$为图18.13中的$P_b$,$\frac{w}{r}$为图18.13中的$\left(\frac{w}{r}\right)_b$。贸易后,Ⅰ国和Ⅱ国的消费点在$C$点,对应的$\frac{P_x}{P_y}$为图18.13中的$P_c$,$\frac{w}{r}$为图18.13中的$\left(\frac{w}{r}\right)_c$。

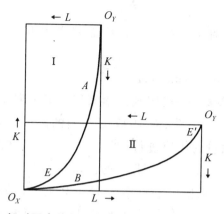

图 18.12　相对要素价格均衡化图示(一):从生产的角度考察

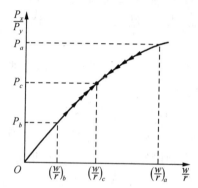

图 18.13　相对要素价格均衡化图示(二):从消费的角度考察

(3) 斯图尔珀—萨缪尔森定理

该定理表明了国际贸易对收益分配的影响:商品相对价格的提高将增加在该商品生产中密集使用的要素的收益。

首先明确几个基本概念:"边际产品"(marginal product,MP)指增加一单位投入所能增加的产出量。劳动力的边际产品为 MP_L(即工资 w),资本的边际产品为 MP_K(即利率 r)。"边际收益产品"(marginal revenue product,MRP)指增加一单位投入所能增加的产出的货币价值。劳动力的边际收益产品为 $P_x \cdot MP_L$(劳动密集型产品 X 的价格 P_x 乘以劳动力的边际产品),资本的边际收益产品为 $P_y \cdot MP_K$(资本密集型产品 Y 的价格 P_y 乘以资本的边际产品)。

对于劳动密集型国家(Ⅰ国)而言:$MRP_{L_1} = P_x \cdot MP_{L_1}$,$MRP_{K_1} = P_y \cdot MP_{K_1}$。由于贸易后 P_x 上升,P_y 下降,同时依 H-O-S 定理,MP_{L_1}(即Ⅰ国的劳动工资)上升、MP_{K_1}(即Ⅰ国的利率)下降,所以 MRP_{L_1} 加倍上升,MRP_{K_1} 加倍下降。

同理,对于资本密集型国家(Ⅱ国)而言:$MRP_{L_2} = P_x \cdot MPL_2$,$MRP_{K_2} = P_y \cdot MPK_2$。$MRP_{L_2}$ 会由于 P_x 和 MP_{L_2} 的下降而加倍下降,MRP_{K_2} 会由于 P_y 和 MP_{K_2} 的上升

而加倍上升。

可见，产品相对价格对于该产品生产中需密集使用的要素的边际收益产品有"放大效应"。

3. 列昂惕夫之谜（The Leontief Paradox）

诺贝尔经济学奖获得者——美国经济学家华西里·列昂惕夫（Wassily Leontief）运用他的投入—产出的分析方法，对1947年美国的出口行业和与进口相竞争的行业①的资本存量与工人数量的比值进行了计算，发现出口产品每一个劳动力一年中使用的资本为14 010美元（即资本—劳动的比率约为14∶1），而与进口相竞争的行业的产品每一个劳动力一年使用的资本为18 180美元（即资本—劳动的比率约为18∶1）。也就是说，进口品的资本含量高于出口品，这与H-O理论所推断的结果正好相反。经过多次验证，1951年和1962年出现与1947年同样的情况，即美国出口品中的资本含量低于进口品。这一结果引起了经济学家的关注，被称为列昂惕夫之谜。

经济学家对列昂惕夫之谜提出了种种解释，以下两种是具有代表性的解释方法。

第一种，要素禀赋反向论。H-O理论的 $2\times2\times2$ 模型假定的两种产品中一种是劳动密集型产品，另一种是资本密集型产品（如图18.9所示）所示。但是在现实中，不乏这样的产品：在资本密集型国家，它是在资本密集方式下生产；在劳动密集型国家，它是在劳动密集方式下生产（如图18.14所示）。

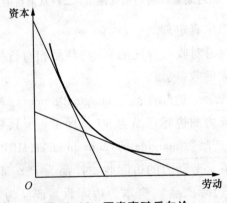

图18.14　要素禀赋反向论

比如农产品，中国很多农村地区还是主要依靠劳动力，是劳动密集型产品，而美国实行高度集约化、机械化、现代化的生产方式，美国农民一按机器按钮，就可以去跳迪斯科。所以农产品在美国的资本含量高得多。列昂惕夫等人是用与进口竞争

---

① 由于进口国的资料不好搜集，列昂惕夫运用了与进口相竞争的美国同行业的资料。

的美国同行业的资料来计算进口品的资本—劳动比率,很可能会因要素禀赋反向论的作用而提高了这一比率的真实值。

第二种,人力资本说。列昂惕夫本人最推崇人力资本说的解释方法。这一观点认为,美国当时的教育水平是世界上最高的,而教育是一种投资,所以受到良好训练的美国劳动力蕴涵了更多的资本,这就是人力资本。列昂惕夫经过计算认为,美国工人一年劳动的产量是外国工人一年劳动产量的三倍,因此美国工人所使用的资本应乘以三。列昂惕夫之谜所揭示的美国出口品比进口品中的劳动含量更高,这个劳动是富含人力资本的劳动,它更类似于一种资本。

四、规模经济理论

20世纪60年代以来,国际贸易中出现了许多新的倾向,主要表现在两个方面:

第一,国际贸易的大部分集中在发达国家之间进行;

第二,产业内贸易(intraindustry trade)不断增长。产业内贸易即一个国家同时出口又进口同种产品。比如法国出口摄像机,同时又进口摄像机。

这些现象向传统的H-O理论提出了挑战。国际贸易为什么会在相似的要素密集程度的产品和相似的要素充裕程度的国家之间进行呢?当代经济学家默瑞·坎姆(Murray C. Kemp)和保罗·克鲁格曼(Paul R. Krugman)从"规模经济"(economies of scale)的角度来解释这些现象,即认为规模经济是比较优势的源泉。

1. 规模经济理论的两点重要突破

规模经济指随着企业产量的增加,单位产品的成本会不断降低。在微观经济学中,企业的长期平均成本曲线是"U"形线(如图18.15所示)。

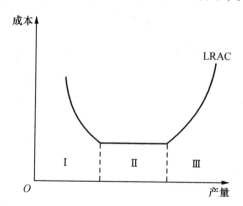

图18.15 封闭经济中企业的长期平均成本线

Ⅰ.规模经济　Ⅱ.规模报酬不变　Ⅲ.规模报酬递减

克鲁格曼认为,图18.15中出现规模报酬不变和规模报酬递减是由于受到国内市场条件的限制,而在开放经济中,世界市场打破了这种限制,所以规模经济阶段会不断延续下去。这一观点打破了传统国际贸易理论规模报酬不变的假定。

同时,克鲁格曼指出,企业之所以能够形成规模经济,一个重要原因是国际市场的竞争是差别化产品的垄断竞争,即同类产品会出现不同质。这一观点打破了传统国际贸易理论的同质产品完全竞争的市场假定。被誉为20世纪最伟大的经济学家之一的熊彼特认为:经济发展的本质在于创新,而垄断是资本主义经济技术创新的源泉。规模经济理论将市场条件假定为垄断无疑具有重要意义。

规模经济与垄断的密切联系,成为各国经济学界和法学界关注的重要问题,对我国目前的政策制定也有重要意义。在诸如日本等发达国家经济法领域,存在着反垄断法与振兴法、合理化法和进出口交易法等众多的促进垄断政策并存的局面,实际上这并不矛盾。因为法学上的"垄断"是广义的,它包括三种类型:

第一种是人为的垄断:即通过经济的或非经济的手段画地为牢、建立壁垒、人为地造成某些生产者在一定范围内无竞争者的状况。

第二种是自然的垄断:即由于某种特殊的自然条件或经济环境形成的别人难以与之竞争的状况。

第三种是必然的垄断:即在社会化大生产中,在较为完善的统一市场上经过激烈竞争形成的,即经济学上主体通过经济手段而形成的垄断。

合理反垄断的对象是人为的垄断和滥用垄断权力,而不是体现规模经济规律的必然垄断和自然垄断。

案例 18.1

世纪大审判:微软案

1997年10月20日,美司法部向哥伦比亚特区联邦法院状告微软公司,指责其违反1995年司法部与之达成的反托拉斯协议(该协议禁止微软将其他应用软件捆绑于Windows 95操作系统内),迫使个人电脑生产厂商必须以预装其浏览器软件作为预装Windows 95的前提条件。

2000年3月美国法院根据《谢尔曼法(1890年修正案)》、《克莱顿法(1914年修正案)》、《联邦贸易委员会法(1914年修正案)》、《1930年罗宾逊—佩特曼法案》等美国反垄断法做出裁决,将微软公司一分为二,一个专门生产视窗操作系统,另一个专门生产浏览器。但后来该判决被取消。

【分析】从这一案例中可以体现规模经济与反垄断的关系,微软将浏览器捆绑销售,这阻碍了浏览器领域的竞争和规模经济的形成。据调查,Netscape(N.S.)浏览器在很多Web站点的使用率远远高于微软的IE浏览器,将微软拆散,更有利于在视窗操作系统和浏览器两个领域分别实现进一步的规模经济和效率。在美国历史上,将 AT&T(美国电话电报公司)拆散为七个公司促进了其发展,而 IBM 反垄断案的解除使 IBM 呈现下滑趋势。美国法院拆分判决的取消有着种种特殊原因:比如微软所处行业技术创新的重要性、国际竞争形势的需要等,维护微软这面旗帜对美国外贸发展意义重大。在欧洲,微软也遭遇了反垄断,由于没有国家利益的问题,微软最终被判决败诉并处以巨额罚款。

《中华人民共和国反垄断法》自 2008 年 8 月 1 日起施行,这对于改革开放中的中国有重大意义:一方面有助于改变不合理的行政垄断现象;另一方面在开放形势下,为一些尚显弱小的企业提供平等竞争的机会。

2. 规模经济与国际贸易的相互促进

(1)在 $2\times 2\times 2$ 模型中,规模经济的存在扩大了贸易三角,增加了两国的贸易量(如图 18.16 所示)。

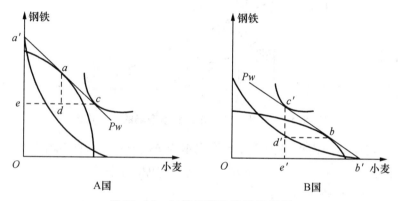

图 18.16 规模经济促进国际贸易

由于规模经济的存在,A 国和 B 国可以实现完全专业化生产。贸易后,在达到相同的福利水平的情况下,与规模报酬不变的情况相比,生产点在 A 国从 a 点移动到 a' 点,在 B 国从 b 点移动到 b' 点。A 国的贸易三角从贸易前的 $\triangle adc$ 扩大到贸易后的 $\triangle a'ec$,B 国的贸易三角从贸易前的 $\triangle c'd'b$ 扩大到贸易后的 $\triangle c'e'b'$,贸易三角的扩大意味着增加了两国的贸易量。

(2)国际贸易扩大了市场,改变了产品面临的需求条件,有利于规模经济的实现(封闭经济下垄断竞争市场的长期均衡如图 18.17 所示,开放经济下垄断竞争市场的长期均衡如图 18.18 所示)。

MR = MC 决定了封闭经济条件下垄断竞争市场的均衡价格为 P_0,平均成本为 $AC_0 = P_0$,均衡产量为 OQ_0。

在开放经济条件下,国际贸易使市场扩大,需求线本可以扩张到 D_1,但由于国际竞争的存在,企业只占有国际市场的一部分,实际需求线移动到与 D_1 平行的 D'。

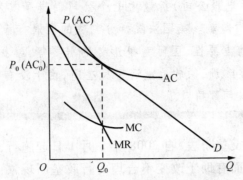

图 18.17　封闭经济下垄断竞争市场的长期均衡

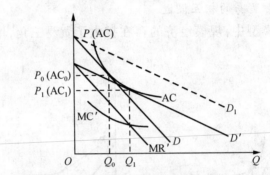

图 18.18　开放经济下垄断竞争市场的长期均衡

$MR'=MC'$ 决定新的均衡价格为 P_1，平均成本为 $AC_1=P_1$，新的均衡产量为 OQ_1。与图 18.17 相比较，国际贸易使产量增加（$OQ_0 \to OQ_1$），平均成本降低（从 AC_0 降为 AC_1），即国际贸易促进规模经济。

（3）规模经济与产业内贸易

如图 18.19 所示，纵轴代表价格和成本，横轴代表产量。贸易前两国对两种汽车的需求量都是和消费 100，每个国家自给自足，各生产 100 辆卡车、100 辆轿车，成本很高。

贸易后日本专业化生产卡车，生产 200 辆，其中 100 辆出口到美国。由于规模经济效应，200 辆汽车的平均成本低于 100 辆汽车的生产成本。这时两国以更低的成本消费到同样数量的卡车。美国专业化生产轿车，生产 200 辆，其中 100 辆出口到日本。同样，由于规模经济效应，两国以更低的成本消费到同样数量的轿车。

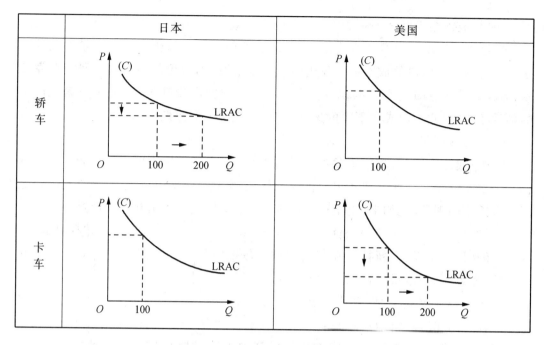

图 18.19　规模经济与产业内贸易

3. 动态规模经济与国际贸易

（1）干中学（learn by doing）

干中学指劳动者在不断重复的生产过程中，进一步提高技术和熟练程度，能够提高生产效率，因此，即使投入不增加，生产能力也会不断增强。

干中学最典型的例子之一是霍恩德尔（Horndal）现象。瑞典的霍恩德尔钢铁厂建于 1835—1836 年间，在以后的 15 年没有增加资本和劳动力，然而，年产量以每年 2% 的速度提高，其原因是由于工人们在劳动过程中提高了技术和熟练程度。

（2）学习曲线（learning curve）（图 18.20）

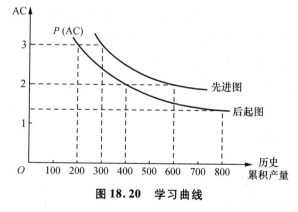

图 18.20　学习曲线

由于存在干中学的效应促使生产效率的提高，一个产业历史累积产量每翻一番,其平均成本会下降20%—30%,这称为学习效应。

学习曲线体现了学习效应的作用,它显示了平均成本与历史累积产量之间的关系。后起国起步阶段的成本低于先进国的起步阶段,因为后起国节约了研究开发成本,需抛弃的原有旧技术成本较少。同时由于后起国产量基数较小,历史累积产量的翻番较快,因此平均成本下降的速度较快,在成本上会逐渐取得优势。

(3)"蛙跳"模型(jeapfrogging model)

布瑞齐斯(E. S. Brejis)、克鲁格曼和齐东(D. Tsiddon)提出的"蛙跳模型",研究国与国之间为什么会发生技术领导权的转移,它解释了落后国家超常规的发展和赶超先进国家的现象,比如18世纪英国超过荷兰,19世纪末美国和德国超过英国。

"蛙跳模型"有四个前提条件:第一,领先国与后起国之间工资成本差异足够大;第二,相比旧技术而言,新技术在起初时效率较低;第三,旧技术的经验对新技术并不重要;第四,新技术最终比旧技术有显著的生产率增进。

在四个条件成立的情况下,"蛙跳模型"建立了一个 $2 \times 2 \times 1$ 模型:两个国家——领先国和后起国、两种产品——食品(技术上稳定不变、规模报酬不变)和工业制成品(不断发生技术进步,存在规模经济和明显的学习效应)、一种投入——劳动力。

"蛙跳模型"认为:领先国在旧技术上有学习效应,旧技术的生产率比新技术初始时的生产率高,故领先国会选择继续沿用旧技术;而后起国由于劳动力成本较低,它可以一开始就选择新技术,从而在未来取得技术优势。技术领导权的转移使后起国逐渐赶超先进国。

(4)技术差距模型(technological gap model)

美国经济学家波斯纳(M. V. Posner)在1961年发表的《国际贸易与技术变迁》一文中,提出了技术差距模型,该模型解释了技术领导权与国际贸易的关系。

该模型认为,技术从一国向其他国家的扩散和传播存在着两种"时滞"(lag):第一种是需求时滞,即从技术领导国发明一种新产品开始到模仿国的消费者了解这种产品并产生消费需求为止的时间间隔;第二种是模仿时滞,即从技术领导国发明一种新产品开始到模仿国的生产者能生产出同样产品时为止的时间间隔。只要需求时滞短于模仿时滞,就会有国际贸易的发生,技术领导国会向模仿国出口新产品。

动态规模经济解释了"后来居上"的经济规律以及进出口的逆转。

五、林德的重叠需求论

1961年,瑞典经济学家林德提出"重叠需求论",又称"偏好相似论",以解释第二次世界大战后以来大量国际贸易集中在发达国家之间的现象。"重叠需求论"的特点是侧重从需求的角度考查贸易基础,而前面三种自由贸易理论侧重于从供给的角度考查贸易基础。

"重叠需求论"的基本观点是:

(1)需求结构是决定贸易格局的重要因素,两国需求结构越相似,两国间的贸易可能越密集。

(2)平均收入水平对需求结构具有支配性的影响,发达国家的平均收入水平比较接近,所以具有相似的需求结构。

(3)制成品的对外贸易是国内贸易的一种延伸。

如图 18.21 所示,图中横轴代表平均收入水平,纵轴代表产品品位。从原点出发有两条射线:$O\alpha$ 是平均收入水平与对高品位商品(如奢侈品)的需求相对应的点的轨迹,$O\beta$ 是平均收入水平与对低品位商品(如日杂用品)的需求相对应的点的轨迹。

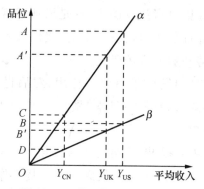

图 18.21 "重叠需求论"图示

英国平均收入水平(Y_{UK})与美国(Y_{US})相似,两国产品品位重叠部分多,为 $A'B$,故两国有更多的贸易机会。相反,中国的人均收入水平(Y_{CN})与英美差距较大,产品品位重叠部分较小,所以贸易机会较少。

经济学中著名的"恩格尔定律"表明:随着平均收入水平的提高,人们对工业制成品尤其是奢侈品的需求会增加。这种需求带动了本国工业制成品的生产增加,当本国产量的增加超过了需求增长时,该国就具备了出口能力。这些出口产品最容易进入的是有相似需求条件的市场。

第二节 贸易保护的理论依据

前面从供求两方面介绍了自由贸易理论。中国加入 WTO 后,面临逐渐开放、走向世界的大趋势,但是,针对我们的国情和国际竞争情势,又不能忽视采取适当的贸易保护。贸易保护不是目的,而是迈向进一步自由贸易的手段。WTO 也对合理的贸易保护实行了宽容,比如允许发展中国家对其新生工业进行高关税保护。另一方面,一些国家为了其国家利益,或转移本国经济危机的影响,利用 WTO 在某些领域(如限制非关税壁垒)的规定比较笼统和宽松的特点,实行贸易保护主义,对多边贸易新秩序的形成造成不合理的障碍,这要引起我们足够的重视,并应采取合理的措施捍卫我国的正当权益。为了对贸易保护有更深入的理解,应广泛探索其理论依据。

一、重商主义(mercantilism)

最早的贸易保护理论是15—17世纪流行于欧洲的重商主义,其代表作品是英国的托马斯·曼于1664年出版的《英国来自对外贸易的财富》。

重商主义的主要观点是:金银货币是财富的唯一形式,它反映了一国的富裕程度和国力的强弱。为了增加金银货币,除了开采金银矿之外,只有发展对外贸易并保持贸易顺差,使外国的金银财富流入国内,这是增加财富的最可靠途径。

为了保持贸易顺差,重商主义的政策主张是"奖出限入";由国家管制对外贸易、管制本国工业;鼓励和扶持幼弱的本国工业。

重商主义在资本积累时期发挥了重要的作用,对后世也有深远的影响,例如凯恩斯主义主张追求贸易顺差,以及战后日本"贸易立国、出口第一"的基本国策,无不体现了重商主义的政策思想。

亚当·斯密对重商主义提出了两点批判:第一,重商主义混淆了"财富"(wealth)和"财宝"(treasure)这两个基本概念。金银货币作为财宝,只是财富的一部分。第二,重商主义对贸易获利的理解存在偏差。它认为贸易获利意味着贸易伙伴财富流失。而实际上贸易使双方都获利,其源泉是专业化分工带来的生产率的提高。

二、保护新生工业理论

1791年,美国第一任财政部长汉密尔顿在《制造业的报告》中提出了保护新生工业的思想。1841年,德国经济学家李斯特在其代表作《政治经济学的国民体系》中系统地阐述了保护新生工业理论。

保护新生工业理论以生产力理论为基础,以保护关税制度为核心,是为后进国家服务的理论。它的基本观点是:

1. 保护时机

李斯特认为,一个国家的发展经历原始未开化时期、畜牧业时期、农业时期、农工业时期和农工商时期这五个时期。当时的德国经过工业发展的初级阶段,具备了建成一个工业国的精神上和物质上的必要条件,但还存在更先进的竞争力量,因为当时英国已步入农工商业时期。因此德国有必要、也有能力实行对新生工业的保护。

2. 保护对象

新生工业指的是幼稚但有发展前途的工业。保护是要付出代价的,新生工业发展起来后应对这些代价做出补偿并有盈余,这样的保护才是有意义、有价值的(见图8.9)。

3. 保护手段

利用高关税保护。在新生工业的起步阶段,应逐步提高关税;随着该工业的成长,当其具备竞争能力时,应逐步降低关税,税率的增减视该工业的国际竞争力状况而定。高关税保护期限最长不能超过30年。

保护新生工业理论对于美、德、日等国家的经济腾飞起到了积极作用,是发展中国家合理保护民族产业的理论依据。但在实践中,往往存在保护对象难以确定等问题,因此有不少失败的教训。

另外,美国经济学家保罗·克鲁格曼对保护新生工业理论提出了两点批判:第一,保护新生工业理论要求在今天保护明天才具备竞争能力和比较优势的产业,而今天发展这些产业的要素投入还很缺乏。第二,高关税保护是次佳的政策选择,促进工业发展的最好办法是建立完善的资本市场以及实行补贴(见图10.1)。

三、对外贸易乘数论

20世纪30年代,哈罗德将宏观经济学中的投资乘数引申到国际贸易理论,提出了对外贸易乘数论。

该理论的主要观点是:出口类似于投资,对本国经济起到增长乘数的作用。具体地说:出口增加导致收入上升,从而使消费需求增加;增长的消费刺激了生产扩大,使得收入进一步上升;增加的收入刺激了投资的增加,由于投资的乘数作用,国民收入加倍增长。另一方面,进口类似于储蓄,是国民收入的漏洞。因此,应"奖出限入"。

对外贸易乘数论被认为是重商主义的现代翻版,在20世纪30年代,它成为"关税战"和"贸易战"的理论依据,加深了当时的经济危机。

四、保护就业理论

保护就业理论是当前发达国家贸易保护主义的重要理论依据。该理论认为:首先,自由贸易理论存在缺陷,即假设贸易双方将自己的资源转移到有比较优势的部门,所有被转移出去的资源都能被重新利用,而且在高效率的部门使用,而事实并非如此;其次,由于工资差距很大,发达国家大量进口廉价的劳动密集型产品会冲击国内同类产品的生产,使一部分工人失业;最后,进口欠发达国家"血汗工厂"的产品是一种不道德的行为。

保护就业理论认识到自由贸易理论的基本前提假设决定了其严格有效是需要满足必备条件的,这对于我们客观评价和合理运用自由贸易理论有重要意义。但是,保护就业理论认为劳动工资决定劳动成本,事实上劳动成本由劳动工资和劳动生产率两方面构成,工资差距完全可以通过劳动生产率的提高得到弥补。20 世纪 70 年代以后,日本工资增长速度快于其他发达国家,但这并没有带来日本劳动成本的相应上升,也没有影响日本的出口增长势头。同时,发达国家对"血汗工厂"的评价是不合理的,不能以富国的标准要求穷国。发达国家拒绝进口所谓"血汗工厂"的产品,只能使欠发达国家更加贫困,制造更多的"血汗工厂",同时也损害发达国家资本和技术密集型产品的出口。

实证分析表明,以限制进口来保护就业成本高、效果差。美国减少 100 亿美元的进口,可以减少 17.9 万人的失业;但美国增加 100 亿美元的出口,可以增加 19.3 万人的就业。1990 年美国因进口冲击造成的失业只占总失业人口的 5%—10%。

五、减少贸易赤字,平衡国际收支

该理论认为:贸易赤字增加了一国的对外负债,为了还债,该国只得减少国内投资,这会削弱本国的竞争能力,造成更多的贸易赤字,形成恶性循环。为了保持贸易平衡,可以用本国货币贬值的保护手段以限制进口、促进出口。

该理论认识到在贸易赤字情况下应采取措施平衡国际收支,这与 WTO 的规则是一致的,WTO 专门规定保障国际收支平衡作为重要的例外条款(参见第九章第二节)。

但是,该理论所指出的货币贬值并非根本解决贸易赤字问题的途径。这是因为:首先,本国货币贬值使得本国进口减少,这样本国货币流入国际市场减少,这意味着国际资本市场上本国货币供应减少,从而导致本国货币升值。其次,本国货币贬值使得本国进口减少,消费需求更多地转向国内产品,因而导致国内产品价格上升,其结果一方面使得进口产品更有吸引力,另一方面由于本国产品价格上升导致本国居民的收入增加,从而使本国消费者更有能力购买进口品。最后,对于如日本这样大量依赖原材料进口的国家而言,还有一个突出的问题:本国货币贬值导致进口原材料价格上升,使得生产成本增加,因此本国产品价格上升,这不利于出口。

在实践当中,1985 年美国为了解决贸易赤字问题,主持召开五国财长会议,共同干预外汇市场,使美元贬值。在紧接着的短短几年中,美国的贸易赤字略有好转,但此后有较大反弹,进入 20 世纪 90 年代以后呈现迅猛上升的趋势。

[本章小结]

通过本章学习,应明确世界贸易组织在推进全球自由贸易的目标下,根据具体情况允许各种灵活政策及合理保护措施,从而更好地在促进世界贸易发展的同时,维护国家的正当权益。本章还揭示了在经济出现危机的情况下,对外贸易乘数论等贸易保护主义的理论依据,以及保护就业论等在发达国家盛行的贸易保护依据,并对其做出了评价,更加突出了世界贸易组织规范全球贸易的重要性和必要性。

[思考题]

1. 如何运用比较优势理论解释表18.2"绝对优势国家"和"绝对劣势国家"的贸易?
2. 请谈谈你对列昂惕夫之谜及其解释的理解。
3. 规模经济与国际贸易如何相互促进?
4. "重叠需求论"对中国外贸发展有何启示?
5. 新时期贸易保护理论对我国有何现实意义?

附　录

附录一：《联合国国际货物销售合同公约》关于买卖双方义务的规定

第三部分　货物销售

第二章　卖方的义务

第三十条

卖方必须按照合同和本公约的规定，交付货物，移交一切与货物有关的单据并转移货物所有权。

第一节　交付货物和移交单据

第三十一条

如果卖方没有义务要在任何其他特定地点交付货物，他的交货义务如下：(a) 如果销售合同涉及货物的运输，卖方应把货物移交给第一承运人，以运交给买方；(b) 在不属于上一款规定的情况下，如果合同指的是特定货物或从特定存货中提取的或尚待制造或生产的未经特定化的货物，而双方当事人在订立合同时已知道这些货物是在某一特定地点，或将在某一特定地点制造或生产，卖方应在该地点把货物交给买方处置；(c) 在其他情况下，卖方应在他于订立合同时营业地把货物交给买方处置。

第三十二条

(1) 如果卖方按照合同或本公约的规定将货物交付给承运人，但货物没有以货物上加标记、或以装运单据或其他方式清楚地注明有关合同，卖方必须向买方发出列明货物的发货通知。

(2) 如果卖方有义务安排货物的运输，他必须订立必要的合同，以按照通常运输条件，用适合情况的运输工具，把货物运到指定地点。

(3) 如果卖方没有义务对货物的运输办理保险，他必须在买方提出要求时，向买方提供一切现有的必要资料，使他能够办理这种保险。

第三十三条

卖方必须按以下规定的日期交付货物:(a)如果合同规定有日期,或从合同可以确定日期,应在该日期交货;(b)如果合同规定有一段时间,或从合同可以确定一段时间,除非情况表明应由买方选定一个日期外,应在该段时间内任何时候交货;或者(c)在其他情况下,应在订立合同后一段合理时间内交货。

第三十四条

如果卖方有义务移交与货物有关的单据,他必须按照合同所规定的时间、地点和方式移交这些单据。如果卖方在那个时间以前已移交这些单据,他可以在那个时间到达前纠正单据中任何不符合合同规定的情形,但是,此一权利的行使不得使买方遭受不合理的不便或承担不合理的开支。但是,买方保留本公约所规定的要求损害赔偿的任何权利。

第二节 货物相符与第三方要求

第三十五条

(1)卖方交付的货物必须与合同所规定的数量、质量和规格相符,并须按照合同所规定的方式装箱或包装。

(2)除双方当事人业已另有协议外,货物除非符合以下规定,否则即为与合同不符:(a)货物适用于同一规格货物通常使用的目的;(b)货物适用于订立合同时曾明示或默示地通知卖方的任何特定目的,除非情况表明买方并不依赖卖方的技能和判断力,或者这种依赖对他是不合理的;(c)货物的质量与卖方向买方提供的货物样品或样式相同;(d)货物按照同类货物通用的方式装箱或包装,如果没有此种通用方式,则按照足以保全和保护货物的方式装箱或包装。

(3)如果买方在订立合同时知道或者不可能不知道货物不符合合同,卖方就无须按上一款(a)项至(d)项负有此种不符合合同的责任。

第三十六条

(1)卖方应按照合同和本公约的规定,对风险转移到买方时所存在的任何不符合合同的情形,负有责任,即使这种不符合合同的情形在该时间后方始明显。

(2)卖方对在上一款所述时间后发生的任何不符合合同的情形,也应负有责任,如果这种不符合合同的情形是由于卖方违反他的某项义务所致,包括违反关于在一段时间内货物将继续适用于其通常使用的目的或某种特定目的,或将保持某种特定质量或性质的任何保证。

第三十七条

如果卖方在交货日期前交付货物,他可以在那个日期到达前,交付任何缺漏部分或补足所交付货物的不足数量,或交付用以替换所交付不符合合同规定的货物,或对所交付货物中任何不符合合同规定的情形做出补救,但是,此一权利的行使不得使买方遭受不合理的不便或承担不合理的开支。但是,买方保留本公约所规定的要求损害赔偿的任何权利。

第三十八条

(1)买方必须在按情况实际可行的最短时间内检验货物或由他人检验货物。

(2)如果合同涉及到货物的运输,检验可推迟到货物到达目的地后进行。

(3)如果货物在运输途中改运或买方须再发运货物,没有合理机会加以检验,而卖方在订立合同时已知道或理应知道这种改运或再发运的可能性,检验可推迟到货物到达新目的地后进行。

第三十九条

（1）买方对货物不符合合同，必须在发现或理应发现不符情形后一段合理时间内通知卖方，说明不符合合同情形的性质，否则就丧失声称货物不符合合同的权利。

（2）无论如何，如果买方不在实际收到货物之日起两年内将货物不符合合同情形通知卖方，他就丧失声称货物不符合合同的权利，除非这一时限与合同规定的保证期限不符。

第四十条

如果货物不符合合同规定指的是卖方已知道或不可能不知道而又没有告知买方的一些事实，则卖方无权援引第三十八条和第三十九条的规定。

第四十一条

卖方所交付的货物，必须是第三方不能提出任何权利或要求的货物，除非买方同意在这种权利或要求的条件下，收取货物。但是，如果这种权利或要求是以工业产权或其他知识产权为基础的，卖方的义务应依照第四十二条的规定。

第四十二条

（1）卖方所交付的货物，必须是第三方不能根据工业产权或其他知识产权主张任何权利或要求的货物，但以卖方在订立合同时已知道或不可能不知道的权利或要求为限，而且这种权利或要求根据以下国家的法律规定是以工业产权或其他知识产权为基础的：（a）如果双方当事人在订立合同时预期货物将在某一国境内转售或做其他使用，则根据货物将在其境内转售或做其他使用的国家的法律；或者（b）在任何其他情况下，根据买方营业地所在国家的法律。

（2）卖方在上一款中的义务不适用于以下情况：（a）买方在订立合同时已知道或不可能不知道此项权利或要求；或者（b）此项权利或要求的发生，是由于卖方要遵照买方所提供的技术图样、图案、程式或其他规格。

第四十三条

（1）买方如果不在已知道或理应知道第三方的权利或要求后一段合理时间内，将此一权利或要求的性质通知卖方，就丧失援引第四十一条或第四十二条规定的权利。

（2）卖方如果知道第三方的权利或要求以及此一权利或要求的性质，就无权援引上一款的规定。

第四十四条

尽管有第三十九条第（1）款和第四十三条第（1）款的规定，买方如果对他未发出所需的通知具备合理的理由，仍可按照第五十条规定减低价格，或要求利润损失以外的损害赔偿。

第三节　卖方违反合同的补救办法

第四十五条

（1）如果卖方不履行他在合同和本公约中的任何义务，买方可以：（a）行使第四十六条至第五十二条所规定的权利；（b）按照第七十四条至第七十七条的规定，要求损害赔偿。

（2）买方可能享有的要求损害赔偿的任何权利，不因他行使采取其他补救办法的权利而丧失。

（3）如果买方对违反合同采取某种补救办法，法院或仲裁庭不得给予卖方宽限期。

第四十六条

（1）买方可以要求卖方履行义务,除非买方已采取与此一要求相抵触的某种补救办法。

（2）如果货物不符合合同,买方只有在此种不符合合同情形构成根本违反合同时,才可以要求交付替代货物,而且关于替代货物的要求,必须与依照第三十九条发出的通知同时提出,或者在该项通知发出后一段合理时间内提出。

（3）如果货物不符合合同,买方可以要求卖方通过修理对不符合合同之处做出补救,除非他考虑了所有情况之后,认为这样做是不合理的。修理的要求必须与依照第三十九条发出的通知同时提出,或者在该项通知发出后一段合理时间内提出。

第四十七条

（1）买方可以规定一段合理时限的额外时间,让卖方履行其义务。

（2）除非买方收到卖方的通知,声称他将不在所规定的时间内履行义务,买方在这段时间内不得对违反合同采取任何补救办法。但是,买方并不因此丧失他对迟延履行义务可能享有的要求损害赔偿的任何权利。

第四十八条

（1）在第四十九条的条件下,卖方即使在交货日期之后,仍可自付费用,对任何不履行义务做出补救,但这种补救不得造成不合理的迟延,也不得使买方遭受不合理的不便,或无法确定卖方是否将偿付买方预付的费用。但是,买方保留本公约所规定的要求损害赔偿的任何权利。

（2）如果卖方要求买方表明他是否接受卖方履行义务,而买方不在一段合理时间内对此一要求做出答复,则卖方可以按其要求中所指明的时间履行义务。买方不得在该段时间内采取与卖方履行义务相抵触的任何补救办法。

（3）卖方表明他将在某一特定时间内履行义务的通知,应视为包括根据上一款规定要买方表明决定的要求在内。

（4）卖方按照本条第(2)和第(3)款做出的要求或通知,必须在买方收到后,始生效力。

第四十九条

（1）买方在以下情况下可以宣告合同无效:(a)卖方不履行其在合同或本公约中的任何义务,等于根本违反合同;或(b)如果发生不交货的情况,卖方不在买方按照第四十七条第(1)款规定的额外时间内交付货物,或卖方声明他将不在所规定的时间内交付货物。

（2）但是,如果卖方已交付货物,买方就丧失宣告合同无效的权利,除非:(a)对于迟延交货,他在知道交货后一段合理时间内这样做;(b)对于迟延交货以外的任何违反合同事情:① 他在已知道或理应知道这种违反合同后一段合理时间内这样做;或② 他在买方按照第四十七条第(1)款规定的任何额外时间满期后,或在卖方声明他将不在这一额外时间履行义务后一段合理时间内这样做;或③ 他在卖方按照第四十八条第(2)款指明的任何额外时间满期后,或在买方声明他将不接受卖方履行义务后一段合理时间内这样做。

第五十条

如果货物不符合合同,不论价款是否已付,买方都可以减低价格,减价按实际交付的货物在交货时的价值与符合合同的货物在当时的价值两者之间的比例计算。但是,如果卖方按照第三十七条或第四十八条的规定对任何不履行义务做出补救,或者买方拒绝接受卖方按照该两条规定履行义务,则买方不得减低价格。

第五十一条

(1) 如果卖方只交付一部分货物,或者交付的货物中只有一部分符合合同规定,第四十六条至第五十条的规定适用于缺漏部分及不符合合同规定部分的货物。

(2) 买方只有在完全不交付货物或不按照合同规定交付货物等于根本违反合同时,才可以宣告整个合同无效。

第五十二条

(1) 如果卖方在规定的日期前交付货物,买方可以收取货物,也可以拒绝收取货物。

(2) 如果卖方交付的货物数量大于合同规定的数量,买方可以收取也可以拒绝收取多交部分的货物。如果买方收取多交部分货物的全部或一部分,他必须按合同价格付款。

第三章　买方的义务

第五十三条

买方必须按照合同和本公约规定支付货物价款和收取货物。

第一节　支付价款

第五十四条

买方支付价款的义务包括根据合同或任何有关法律和规章规定的步骤和手续,以便支付价款。

第五十五条

如果合同已有效地订立,但没有明示或暗示地规定价格或规定如何确定价格,在没有任何相反表示的情况下,双方当事人应视为已默示地引用订立合同时此种货物在有关贸易的类似情况下销售的通常价格。

第五十六条

如果价格是按货物的重量规定的,如有疑问,应按净重确定。

第五十七条

(1) 如果买方没有义务在任何其他特定地点支付价款,他必须在以下地点向卖方支付价款:(a) 卖方的营业地;或者(b) 如凭移交货物或单据支付价款,则为移交货物或单据的地点。

(2) 卖方必须承担因其营业地在订立合同后发生变动而增加的支付方面的有关费用。

第五十八条

(1) 如果买方没有义务在任何其他特定时间内支付价款,他必须于卖方按照合同和本公约规定将货物或控制货物处置权的单据交给买方处置时支付价款。卖方可以支付价款作为移交货物或单据的条件。

(2) 如果合同涉及到货物的运输,卖方可以在支付价款后方可把货物或控制货物处置权的单据移交给买方作为发运货物的条件。

(3) 买方在未有机会检验货物前,无义务支付价款,除非这种机会与双方当事人议定的交货或支付程序相抵触。

第五十九条

买方必须按合同和本公约规定的日期或从合同和本公约可以确定的日期支付价款,而无需卖方提出任何要求或办理任何手续。

第二节 收取货物

第六十条

买方收取货物的义务如下:(a) 采取一切理应采取的行动,以期卖方能交付货物;和(b) 接收货物。

第三节 买方违反合同的补救办法

第六十一条

(1) 如果买方不履行他在合同和本公约中的任何义务,卖方可以:(a) 行使第六十二条至第六十五条所规定的权利;(b) 按照第七十四条至第七十七条的规定,要求损害赔偿。

(2) 卖方可能享有的要求损害赔偿的任何权利,不因他行使采取其他补救办法的权利而丧失。

(3) 如果卖方对违反合同采取某种补救办法,法院或仲裁庭不得给予买方宽限期。

第六十二条

卖方可以要求买方支付价款、收取货物或履行他的其他义务,除非卖方已采取与此一要求相抵触的某种补救办法。

第六十三条

(1) 卖方可以规定一段合理时限的额外时间,让买方履行义务。

(2) 除非卖方收到买方的通知,声称他将不在所规定的时间内履行义务,卖方不得在这段时间内对违反合同采取任何补救办法。但是,卖方并不因此丧失他对迟延履行义务可能享有的要求损害赔偿的任何权利。

第六十四条

(1) 卖方在以下情况下可以宣告合同无效:(a) 买方不履行其在合同或本公约中的任何义务,等于根本违反合同;或(b) 买方不在卖方按照第六十三条第(1)款规定的额外时间内履行支付价款的义务或收取货物,或买方声明他将不在所规定的时间内这样做。

(2) 但是,如果买方已支付价款,卖方就丧失宣告合同无效的权利,除非:(a) 对于买方迟延履行义务,他在知道买方履行义务前这样做;或者(b) 对于买方迟延履行义务以外的任何违反合同事情;① 他在已知道或理应知道这种违反合同后一段合理时间内这样做;或② 他在卖方按照第六十三条第(1)款规定的任何额外时间满期后或在买方声明他将不在这一额外时间内履行义务后一段合理时间内这样做。

第六十五条

(1) 如果买方应根据合同规定订明货物的形状、大小或其他特征,而他在议定的日期或在收到卖方的要求后一段合理的时间内没有订明这些规格,则卖方在不损害其可能享有的任何其他权利的情况下,可以依照他所知的买方的要求,自己订明规格。

(2) 如果卖方自己订明规格,他必须将订明规格的细节通知买方,而且必须规定一段合理时间,让买方可以在该段时间内订出不同的规格。如果买方在收到这种通知后没有在该段时间内这样做,卖方所订的规格就具有约束力。

第五章 卖方和卖方义务的一般规定

第一节 预期违反合同和分批交货合同

第七十一条

(1) 如果订立合同后,另一方当事人由于下列原因显然将不履行其大部分重要义务,一方当事人可以中止履行义务:(a) 他履行义务的能力或他的信用有严重缺陷;或(b) 他在准备履行合同或履行合同中的行为。

(2) 如果卖方在上一款所述的理由明显化以前已将货物发运,他可以阻止将货物交付给买方,即使买方持有其有权获得货物的单据。本款规定只与买方和卖方间对货物的权利有关。

(3) 中止履行义务的一方当事人不论是在货物发运前还是发运后,都必须立即通知另一方当事人,如经另一方当事人对履行义务提供充分保证,则他必须继续履行义务。

第七十二条

(1) 如果在履行合同日期之前,明显看出一方当事人将根本违反合同,另一方当事人可以宣告合同无效。

(2) 如果时间许可,打算宣告合同无效的一方当事人必须向另一方当事人发出合理的通知,使他可以对履行义务提供充分保证。

(3) 如果另一方当事人已声明他将不履行其义务,则上一款的规定不适用。

第七十三条

(1) 对于分批交付货物的合同,如果一方当事人不履行对任何一批货物的义务,便对该批货物构成根本违反合同,则另一方当事人可以宣告合同对该批货物无效。

(2) 如果一方当事人不履行对任何一批货物的义务,使另一方当事人有充分理由断定对今后各批货物将会发生根本违反合同,该另一方当事人可以在一段合理时间内宣告合同今后无效。

(3) 买方宣告合同对任何一批货物的交付为无效时,可以同时宣告合同对已交付的或今后交付的各批货物均为无效,如果各批货物是互相依存的,不能单独用于双方当事人在订立合同时所设想的目的。

第二节 损害赔偿

第七十四条

一方当事人违反合同应负的损害赔偿额,应与另一方当事人因他违反合同而遭受的包括利润在内的损失额相等。这种损害赔偿不得超过违反合同一方在订立合同时,依照他当时所知道或理应知道的事实和情况,对违反合同预料到或理应预料到的可能损失。

第七十五条

如果合同被宣告无效,而在宣告无效后一段合理时间内,买方已以合理方式购买替代货物,或者卖方已以合理方式把货物转卖,则要求损害赔偿的一方可以取得合同价格和替代货物交易价格之间的差额以及按照第七十四条规定可以取得的任何其他损害赔偿。

第七十六条

（1）如果合同被宣告无效，而货物又有时价，要求损害赔偿的一方，如果没有根据第七十五条规定进行购买或转卖，则可以取得合同规定的价格和宣告合同无效时的时价之间的差额以及按照第七十四条规定可以取得的任何其他损害赔偿。但是，如果要求损害赔偿的一方在接收货物之后宣告合同无效，则应适用接收货物时的时价，而不适用宣告合同无效时的时价。

（2）为上一款的目的，时价指原应交付货物地点的现行价格，如果该地点没有时价，则指另一合理替代地点的价格，但应适当地考虑货物运费的差额。

第七十七条

声称另一方违反合同的一方，必须按情况采取合理措施，减轻由于该另一方违反合同而引起的损失，包括利润方面的损失。如果他不采取这种措施，违反合同一方可以要求从损害赔偿中扣除原可以减轻的损失数额。

第三节 利 息

第七十八条

如果一方当事人没有支付价款或任何其他拖欠金额，另一方当事人有权对这些款额收取利息，但不妨碍要求按照第七十四条规定可以取得的损害赔偿。

第四节 免 责

第七十九条

（1）当事人对不履行义务，不负责任，如果他能证明此种不履行义务，是由于某种非他所能控制的障碍，而且对于这种障碍，没有理由预期他在订立合同时能考虑到或能避免或克服它或它的后果。

（2）如果当事人不履行义务是由于他所雇佣履行合同的全部或一部分规定的第三方不履行义务所致，该当事人只有在以下情况下才能免除责任：(a) 他按照上一款的规定应免除责任，和 (b) 假如该款的规定也适用于他所雇用的人，这个人也同样会免除责任。

（3）本条所规定的免责对障碍存在的期间有效。

（4）不履行义务的一方必须将障碍及其对他履行义务能力的影响通知另一方。如果该项通知在不履行义务的一方已知道或理应知道此一障碍后一段合理时间内仍未为另一方收到，则他对于另一方未收到通知而造成的损害应负赔偿责任。

（5）本条规定不妨碍任一方行使本公约规定的要求损害赔偿以外的任何权利。

第八十条

一方当事人因其行为或不行为而使得另一方当事人不履行义务时，不得声称该另一方当事人不履行义务。

第五节 宣告合同无效的效果

第八十一条

（1）宣告合同无效解除了双方在合同中的义务，但应负责的任何损害赔偿仍应负责。宣告合同无效不影响合同中关于解决争端的任何规定，也不影响合同中关于双方在宣告合同无效后权利和义务的任何其他规定。

(2) 已全部或局部履行合同的一方,可以要求另一方归还他按照合同供应的货物或支付的价款。如果双方都须归还,他们必须同时这样做。

第八十二条

(1) 买方如果不可能按实际收到货物的原状归还货物,他就丧失宣告合同无效或要求卖方交付替代货物的权利。

(2) 上一款的规定不适用于以下情况:(a) 如果不可能归还货物或不可能按实际收到货物的原状归还货物,并非由于买方的行为或不行为所造成;或者(b) 如果货物或其中一部分的毁灭或变坏,是由于按照第三十八条规定进行检验所致;或者(c) 如果货物或其中一部分,在买方发现或理应发现与合同不符以前,已为买方在正常营业过程中售出,或在正常使用过程中消费或改变。

第八十三条

买方虽然依第八十二条规定丧失宣告合同无效或要求卖方交付替代货物的权利,但是根据合同和本公约规定,他仍保有采取一切其他补救办法的权利。

第八十四条

(1) 如果卖方有义务归还价款,他必须同时从支付价款之日起支付价款利息。

(2) 在以下情况下,买方必须向卖方说明他从货物或其中一部分得到的一切利益:(a) 如果他必须归还货物或其中一部分;或者(b) 如果他不可能归还全部或一部分货物,或不可能按实际收到货物的原状归还全部或一部分货物,但他已宣告合同无效或已要求卖方交付替代货物。

第六节 保全货物

第八十五条

如果买方推迟收取货物,或在支付价款和交付货物应同时履行时,买方没有支付价款,而卖方仍拥有这些货物或仍能控制这些货物的处置权,卖方必须按情况采取合理措施,以保全货物。他有权保有这些货物,直至买方把他所付的合理费用偿还给他为止。

第八十六条

(1) 如果买方已收到货物,但打算行使合同或本公约规定的任何权利,把货物退回,他必须按情况采取合理措施,以保全货物。他有权保有这些货物,直至卖方把他所付的合理费用偿还给他为止。

(2) 如果发运给买方的货物已到达目的地,并交给买方处置,而买方行使退货权利,则买方必须代表卖方收取货物,除非他这样做需要支付价款而且会使他遭受不合理的不便或需承担不合理的费用。如果卖方或授权代表他掌管货物的人也在目的地,则此一规定不适用。如果买方根据本款规定收取货物,他的权利和义务与上一款所规定的相同。

第八十七条

有义务采取措施以保全货物的一方当事人,可以把货物寄放在第三方的仓库,由另一方当事人担负费用,但该项费用必须合理。

第八十八条

(1) 如果另一方当事人在收取货物或收回货物或支付价款或保全货物费用方面有不合理的迟延,按照第八十五条或第八十六条规定有义务保全货物的一方当事人,可以采取任何适当办法,把货物出售,但必须事前向另一方当事人发出合理的意向通知。

(2) 如果货物易于迅速变坏,或者货物的保全牵涉到不合理的费用,则按照第八十五条或第八十六条规定有义务保全货物的一方当事人,必须采取合理措施,把货物出售。在可能的范围内,他必须把出售货物的打算通知另一方当事人。

(3) 出售货物的一方当事人,有权从销售所得收入中扣回为保全货物和销售货物而付的合理费用。他必须向另一方当事人说明所余款项。

附录二:《国际贸易术语解释通则》关于六种常用贸易术语的规定

FCA　货交承运人　(……指定地点)

"货交承运人(……指定地点)"是指卖方只要将货物在指定的地点交给由买方指定的承运人,并办理了出口清关手续,即完成交货。需要说明的是,交货地点的选择对于在该地点装货和卸货的义务会产生影响。若卖方在其所在地交货,则卖方应负责装货,若卖方在任何其他地点交货,卖方不负责卸货。

该术语可用于各种运输方式,包括多式联运。

"承运人"指任何人在运输合同中,承诺通过铁路、公路、空运、海运、内河运输或上述运输的联合方式履行运输或由他人履行运输。

若买方指定承运人以外的人领取货物,则当卖方将货物交给此人时,即视为已履行了交货义务。

A　卖方义务

B　买方义务

A1　提供符合合同规定的货物

卖方必须提供符合销售合同规定的货物和商业发票或有同等作用的电子讯息,以及合同可能要求的、证明货物符合合同规定的其他任何凭证。

B1　支付价款

买方必须按照销售合同规定支付价款。

A2　许可证、其他许可和手续

卖方必须自担风险和费用,取得任何出口许可证或其他官方许可,并在需要办理海关手续时办理货物出口所需要的一切海关手续。

B2　许可证、其他许可及手续

买方必须自担风险和费用,取得任何进口许可证或其他官方许可,并在需要办理海关手续时办理货物进口和从他国过境的一切海关手续。

A3　运输合同与保险合同

a) 运输合同

无义务。但若买方要求,或者如果是商业惯例而买方未适时给予卖方相反指示,则卖方可按照通常条件订立运输合同,费用和风险由买方承担。在任何一种情况下,卖方都可以拒绝订立此合同;如果拒绝,则应立即通知买方。

b) 保险合同

无义务。

B3 运输合同与保险合同

a）运输合同

买方必须自付费用订立自指定的地点运输货物的合同,卖方按照 A3 a) 订立了运输合同时除外。

b）保险合同

无义务。

A4 交货

卖方必须在指定的交货地点,在约定的交货日期或期限内,将货物交付给卖方指定的承运人或其他人,或由卖方按照 A3 a) 选定的承运人或其他人。

交货在以下时候完成:

a）若指定的地点是卖方所在地,则当货物被装上买方指定的承运人或代表买方的其他人提供的运输工具时;

b）若指定的地点不是 a) 而是其他任何地点,则当货物在卖方的运输工具上,尚未卸货而交给买方指定的承运人或其他人或由卖方按照 A3 a) 选定的承运人或其他人的处置时。

若在指定的地点没有约定具体交货点,且有几个具体交货点可供选择时,卖方可以在指定的地点选择最适合其目的的交货点。

若买方没有明确指示,则卖方可以根据运输方式和/或货物的数量和/或性质将货物交付运输。

B4 受领货物

买方必须在卖方按照 A4 规定交货时,受领货物。

A5 风险转移

除 B5 规定者外,卖方必须承担货物灭失或损坏的一切风险,直至已经按照 A4 规定交货为止。

B5 风险转移

买方必须按照下述规定承担货物灭失或损坏的一切风险:

- 自按照 A4 规定交货之时起;及
- 由于买方未按照 A4 规定指定承运人或其他人,或其指定的承运人或其他人未在约定时间接管货物,或买方未按照 B7 规定给予卖方相应通知,则自约定的交货日期或交货期限届满之日起,但以该项货物已正式划归合同项下,即清楚地划出或以其他方式确定为合同项下之货物为限。

A6 费用划分

除 B6 规定者外,卖方必须支付

- 与货物有关的一切费用,直至已按照 A4 规定交货为止;及
- 在需要办理海关手续时,货物出口应办理的海关手续费用及出口应交纳的一切关税、税款和其他费用。

B6 费用划分

买方必须支付

- 自按照 A4 规定交货之时起与货物有关的一切费用;及

- 由于买方未能按照 A4 规定指定承运人或其他人、或由于买方指定的人未在约定的时间内接管货物、或由于买方未按照 B7 规定给予卖方相应的通知而发生的任何额外费用,但以该项货物已正式划归合同项下,即清楚地划出或以其他方式确定为合同项下之货物为限。
- 在需要办理海关手续时,货物进口应交纳的一切关税、税款和其他费用以及办理海关手续的费用及从他国过境的费用。

A7 通知买方

卖方必须给予买方说明货物已按照 A4 规定交付给承运人的充分通知。若在约定时间承运人未按照 A4 规定接收货物,则卖方必须相应地通知买方。

B7 通知卖方

买方必须就按照 A4 规定指定的人的名称给予卖方充分通知,并根据需要指明运输方式和向该指定的人交货的日期或期限,以及依情况在指定的地点内的具体交货点。

A8 交货凭证、运输单据或有同等作用的电子讯息

卖方必须自担费用向买方提供证明按照 A4 规定交货的通常单据。

除非前项所述单据是运输单据,否则,应买方要求并由其承担风险和费用,卖方必须给予买方一切协助,以取得有关运输合同的运输单据(如可转让提单、不可转让海运单、内河运输单据、空运单、铁路托运单、公路托运单或多式联运单据)。

如买卖双方约定使用电子方式通讯,则前项所述单据可以使用有同等作用的电子数据交换(EDI)讯息代替。

B8 交货凭证、运输单据或相应的电子讯息

买方必须接受按照 A8 规定提供的交货凭证。

A9 查对、包装、标记

卖方必须支付为按照 A4 交货所需进行的查对费用(如核对货物品质、丈量、过磅、点数的费用)。

卖方必须自付费用提供按照卖方在订立销售合同前已知的有关该货物运输(如运输方式、目的地)所要求的包装(除非按照相关行业惯例,合同所述货物无需包装发运)。包装应作适当标记。

B9 货物检验

买方必须支付任何装运前检验的费用,但出口国有关当局强制进行的检验除外。

A10 其他义务

应买方要求并由其承担风险和费用,卖方必须给予买方一切协助,以帮助买方取得由装运地国和/或原产地国所签发或传送的、为买方进口货物可能要求的或必要时从他国过境所需的任何单据或有同等作用的电子讯息(A8 中所列的除外)。应买方要求,卖方必须向买方提供投保所需的信息。

B10 其他义务

买方必须支付因取得 A10 所述单据或电子讯息所发生的一切费用,并偿付卖方按照该款给予协助以及按照 A3 a)订立运输合同所发生的费用。

当买方按照 A3 a)规定要求卖方协助订立运输合同时,买方必须给予卖方相应的指示。

FOB 船上交货 (……指定装运港)

"船上交货(……指定装运港)"是当货物在指定的装运港越过船舷,卖方即完成交货。这意味着买方必须从该点起承担货物灭失或损坏的一切风险。FOB 术语要求卖方办理货物出口清关手续。

该术语仅适用于海运或内河运输。如当事各方无意越过船舷交货,则应使用 FCA 术语。

A　卖方义务

B　买方义务

A1　提供符合合同规定的货物

卖方必须提供符合销售合同规定的货物和商业发票或有同等作用的电子讯息,以及合同可能要求的、证明货物符合合同规定的其他任何凭证。

B1　支付价款

买方必须按照销售合同规定支付价款

A2　许可证、其他许可和手续

卖方必须自担风险和费用,取得任何出口许可证或其他官方许可,并在需要办理海关手续时,办理出口货物所需的一切海关手续。

B2　许可证、其他许可和手续

买方必须自担风险和费用取得任何进口许可证或其他官方许可,并在需要办理海关手续时,办理货物进口和在必要时从他国过境的一切海关手续。

A3　运输合同和保险合同

a) 运输合同

无义务。

b) 保险合同

无义务。

B3　运输合同和保险合同

a) 运输合同

买方必须自付费用订立从指定的装运港运输货物的合同。

b) 保险合同

无义务。

A4　交货

卖方必须在约定日期或期限内,在指定的装运港,按照该港习惯方式,将货物交至买方指定的船只上。

B4　受领货物

买方必须在卖方按照 A4 规定交货时受领货物。

A5　风险转移

除 B5 规定外,卖方必须承担货物灭失或损坏的一切风险,直至货物在指定的装运港越过船舷为止。

B5 风险转移

买方必须按照下述规定承担货物灭失或损坏的一切风险：
- 自货物在指定的装运港越过船舷时起；及
- 由于买方未按照 B7 规定通知卖方，或其指定的船只未按时到达，或未接收货物，或较按照 B7 通知的时间提早停止装货，则自约定交货日期或交货期限届满之日起，但以该项货物已正式划归合同项下，即清楚地划出或以其他方式确定为合同项下之货物为限。

A6 费用划分

除 B6 规定者外，卖方必须支付
- 与货物有关的一切费用，直至货物在指定的装运港越过船舷时为止；及
- 在需要办理海关手续时，货物出口需要办理的海关手续费用及出口时应交纳的一切关税、税款和其他费用。

B6 费用划分

买方必须支付
- 货物在指定的装运港越过船舷之时起与货物有关的一切费用；及
- 由于买方指定的船只未按时到达，或未接收上述货物，或较按照 B7 通知的时间提早停止装货，或买方未能按照 B7 规定给予卖方相应的通知而发生的一切额外费用，但以该项货物已正式划归合同项下，即清楚地划出或以其他方式确定为合同项下之货物为限；及
- 在需要办理海关手续时，货物进口应交纳的一切关税、税款和其他费用，及办理海关手续的费用，以及货物从他国过境的费用。

A7 通知买方

卖方必须给予买方说明货物已按照 A4 规定交货的充分通知。

B7 通知卖方

买方必须给予卖方有关船名、装船点和具体交货时间的充分通知。

A8 交货凭证、运输单据或有同等作用的电子讯息

卖方必须自付费用向买方提供证明货物已按照 A4 规定交货的通常单据。

除非前项所述单据是运输单据，否则应买方要求并由其承担风险和费用，卖方必须给予买方一切协助，以取得有关运输合同的运输单据（如可转让提单、不可转让海运单、内河运输单据或多式联运单据）。如卖买双方约定使用电子方式通讯，则前项所述单据可以由具有同等作用的电子数据交换（EDI）讯息代替。

B8 交货凭证、运输单据或有同等作用的电子讯息

买方必须接受按照 A8 规定提供的交货凭证。

A9 查对、包装、标记

卖方必须支付为按照 A4 规定交货所需进行的查对费用（如核对货物品质、丈量、过磅、点数的费用）。

卖方必须自付费用，提供按照卖方订立销售合同前已知的该货物运输（如运输方式、目的港）所要求的包装（除非按照相关行业惯例，合同所述货物无需包装发运）。包装应作适当标记。

B9 货物检验

买方必须支付任何装运前检验的费用，但出口国有关当局强制进行的检验除外。

A10 其他义务

应买方要求并由其承担风险和费用,卖方必须给予买方一切协助,以帮助其取得由装运地国和/或原产地国所签发或传送的、为买方进口货物可能要求的和必要时从他国过境所需的任何单据或有同等作用的电子讯息(A8 所列的除外)。

应买方要求,卖方必须向买方提供投保所需的信息。

B10 其他义务

买方必须支付因获取 A10 所述单据或有同等作用的电子讯息所发生的一切费用,并偿付卖方因给予协助而发生的费用。

CFR 成本加运费 (……指定目的港)

"成本加运费(……指定目的港)",是指在装运港货物越过船舷卖方即完成交货,卖方必须支付将货物运至指定的目的港所需的运费和费用。但交货后货物灭失或损坏的风险,以及由于各种事件造成的任何额外费用,即由卖方转移到买方。

CFR 术语要求卖方办理出口清关手续。

该术语仅适用于海运或内河运输。如当事各方无意越过船舷交货,则应使用 CPT 术语。

A 卖方义务

B 买方义务

A1 提供符合合同规定的货物

卖方必须提供符合销售合同规定的货物和商业发票或有同等作用的电子讯息,以及合同可能要求的、证明货物符合合同规定的其他任何凭证。

B1 支付价款

卖方必须按照销售合同规定支付价款。

A2 许可证、其他许可和手续

卖方必须自担风险和费用,取得任何出口许可证或其他官方许可,并在需要办理海关手续时办理货物出口所需的一切海关手续。

B2 许可证、其他许可和手续

买方必须自担风险和费用,取得任何进口许可证或其他官方许可,并在需要办理海关手续时办理货物进口及从他国过境的一切海关手续。

A3 运输合同和保险合同

a) 运输合同

卖方必须自付费用,按照通常条件订立运输合同,经由惯常航线,将货物用通常可供运输合同所指货物类型的海轮(或依情况适合内河运输的船只)运输至指定的目的港。

b) 保险合同

无义务。

B3 运输合同和保险合同

a) 运输合同

无义务。

b) 保险合同

无义务。

A4 交货

卖方必须在装运港,在约定的日期或期限内,将货物交至船上。

B4 受领货物

买方必须在卖方按照 A4 规定交货时受领货物,并在指定的目的港向承运人收受货物。

A5 风险转移

除 B5 规定者外,卖方必须承担货物灭失或损坏的一切风险,直至货物在装运港越过船舷为止。

B5 风险转移

买方必须承担货物在装运港越过船舷之后灭失或损坏的一切风险。

如买方未按照 B7 规定给予卖方通知,买方必须从约定的装运日期或装运期限届满之日起,承担货物灭失或损坏的一切风险,但以该项货物已正式划归合同项下,即清楚地划出或以其他方式确定为合同项下之货物为限。

A6 费用划分

除 B6 规定者外,卖方必须支付

- 与货物有关的一切费用,直至已经按照 A4 规定交货为止;及
- 按照 A3 a)规定所发生的运费和其他一切费用,包括货物的装船费和根据运输合同由卖方支付的、在约定卸货港的任何卸货费;及
- 在需要办理海关手续时,货物出口需要办理的海关手续费用及出口时应交纳的一切关税、税款和其他费用,以及如果根据运输合同规定,由卖方支付的货物从他国过境的费用。

B6 费用划分

除 A3 a)规定外,买方必须支付

- 自按照 A4 规定交货时起的一切费用;及
- 货物在运输途中直至到达目的港为止的一切费用,除非这些费用根据运输合同应由卖方支付;及
- 包括驳运费和码头费在内的卸货费,除非这些费用根据运输合同应由卖方支付;及
- 如买方未按照 B7 规定给予卖方通知,则自约定的装运日期或装运期限届满之日起,货物所发生的一切额外费用,但以该项货物已正式划归合同项下,即清楚地划出或以其他方式确定为合同项下之货物为限;及
- 在需要办理海关手续时,货物进口应交纳的一切关税、税款和其他费用,及办理海关手续的费用,以及需要时从他国过境的费用,除非这些费用已包括在运输合同中。

A7 通知买方

卖方必须给予买方说明货物已按照 A4 规定交货的充分通知,以及要求的任何其他通知,以便买方能够为受领货物采取通常必要的措施。

B7 通知卖方

一旦买方有权决定装运货物的时间和/或目的港,买方必须就此给予卖方充分通知。

A8　交货凭证、运输单据或有同等作用的电子讯息

卖方必须自付费用,毫不迟延地向买方提供表明运往约定目的港的通常运输单据。

此单据(如可转让提单、不可转让海运单或内河运输单据)必须载明合同货物,其日期应在约定的装运期内,使买方得以在目的港向承运人提取货物,并除非另有约定,应使买方得以通过转让单据(可转让提单)或通过通知承运人,向其后手买方出售在途货物。

如此运输单据有数份正本,则应向买方提供全套正本。

如买卖双方约定使用电子方式通讯,则前项所述单据可以由具有同等作用的电子数据交换(EDI)讯息代替。

B8　交货凭证,运输单据或有同等作用的电子讯息

买方必须接受按照 A8 规定提供的运输单据,如果该单据符合合同规定的话。

A9　查对、包装、标记

卖方必须支付为按照 A4 规定交货所需进行的查对费用(如核对货物品质、丈量、过磅、点数的费用)。

卖方必须自付费用提供符合其安排的运输所要求的包装(除非按照相关行业惯例该合同所描述货物无需包装发运)。包装应作适当标记。

B9　货物检验

买方必须支付任何装运前检验的费用,但出口国有关当局强制进行的检验除外。

A10　其他义务

应买方要求并由其承担风险和费用,卖方必须给予买方一切协助,以帮助买方取得由装运地国和/或原产地国所签发或传送的、为买方进口货物可能要求的和必要时从他国过境所需的任何单据或有同等作用的电子讯息(A8 所列的除外)。

应买方要求,卖方必须向买方提供投保所需的信息。

B10　其他义务

买方必须支付因获取 A10 所述单据或有同等作用的电子讯息所发生的一切费用,并偿付卖方因给予协助而发生的费用。

CIF　成本、保险费加运费　(……指定目的港)

"成本、保险费加运费(……指定目的港)"是指在装运港当货物越过船舷时卖方即完成交货。

卖方必须支付将货物运至指定的目的港所需的运费和费用,但交货后货物灭失或损坏的风险及由于各种事件造成的任何额外费用即由卖方转移到卖方。但是,在 CIF 条件下,卖方还必须办理买方货物在运输途中灭失或损坏风险的海运保险。

因此,由卖方订立保险合同并支付保险费。买方应注意到,CIF 术语只要求卖方投保最低限度的保险险别。如卖方需要更高的保险险别,则需要与卖方明确地达成协议,或者自行作出额外的保险安排。

CIF 术语要求卖方办理货物出口清关手续。

该术语仅适用于海运和内河运输。若当事方无意越过船舷交货则应使用 CIP 术语。

A 卖方义务

B 买方义务

A1 提供符合合同规定的货物

卖方必须提供符合销售合同规定的货物和商业发票或有同等作用的电子讯息,以及合同可能要求的、证明货物符合合同规定的其他任何凭证。

B1 支付价款

买方必须按照销售合同规定支付价款。

A2 许可证、其他许可证和手续

卖方必须自担风险和费用,取得任何出口许可证或其他官方许可,并在需要办理海关手续时办理货物出口所需的一切海关手续。

B2 许可证、其他许可和手续

买方必须自担风险和费用,取得任何进口许可证或其他官方许可,并在需要办理海关手续时办理货物进口和从他国过境的一切海关手续。

A3 运输合同和保险合同

a) 运输合同

卖方必须自付费用,按照通常条件订立运输合同,经由惯常航线,将货物用通常可供运输合同所指货物类型的海轮(或依情况适合内河运输的船只)装运至指定的目的港。

b) 保险合同

卖方必须按照合同规定,自付费用取得货物保险,并向买方提供保险单或其他保险证据,以使买方或任何其他对货物具有保险利益的人有权直接向保险人索赔。保险合同应与信誉良好的保险人或保险公司订立,在无相反明确协议时,应按照《协会货物保险条款》(伦敦保险人协会)或其他类似条款中的最低保险险别投保。保险期限应按照 B5 和 B4 规定。应买方要求,并由买方负担费用,卖方应加投战争、罢工、暴乱和民变险,如果能投保的话。最低保险金额应包括合同规定价款另加 10%(即 110%),并应采用合同货币。

B3 运输合同和保险合同

a) 运输合同

无义务。

b) 保险合同

无义务。

A4 交货

卖方必须在装运港,在约定的日期或期限内,将货物交至船上。

B4 受领货物

买方必须在卖方已按照 A4 交货时受领货物,并在指定的目的港从承运人处收受货物。

A5 风险转移

除 B5 规定者外,卖方必须承担货物灭失或损坏的一切风险,直至货物在装运港越过船舷为止。

B5 风险转移

买方必须承担货物在装运港越过船舷之后灭失或损坏的一切风险。

如买方未按照 B7 规定给予卖方通知,买方必须从约定的装运日期或装运期限届满之日起,承担货物灭失或损坏的一切风险,但以该项货物已正式划归合同项下,即清楚地划出或以其他方式确定为合同项下之货物为限。

A6 费用划分

除 B6 规定者外,卖方必须支付

- 与货物有关的一切费用,直至已经按照 A4 规定交货为止;及
- 按照 A3 a)规定所发生的运费和其他一切费用,包括货物的装船费;及
- 按照 A3 b)规定所发生的保险费用;及
- 根据运输合同规定由卖方支付的、在约定的卸货港的任何卸货费用;及
- 在需要办理海关手续时,货物出口所需办理的海关手续费用,及出口应交纳的一切关税、税款和其他费用,以及根据运输合同规定由卖方支付的货物从他国过境的费用。

B6 费用划分

除 A3 规定外,买方必须支付

- 自按照 A4 规定交货时起的一切费用;及
- 货物在运输途中直至到达目的港为止的一切费用,除非这些费用根据运输合同应由卖方支付;及
- 包括驳运费和码头费在内的卸货费,除非这些费用根据运输合同规定由卖方支付;及
- 如买方未按照 B7 规定给予卖方通知,则自约定的装运日期或装运期限届满之日起,货物所发生的一切额外费用,但以该项货物已正式划归合同项下,即清楚地划出或以其他方式确定为合同项下之货物为限;及
- 在需要办理海关手续时,货物进口所应交纳的一切关税、税款和其他费用,及办理海关手续的费用,以及在需要时从他国过境的费用,除非这些费用已包括在运输合同中。

A7 通知买方

卖方必须给予买方说明货物已按照 A4 规定交货的充分通知,以及要求的任何其他通知,以便买方能够为受领货物而采取通常必要的措施。

B7 通知卖方

一旦买方有权决定装运货物的时间和/或目的港,买方必须就此给予卖方充分通知。

A8 交货凭证、运输单据或有同等作用的电子讯息

卖方应自付费用、毫不迟延地向买方提供表明运往约定目的港的通常运输单据。

此单据(如可转让提单、不可转让海运单或内河运输单据)必须载明合同货物,其日期应在约定的装运期内,使买方得以在目的港向承运人提取货物,并且,除非另有约定,应使买方得以通过转让单据(可转让提单)或通过通知承运人,向其后手买方出售在途货物。如果运输单据有数份正本,则应向买方提供全套正本。

如买卖双方约定使用电子方式通讯,则前项所述单据可以由具有同等作用的电子数据交换(EDI)讯息代替。

B8 交货凭证、运输单据或有同等作用的电子讯息

买方必须接受按照 A8 规定提供的运输单据,如果该单据符合合同规定的话。

A9 查对、包装、标记

卖方必须支付为按照 A4 交货所需进行的查对费用(如核对货物品质、丈量、过磅、点数的费用)。

卖方必须自付费用,提供符合其安排的运输所要求的包装(除非按照相关行业惯例该合同所描述货物无需包装发运)。包装应作适当标记。

B9 货物检验

买方必须支付任何装运前检验的费用,但出口国有关当局强制进行的检验除外。

A10 其他义务

应买方要求并由其承担风险和费用,卖方必须给予买方一切协助,以帮助买方取得由装运地国和/或原产地国所签发或传送的、为买方进口货物可能要求的和必要时从他国过境所需的任何单据或有同等作用的电子讯息(A8 所列的除外)。

应买方要求,卖方必须向买方提供额外投保所需的信息。

B10 其他义务

买方必须支付因获取 A10 所述单据或有同等作用的电子讯息所发生的一切费用,并偿付卖方因给予协助而发生的费用。

应卖方要求,买方必须向其提供投保所需的信息。

CPT 运费付至 (……指定目的地)

"运费付至(……指定目的地)"是指卖方向其指定的承运人交货,但卖方还必须支付将货物运至目的地的运费。亦即买方承担交货之后一切风险和其他费用。

"承运人"是指任何人,在运输合同中,承诺通过铁路、公路、空运、海运、内河运输或上述运输的联合方式履行运输或由他人履行运输。如果还使用接运的承运人将货物运至约定目的地,则风险自货物交给第一承运人时转移。

CPT 术语要求卖方办理出口清关手续。

该术语可适用于各种运输方式,包括多式联运。

A 卖方义务

B 买方义务

A1 提供符合合同规定的货物

卖方必须提供符合销售合同规定的货物和商业发票或有同等作用的电子讯息。以及合同可能要求的、证明货物符合合同规定的其他任何凭证。

B1 支付价款

买方必须按照销售合同规定支付价款。

A2 许可证、其他许可和手续

卖方必须自担风险和费用,取得任何出口许可证或其他官方许可,并在需要办理海关手续时办理货物出口所需的一切海关手续。

B2 许可证、其他许可和手续

买方必须自担风险和费用,取得任何进口许可证或其他官方许可,并在需要办理海关手续时办理货物进口和从他国过境所需的一切海关手续。

A3 运输合同与保险合同

a)运输合同

卖方必须自付费用,按照通常条件订立合同,依通常路线及习惯方式,将货物运至指定的目的地的约定点。如未约定或按照惯例也无法确定具体交货点,则卖方可在指定的目的地选择适合其目的的交货点。

b)保险合同

无义务。

B3 运输合同和保险合同

a)运输合同

无义务。

b)保险合同

无义务。

A4 交货

卖方必须向按照 A3 规定订立合同的承运人交货,或如还有接运的承运人时,则向第一承运人交货,以使货物在约定的日期或期限内运至指定的目的地的约定点。

B4 受领货物

买方必须在卖方按照 A4 规定交货时受领货物,并在指定的目的地从承运人处收受货物。

A5 风险转移

除 B5 规定者外,卖方必须承担货物灭失或损坏的一切风险,直至已经按照 A4 规定交货为止。

B5 风险转移

买方必须承担按照 A4 规定交货时起货物灭失或损坏的一切风险。

如买方未按照 B7 规定给予卖方通知,则买方必须从约定的交货日期或交货期限届满之日起,承担货物灭失或损坏的一切风险,但以该项货物已正式划归合同项下,即清楚地划出或以其他方式确定为合同项下之货物为限。

A6 费用划分

除 B6 规定者外,卖方必须支付

- 直至按照 A4 规定交货之时与货物有关的一切费用,以及按照 A3 a)规定所发生的运费和其他一切费用,包括根据运输合同规定由卖方支付的装货费和在目的地的卸货费;及
- 在需要办理海关手续时,货物出口需要办理的海关手续费用,及出口应交纳的一切关税、税款和其他费用,以及根据运输合同规定,由卖方支付的货物从他国过境的费用。

B6 费用划分

除 A3 a)规定外,买方必须支付

- 自按照 A4 规定交货之时起的一切费用;及
- 货物在运输途中直至到达约定目的地为止的一切费用,除非这些费用根据运输合同规定由

卖方支付；及
- 卸货费，除非根据运输合同应由卖方支付；及
- 如买方未按照 B7 规定给予卖方通知，则自约定的装运日期或装运期限届满之日起，货物所发生的一切额外费用，但以该项货物已正式划归合同项下，即清楚地划出或以其他方式确定为合同项下之货物为限；及
- 在需要办理海关手续时，货物进口应交纳的一切关税、税款和其他费用，及办理海关手续的费用，以及从他国过境的费用，除非这些费用已包括在运输合同中。

A7　通知买方

卖方必须给予买方说明货物已按照 A4 规定交货的充分通知，以及要求的任何其他通知，以便买方能够为受领货物而采取通常必要的措施。

B7　通知卖方

一旦买方有权决定发送货物的时间和/或目的地，买方必须就此给予卖方充分通知。

A8　交货凭证、运输单据或有同等作用的电子讯息

卖方必须自付费用（如果习惯如此的话）向买方提供按照 A3 订立的运输合同所涉的通常运输单据（如可转让提单、不可转让海运单、内河运输单据、空运货运单、铁路运单、公路运单或多式联运单据）。

如买卖双方约定使用电子方式通讯，则前项所述单据可以由有同等作用的电子数据交换（EDI）讯息代替。

B8　交货凭证、运输单据或有同等作用的电子讯息

买方必须接受按照 A8 规定提供的运输单据，如果该单据符合合同规定的话。

A9　查对、包装、标记

卖方必须支付为按照 A4 交货所需进行的查对费用（如核对货物品质、丈量、过磅、点数的费用）。

卖方必须自付费用，提供符合其安排的运输所要求的包装（除非按照相关行业惯例该合同所述货物无需包装发运）。包装应作适当标记。

B9　货物检验

买方必须支付任何装运前检验的费用，但出口国有关当局强制进行的检验除外。

A10　其他义务

应买方要求并由其承担风险和费用，卖方必须给予买方一切协助，以帮助买方取得由装运地国和/或原产地国所签发或传送的、为买方进口货物可能要求的和必要时从他国过境所需的任何单据或有同等作用的电子讯息（A8 所列的除外）。

应买方要求，卖方必须向买方提供投保所需的信息。

B10　其他义务

买方必须支付因获取 A10 所述单据或有同等作用的电子讯息所发生的一切费用，并偿付卖主因给予协助而发生的费用。

CIP　运费和保险费付至　（……指定目的地）

"运费和保险费付至（……指定目的地）"是指卖方向其指定的承运人交货，但卖方还必须支

付将货物运至目的地的运费,亦即买方承担卖方交货之后的一切风险和额外费用。但是,按照 CIP 术语,卖方还必须办理买方货物在运输途中灭失或损坏风险的保险。

因此,由卖方订立保险合同并支付保险费。

买方应注意到,CIP 术语只要求卖方投保最低限度的保险险别。如买方需要更高的保险险别,则需要与卖方明确地达成协议,或者自行作出额外的保险安排。

"承运人"指任何人在运输合同中,承诺通过铁路、公路、空运、海运、内河运输或上述运输的联合方式履行运输或由他人履行运输。

如果还使用接运的承运人将货物运至约定目的地,则风险自货物交给第一承运人时转移。

CIP 术语要求卖方办理出口清关手续

该术语可适用于各种运输方式,包括多式联运。

A 卖方义务
B 买方义务

A1 提供符合合同规定的货物

卖方必须提供符合销售合同规定的货物和商业发票或有同等作用的电子讯息,以及合同可能要求的、证明货物符合合同规定的其他任何凭证。

B1 支付价款

买方必须按照销售合同规定支付价款。

A2 许可证、其他许可和手续

卖方必须自担风险和费用,取得任何出口许可证或其他官方许可,并在需要办理海关手续时办理货物出口所需的一切海关手续。

B2 许可证、其他许可和手续

买方必须自担风险和费用,取得任何进口许可证或其他官方许可,并在需要办理海关手续时办理货物进口和从他国过境所需的一切海关手续。

A3 运输合同和保险合同

a) 运输合同

卖方必须自付费用,按照通常条件订立运输合同,依通常路线及习惯方式,将货物运至指定的目的地的约定点。若未约定或按照惯例也不能确定具体交货点,则卖方可在指定的目的地选择最适合其目的的交货点。

b) 保险合同

卖方必须按照合同规定,自付费用取得货物保险,并向买方提供保险单或其他保险证据,以使买方或任何其他对货物具有保险利益的人有权直接向保险人索赔。保险合同应与信誉良好的保险人或保险公司订立,在无相反明示协议时,应按照《协会货物保险条款》(伦敦保险人协会)或其他类似条款中的最低限度保险险别投保。

保险期限应按照 B5 和 B4 规定。应买方要求,并由买方负担费用,卖方应加投战争、罢工、暴乱和民变险,如果能投保的话。最后保险金额应包括合同规定价款另加 10%(即 110%),并应采用合同货币。

B3 运输合同和保险合同

a) 运输合同

无义务。

b) 保险合同

无义务。

A4 交货

卖方必须在约定日期或期限内向按照 A3 规定订立合同的承运人交货，或如有接运的承运人时，向第一承运人交货，以使货物运至指定的目的地的约定点。

B4 受领货物

买方必须在卖方按照 A4 规定交货时受领货物，并在指定的目的地从承运人处收受货物。

A5 风险转移

除 B5 规定者外，卖方必须承担货物灭失或损坏的一切风险，直至已经按照 A4 规定交货为止。

B5 风险转移

买方必须承担按照 A4 规定交货后货物灭失或损坏的一切风险。

买方如未按照 B7 规定通知卖方，则必须从约定的交货日期或交货期限届满之日起，承担货物灭失或损坏的一切风险，但以该项货物已正式划归合同项下，即清楚地划出或以其他方式确定为合同项下之货物为限。

A6 费用划分

除 B6 规定者外，卖方必须支付

- 与货物有关的一切费用，直至已经按照 A4 规定交货为止，以及按照 A3 a) 规定所发生的运费和其他一切费用，包括装船费和根据运输合同应由卖方支付的在目的地的卸货费；及
- 按照 A3) b) 发生的保险费用；及
- 在需要办理海关手续时，货物出口需要办理的海关手续费用，以及货物出口时应交纳的一切关税、税款和其他费用，以及根据运输合同由卖方支付的货物从他国过境的费用。

B6 费用划分

除 A3 规定者外，买方必须支付

- 自按照 A4 规定交货之时起与货物有关的一切费用；及
- 货物在运输途中直至到达约定目的地为止的一切费用，除非这些费用根据运输合同应由卖方支付；及
- 卸货费，除非这些费用根据运输合同应由卖方支付；及
- 如买方未按照 B7 规定给予卖方通知，则自约定的装运日期或装运期限届满之日起，货物所发生的一切额外费用，但以该项货物已正式划归合同项下，即清楚地划出或以其他方式确定为合同项下之货物为限；及
- 在需要办理海关手续时，货物进口应交纳的一切关税、税款和其他费用，及办理海关手续的费用，以及从他国过境的费用，除非这些费用已包括在运输合同中。

A7 通知买方

卖方必须给予买方说明货物已按照 A4 规定交货的充分通知，以及要求的任何其他通知，以

便买方能够为受领货物而采取通常必要的措施。

B7　通知卖方

一旦买方有权决定发运货物的时间和/或目的地，买方必须就此给予卖方充分通知。

A8　交货凭证、运输单据或有同等作用的电子讯息

卖方必须自付费用（如果习惯如此的话）向买方提供按照 A3 订立的运输合同所涉及的通常运输单据（如可转让提单、不可转让海运单、内河运输单据、空运货运单、铁路运单、公路运单或多式联运单据）。

如买卖双方约定使用电子方式通讯，则前项所述单据可以由具有同等作用的电子数据交换（EDI）讯息代替。

B8　交货凭证、运输单据或有同等作用的电子讯息

买方必须接受按照 A8 规定提供的运输单据，如果该单据符合合同规定的话。

A9　查对、包装、标记

卖方必须支付为按照 A4 规定交货所需进行的查对费用（如核对货物品质、丈量、过磅、点数的费用）。

卖方必须自付费用，提供符合其安排的运输所要求的包装（除非按照相关行业惯例该合同所描述的货物无需包装发运）。包装应作适当标记。

B9　货物检验

买方必须支付任何装运前检验的费用，但出口国有关当局强制进行的检验除外。

A10　其他义务

应买方要求并由其承担风险和费用，卖方必须给予买方一切协助，以帮助买方取得由装运地国和/或原产地国所签发或传送的、为买方进口货物可能要求的和从他国过境所需的任何单据或有同等作用的电子讯息（A8 所列的除外）。

应买方要求，卖方必须向买方提供办理任何额外投保所需的信息。

B10　其他义务

买方必须支付因获取 A10 所述单据或有同等作用的电子讯息所发生的一切费用，并偿付卖方因给予协助而发生的费用。

应卖方要求，买方必须向卖方提供办理投保所需的信息。

附录三：海运承运人和托运人的权利和义务

在班轮运输方式下，承运人和托运人的权利和义务遵循三大国际公约。

一、《海牙议定书》

1931年6月2日生效，目前有70多个成员方。是当今世界上影响最大的国际航运公约之一。我国未加入《海牙议定书》，但《海牙议定书》对我国1992年通过的《海商法》有重要影响。

1. 承运人最低限度的义务有两项

第一项是在开航前和开航时应谨慎处理以提供适航船舶。

首先应明确"开航前"和"开航时"的时点确定。在1959年美国法院审理的"密西西比航运公司诉赞顿案"中，船舶在拖轮带动下离开码头时，碰撞了混凝土码头，以致船壳出现裂缝。在船舶航行中，海水从裂缝处渗进船舱，损及货物。船方是否应承担责任呢？本案关键在于判断发生碰撞时船是否已开航。法庭认为，船离开码头即为航程开始，并非承运人在"开航前"和"开航时"的时间范围内。碰撞发生后来进行检修是船舶管理的疏忽，承运人可依"管船过失免责"的规定免除其责任。

其次需理解"谨慎处理"的含义。在"河石肉品公司诉兰开土航运公司案"中，一批牛舌罐头由悉尼运往伦敦，船在开航前曾入坞进行检验。检验完毕后由于一名劳氏检验人员未将防浪阀的螺丝拧紧，开航后恶劣气候使海水从未盖好的防浪阀涌入第五舱，该舱113箱罐头受损。船方是否应承担责任呢？船方认为自己已选择了信誉良好、经验丰富的劳氏检验人员来检验，已尽到"谨慎处理"的义务。但法院认为，承运人对其委托人未谨慎处理的过失仍须承担责任。

此处还需注意"适航"的要求。例如一船在定期检查时按习惯做法抽样钻探船身铁板厚度，而一处已被腐蚀75%的地方未被发觉。船开航后，在中途该处铁板裂开，海水涌入，使货物湿损。船方是否应承担责任？法院认为，虽然船在开航时是不适航的，但船方已尽到"谨慎处理"的义务，因为不可能每处都钻探，所以船方不承担责任。从此案可知，"适航"并非绝对的义务。

承运人第二项最低限度的义务是承运人应适当地和谨慎地装载、操作、积载①、运送、保管、照料和卸载所承运的货物，即承运人有"管货"的义务。

2. 承运人的责任期间

承运人的货物运输责任期间是从货物装上船起至卸完船为止，包括装货和卸货过程。在实践中多理解为"钩至钩责任"。在使用岸吊的情况下，将船舷为责任期间的起止点。在使用驳船装卸货时，一般认为承运人责任期间是从货物挂上船的吊钩起，至货物卸至驳船上为止。

---

① 即适当配载，如将较重物品放在较轻物品下，茶叶和樟脑分开放等。

3. 承运人的免责

《海牙规则》规定承运人的免责共17项，归纳起来有四类：

第一类，船长、船员、引水员或承运人的其他雇佣人驾驶或管理船舶的行为、疏忽或不履行职责，承运人免责。即承运人的"管船过失免责"。

例如，某轮在途中遇上恶劣气候，为稳定船身，需打入压舱水，但由于船员疏忽没有关紧阀门，使压载舱积水过多溢出，并流入货舱内，而货舱的污水沟堵塞无法将积水排出造成货物受损。船方是否应承担责任？本案关键是判断是"管船过失"还是"管货过失"成为货损的主要原因。未关好阀门是管船过失，但货舱污水沟堵塞是管货过失，因为它不影响船的航行。货损的直接、主要原因是管货过失，所以船方应承担责任。

第二类，货物本身固有的缺陷，包括其品质缺陷、包装不当、标志不当或不清以及托运人、货主及其代理人的其他行为或不行为，承运人不承担责任。

第三类，天灾人祸，包括非承运人过失的火灾、海上风险、战争、公敌行为①、政府或人民的扣留或拘禁、检疫限制等，承运人不承担责任。

第四类，救助或企图救助海上人命或财产而导致合理绕航及货损，承运人不承担责任。

二、《维斯比规则》

1968年产生，1977年生效，参加方有英、美、德、加等20多个国家和地区。我国未参加。

《维斯比规则》在航行过失免责等方面仍保持《海牙议定书》的体系，所以被统称为《海牙—维斯比规则》。《维斯比规则》对《海牙议定书》做出了一些修改和补充。如《海牙议定书》未明确规定承运人的雇佣人或代理人是否也能享受责任限制的保护。著名的"喜马拉雅案"曾确立一个原则，即承运人的雇佣人不得享受以承运人为当事人的合同所规定的承运人的权利。

在"喜马拉雅案"中，"喜马拉雅"轮上的一名水手未能将船上的跳板搭好，使一名女乘客上船时滑倒受伤。船公司认为，船票上已载明船公司对乘客跌倒受伤不负责任的条款，因此应该免责。

法院认为，免责条款仅适用于承运人，不适用于其雇佣人。水手不能援用免责条款。

该案判决后，承运人为了保护自己的利益，纷纷在提单中加注"喜马拉雅"条款，其内容正好与"喜马拉雅案"的判决相反。

《维斯比规则》肯定了"喜马拉雅"条款，即规定承运人的雇佣人或代理人也可以享受责任限制的保护。

三、《汉堡规则》

1978年《汉堡规则》在联合国海上货物运输公约外交会议上正式通过，该公约对《海牙议定书》进行了实质性修改，规定承运人承担完全过失责任，还采用了推定过失责任制，即在货损发生后，先推定承运人有过失，如承运人主张自己无过失，必须承担举证责任。

---

① 指以船旗国为敌的敌人所为的行为。

附录四:《跟单信用证统一惯例》

(1993年修订本)(国际商会第500号出版物)

A. 总则和定义

第一条 统一惯例的适用范围

跟单信用证统一惯例,1993年修订本,国际商会第500号出版物,适用于在信用证正文中表明适用本统一惯例的所有跟单信用证(包括在其适用范围内的备用信用证)。除非信用证另有规定,本惯例对各有关当事人均具有约束力。

第二条 信用证的含义

就本惯例条文而言,"跟单信用证"和"备用信用证"(以下称"信用证")不论其如何命名或描述,意指一项约定,根据此约定,一家银行(开证行)按其客户(申请人)的要求和指示,或为其自身行事,在与信用证条款相符的条件下,凭规定的单据:

i. 向第三者(受益人)或其指定人付款,或承兑并支付受益人出具的汇票;或

ii. 授权另一银行进行该项付款,或承兑并支付该汇票;或

iii. 授权另一银行议付。

就本惯例条文而言,一家银行设立在不同国家的银行均视作另一银行。

第三条 信用证与合同

a. 信用证按其性质与凭以开立信用证的销售合同或其他合同,均属不同的业务。即使信用证中援引这些合同,银行也与之毫无关系并不受其约束。因此,银行的付款、承兑并支付汇票或议付及/或履行信用证下任何其他义务的承诺,不受申请人提出的因其与开证行之间或与受益人之间的关系而产生的索赔或抗辩的约束。

b. 在任何情况下,受益人不得利用银行之间的或申请人与开证行之间存在的契约关系。

第四条 单据与货物/服务/履约行为

在信用证业务中,有关各方所处理的是单据,而不是与单据有关的货物、服务及/或其他履约行为。

第五条 开立/修改信用证的指示

a. 开立信用证的指示、信用证本身、有关修改信用证的指示和修改本身,必须完整、明确。

为防止混淆和误解,银行应劝阻下列意图:

i. 在信用证及其任何修改中列入过多的细节;ii. 在开立、通知或保兑一份信用证的指示中,引用先前开立的信用证(参照证),而该前证受到已被接受及/或未被接受的修改的约束。

b. 所有开立信用证的指示和信用证本身,以及如有修改时,所有有关修改的指示和修改本身,必须明确规定凭以付款、承兑或议付的单据。

B. 信用证的格式和通知

第六条 可撤销与不可撤销信用证

a. 信用证可以是

i. 可撤销的;或 ii. 不可撤销的。

b. 所以,信用证应清楚地表明是可撤销的或不可撤销的。

c. 无此表明的信用证应视作是不可撤销的。

第七条 通知行的责任

a. 信用证可经由另一银行(通知行)通知受益人,而该通知行毋需承担责任,但如该行愿意通知,则应合理审慎地鉴别所通知的信用证的表面真实性。如该行不愿通知,则必须毫不迟延地告知开证行。

b. 如通知行无法鉴别信用证的表面真实性,它必须毫不迟延地通知开证行说明它无法鉴别,如通知行仍决定通知受益人,则必须告知受益人它未能鉴别该证的真实性。

第八条 信用证的撤销

a. 可撤销信用证可由开证行在任何时候修改或取消,而不需事先通知受益人。

b. 但开证行必须:

i. 对可撤销信用证项下可办理即期付款、承兑或议付的另一家银行在其接到修改或取消通知以前,已经凭表面上与信用证条款相符的单据作了即期付款、承兑或议付,予以偿付;

ii. 对可撤销信用证项下可办理延期付款的银行,在其接到修改或取消通知以前,已经接受了表面上与信用证条款相符的单据,予以偿付。

第九条 开证行和保兑行的责任

a. 不可撤销信用证,如果所规定的单据被提交给指定银行或开证行并符合信用证条款,即构成开证行一项确定的承诺:

i. 如信用证规定为即期付款——则即期付款;

ii. 如信用证规定为延期付款——则按信用证规定所能确定的到期日付款;

iii. 如信用证规定为承兑:

(a) 由开证行承兑——则承兑受益人出具的以开证行为付款人的汇票并到期支付;或

(b) 由另一家付款行承兑——如信用证规定的付款行不承兑向其开具的汇票,则开证行须承兑受益人出具的以开证行为付款人的汇票,并到期支付,或者,如付款行承兑了汇票而到期不支付,则开证行须予支付;

iv. 如信用证规定为议付——则支付受益人所开立的汇票及/或信用证项下提交的单据,并对出票人及/或善意持票人无追索权。信用证不应要求凭申请人为付款人的汇票支付。但如信用证要求以申请人为付款人的汇票,银行将视此种汇票为一项额外的单据。

b. 另一银行(保兑行)在开证行授权或要求下,对不可撤销信用证加以保兑,即构成保兑行在开证行承诺以外的一项确定的承诺,如果所规定的单据被提交给保兑行或任何其他指定银行并符合信用证条款:

i. 如信用证规定为即期付款——则即期付款;

ii. 如信用证规定为延期付款——则按信用证规定所能确定的到期日付款;

iii. 如信用证规定为承兑：

(a) 由保兑行承兑——则承兑受益人出具的以保兑行为付款人的汇票，并到期付款；或

(b) 由另一家付款行承兑——如信用证规定的付款行不承兑向其开具的汇票，或承兑了汇票而到期不支付，则保兑行须承兑到期支付受益人出具的，以保兑行为付款人的汇票；

iv. 如信用证规定为议付——则议付受益人在信用证项下出具的汇票及/或提交的单据，并对出票人及/或善意持票人无追索权。信用证不应凭以申请人为付款人的汇票支付。但如信用证要求以申请人为付款人的汇票，银行将视此种汇票为一项额外的单据。

c. i. 如另一银行被开证行授权或要求加具保兑，但该银行不愿照办，它必须毫不迟延地告知开证行。

ii. 除非开证行在其授权中另有规定或要求通知行加具保兑，通知行可将信用证通知受益人而不加保兑。

d. i. 除第四十八条另有规定外，不可撤销信用证未经开证行、保兑行（如有的话）及受益人同意，既不能修改也不能取消。

ii. 自发出修改之时起，开证行即不可撤销地受该修改的约束。保兑行可扩展其保兑至修改，并自通知修改之时起不可撤销地受该修改的约束。然而，保兑行可选择仅将修改通知受益人而不加保兑，但必须毫不迟延地告知开证行和受益人。

iii. 直至受益人将接受修改的意见告知通知该修改的银行为止，原信用证的条款（包括先前已接受的修改）对受益人依然有效。受益人应作出接受或拒绝该修改的通知。如未作出此类通知，受益人向指定银行或开证行提交的单据符合信用证和尚未被接受的修改，即视为受益人接受该修改的通知，并于该时起信用证已被修改。

iv. 对同一修改内容的部分接受是不允许的，因此是无效的。

第十条　信用证的类型

a. 所有信用证必须清楚地表明该证适用于即期付款、延期付款、承兑或议付。

b. i. 除非信用证规定只对开证行适用，所有信用证必须指定一家银行（指定银行）授权其付款、承担延期付款责任、承兑汇票或议付。对一份自由议付的信用证，任何一家银行都是指定银行。

单据必须向开证行或保兑行（如有的话）或其他指定银行提交。

ii. 议付是指被授权议付的银行对汇票及/或单据付出对价的行为。只审核单据而不付出对价并不构成议付。

c. 除非指定银行是保兑行，开证行的指定并不构成指定银行的付款、承担延期付款责任、承兑汇票或议付的承诺。除指定银行明确同意并相应通知受益人外，指定银行的收受及/或审核及/或传递单据，并不使该指定银行有责任付款、承担延期付款责任、承兑或议付。

d. 开证行通过指定另一银行，或允许由任何银行议付，或授权或要求另一银行加具保兑，开证行就授权该银行凭表面上符合信用证条款单据按情况付款、承兑汇票或议付，并保证按照本惯例条文的规定偿付该银行。

第十一条　电讯传递及预先通知的信用证

a. i. 当开证行以加押的电讯，指示通知行通知或修改信用证时，该电讯即被视为有效信用证文件或有效修改，而不应邮寄证实书。如果寄了证实书，该证实书无效，而且通知行没有义务将邮

寄证实书与通过电讯传递收到的有效信用证文件或有效修改进行核对。

ii. 如果电讯中声明"详情后告"（或类似词语），或声明以邮寄证实书为有效信用证文件或有效修改，则该电讯传递将不被视为有效信用证文件或有效修改，开证行必须毫不迟延地向通知行递送有效信用证文件或有效修改。

b. 如银行利用通知行的服务将信用证通知受益人，它必须仍利用同一银行的服务通知修改。

c. 只有在开证行准备开立有效信用证文件或有效修改的情况下，开证行才能作开立或修改不可撤销信用证的预先通知（预通知）。除非开证行在预先通知中另有规定，作出预先通知的开证行必须不可撤销地承担毫不迟延地开立或修改信用证，其条款不得与预先通知不相一致。

第十二条 不完整的或不清楚的指示

如果银行收到关于通知、保兑或修改信用证的指示不完整或不清楚，被要求按该指示行事的银行可向受益人作仅供参考和不承担任何责任的预先通知。预先通知中应清楚地声明该通知仅供参考，通知行不承担责任。在任何情况下，通知行必须将已采取的行动告知开证行，并要求开证行提供必要的信息。

开证行必须毫不迟延地提供必要的信息。只有在完整和清楚的指示被通知行收到，且在通知行准备按指示行事时，信用证才能被通知、保兑或修改。

C. 义务和责任

第十三条 审核单据的标准

a. 银行必须合理审慎地审核信用证规定的一切单据以确定其表面上是否符合信用证条款。规定的单据表面上与信用证条款相符须按本惯例条文所反映的国际标准银行实务来确定。单据之间出现的表面上的彼此不一致，将被视为单据表面上与信用证条款不符。

信用证未规定的单据，银行将不予审核。如银行收到此类单据，银行应将它们退回交单人或转递而不需承担责任。

b. 开证行、保兑行（如有的话）或代表它们的指定银行，应各自有一段合理时间——不超过收到单据次日起的七个银行工作日，审核和决定接受或拒绝接受单据，并相应地通知交单方。

c. 如信用证载有某些条件，但并未规定需提交与之相符的单据，银行将视这些条件为未予规定而不予置理。

第十四条 不符点单据与通知

a. 当开证行授权另一银行凭表面上符合信用证条款的单据付款、承担延期付款责任、承兑汇票或议付时，开证行和保兑行（如有的话）有义务：

i. 对已经付款、承担延期付款责任、承兑汇票或议付的指定银行进行偿付；

ii. 接受单据。

b. 开证行及/或保兑行（如有的话）或代理它们的指定银行在收到单据时，必须仅以单据为依据来确定它们是否表面上符合信用证条款。如果单据表面上不符合信用证条款，银行可拒绝接受单据。

c. 如开证行确定单据表面上不符合信用证条款，它可自行决定征求申请人同意接受不符点，但不得因此延长第十三条 b 款所述及的期间。

d. i. 如开证行及/或保兑行（如有的话）或代理它们的指定银行决定拒绝单据，它必须毫不迟延地以电讯方式就此发出通知,如不可能,就以其他快捷方式发出通知,但不得迟于收到单据的次日起的第七个银行工作日,这种通知必须发给从它收到单据的银行,或者,如从受益人直接收到单据,则发给受益人。

ii. 该通知必须列明关于银行拒受单据的所有不符点,还须说明它是否保留单据听候交单人处理,或退回交单人。

iii. 然后,开证行及/或保兑行(如有的话)有权向寄单行索回已偿付给该行的款项及利息。

e. 如开证行及/或保兑行(如有的话)未能按本条规定行事及/或未能保管单据听候交单人处理,或退回交单人,开证行及/或保兑行(如有的话)将无权宣称单据与信用证条款不符。

f. 如寄单行提请开证行及/或保兑行(如有的话)注意单据中的任何不符点,或通知该行:关于该不符点,它已经以保留追索方式或凭赔偿担保付款、承担延期付款责任、承兑汇票或议付,开证行及/或保兑行(如有的话)并不因此而解除其在本条文规定下的任何义务。该保留或赔偿担保仅涉及寄单行与被保留追索的一方,或者,与提供或代为提供赔偿担保的一方之间的关系。

第十五条 单据有效性的免责

银行对任何单据的格式、完整性、准确性、真实性、伪造或法律效力,或单据上规定的或附加的一般及/或特殊条件,一概不负责;对于任何单据所代表的货物的描述、数量、重量、品质、状态、包装、交货、价值或存在,或货物的发货人、承运人、运输商、收货人或保险人或其他任何人的诚信或行为及/或疏漏、清偿能力、履责能力或资信情况,也不负责。

第十六条 信息传递中的免责

银行对由于任何文电、信函或单据传递过程中的延误及/或遗失而引起的后果,或任何电讯传递过程中发生的延误、残缺或其他差错,概不负责。银行对专门术语的翻译及/或解释上的差错,不承担义务或责任,并保留不加翻译转递信用证条款的权利。

第十七条 不可抗力

银行对由于天灾、暴动、骚乱、叛乱、战争或其他任何非其所能控制的原因,或任何罢工或停工而造成的营业中断引起的后果,概不负责。除非有特别授权,对在营业中断期间已经逾期的信用证,银行在恢复营业后将不再据以付款、承担延期付款责任、承兑汇票或议付。

第十八条 被指示方行为的免责

a. 银行为执行信用证申请人的委托而利用另一家或数家银行的服务,是为申请人办理的,其风险由该申请人承担。

b. 即使银行主动选择其他银行代办业务,如发出的指示未被执行,银行不承担义务和责任。

c. i. 指示另一方提供服务的一方,有责任负担被指示方为其服务而产生的与其指示有关的任何费用,包括手续费、费用、成本费或其他开支。

ii. 如果信用证规定这些费用由指示方之外的一方负担,而这些费用不能被收取,指示方最终仍须承担支付此类费用的责任。

d. 申请人应受外国法律和惯例及银行的一切义务和责任的约束,并承担赔偿之责。

第十九条 银行间的偿付约定

a. 如开证行意欲使付款行、承兑行或议付行(索偿行)向另一方(偿付行)取得其应得的偿付时,开证行须为支付该索偿款项及时向偿付行提供适当的指示或授权。

b. 开证行不应要求索偿行向偿付行提供与信用证条款相符的证明。

c. 如索偿行未得到偿付行的偿付，开证行不得解除其提供偿付的任何责任。

d. 如偿付行未能在首次索偿时偿付，或未能按信用证规定，或未能按双方约定的方式进行偿付，开证行应对索偿行的任何利息损失负责。

e. 偿付行的费用应由开证行负担。然而，如该项费用由另一方负担，开证行应在原信用证和偿付授权书中作相应的注明。如偿付行的费用由另一方负担，偿付行的费用应在索偿行支取信用证项下的款项时向索偿行收取。如信用证项下的款项未被支取，开证行仍有义务负担偿付行的费用。

D. 单　　据

第二十条　单据出具人的含混不明

a. 不应使用诸如"第一流的"、"著名的"、"合格的"、"独立的"、"官方的"、"有法定资格的"、"当地的"等和类似的词语描绘信用证项下所需提交的单据的出具人。如此类词语被用于信用证内，只要所提交的单据表面上符合信用证其他条款，且并非由受益人出具，银行将照予接受。

b. 除非信用证另有规定，银行将接受以下列方式或表面上看是以下列方式制作的单据，作为正本单据：

　i. 影印、自动或电脑处理；

　ii. 复写；

但该单据必须注明为正本，必要时并需签字。

单据签字可以用手签，也可用签样印制、空孔签字、盖章、符号表示，或用任何其他机械的或电子的证实方法处理。

c. i. 除非信用证另有规定，银行将接受标明副本的或不标明正本字样的单据作为副本单据，副本单据无需签字。

　ii. 如信用证要求一式多份单据，诸如"一式两份"、"双份"、"两张"等，除非单据本身另有表明，提交一份正本单据，其余份数为副本，将被接受。

d. 除非信用证另有规定，信用证含有要求单据经证实、生效、合法化、签证、证明或类似要求的条件，单据上任何签署、标记、印章或标签，只要表面上看已满足上述条件即可。

第二十一条　未规定单据出具人或单据内容

除运输单据、保险单据和商业发票外，信用证要求提供其他单据时，应注明该单据由何人出具及其措辞或内容。如信用证不作此种规定，银行将接受所提交的单据，只要其单据内容与任何其他规定的单据并无不一致。

第二十二条　单据的出具日期与信用证日期

除非信用证另有规定，银行将接受出具日期早于信用证开立日期的单据，如该单据在信用证和本惯例条文规定的期限内提交。

第二十三条　海运提单

a. 如信用证要求的是一份港到港运输的提单，除非信用证另有规定，银行将接受下列单据而不论其名称如何：

　i. 表面上注明承运人的名称，并已由下列当事人签署或以其他方式证实：

　　——承运人或代表承运人的具名代理人，或

——船长或代表船长的具名代理人。

承运人或船长的任何签署或证实,必须视情况可识别其为承运人或船长。代表承运人或船长签署或证实的代理人还必须表明被代理一方(即承运人或船长)的名称和身份;及

ii. 注明货物已装上或已装运于一具名船只。

已装上或已装运于具名船只可以在提单格式上以预先印就的货物已装上具名船只或已装运于具名船只的文字表明,在此情况下,签发提单的日期即视为装船日期和装运日期。

在所有其他情况下,已装上具名船只必须用提单上关于货已装船的日期的批注来证明,在此情况上,该装船批注的日期即视为装船日期和装运日期。

如果提单载有"预期船只"或关于船只的类似的限制,则已装上具名船只必须用提单上关于已装船的批注来证明,该批注除了表明货物已装船的日期外,还应包括已装货船只的名字,即使该船名就是"预期船只"的名字。

如果提单注明的收货地或接受监管地与装货港不同,装船批注也须包括信用证规定的装货港和已装货船只的名字,即使货物已装上提单所指名的船只。本条款也适用于以印就的文字表明货物已装船的情况;及

iii. 注明信用证规定的装货港和卸货港,尽管提单:

(a) 注明的接受监管地与装货港不同及/或最后目的地与卸货港不同;及/或

(b) 载有关于装货港及/或卸货港"预期"的说明或类似的限制,只要单据也说明信用证规定的装货港及/或卸货港;及

iv. 包括单份正本提单或者,如签发一份以上正本,则需所签发的全套正本;及

v. 表面上看已包括所有承运条件,或在某些承运条件需参阅提单(简式提单或背面空白提单)以外的其他文件时,银行将不审核这些条件的内容;及

vi. 未注明受租船契约约束及/或未注明承运船舶仅以风帆为动力;及

vii. 在其他各方面都符合信用证规定。

b. 就本条款而言,转运意指在信用证规定的装货港和卸货港之间的海运过程中,货物从一条船只卸下,再装上另一条船只的行为。

c. 除非信用证条款禁止转运,银行将接受表明货物将被转运的提单,如果同一提单包括全程海运。

d. 即使信用证禁止转运,银行将接受如下的提单:

i. 注明将发生转运,只要提单证明有关货物是装在集装箱、拖车及/或子母型驳船("LASH" barge(s))中装运的,如果同一提单包括全程海运;及/或

ii. 印有承运人保留转运权的条款。

第二十四条 不可转让海运单

a. 如信用证要求提供一份包括港到港运输的不可转让海运单,除非信用证另有规定,银行将接受下列单据而不论其名称如何:

i. 表面上注明承运人名称,并已由下列当事人签署或以其他方式证实;

——承运人或代表承运人的具名代理人,或

——船长或代表船长的具名代理人。

承运人或船长的任何签署或证实,必须视情况可识别其为承运人或船长。代表承运人或船长

签署或证实的代理人还必须表明被代理一方(即承运人或船长)的名称和身份;及

　　ii. 注明货物已装上或已装运于一具名船只。

　　已装上或已装运于具名船只可以在不可转让海运单上以预先印就的货物已装上或已装运于具名船只的文字表明,在此情况下,不可转让海运单的签发日期即视为装船日期和装运日期。

　　在所有其他情况下,已装上具名船只必须用在不可转让海运单上关于货已装船的批注来证明,在此情况下,装船批注的日期即视为装运日期。

　　如果不可转让海运单载有"预期船只"或关于船只的类似的限制,则已装上具名船只必须用不可转让海运单上关于已装船的批注来证明,该批注除了表明货物已装上船的日期外,还应包括已装货船只的名字,即使该船名就是"预期船只"的名字。

　　如果不可转让海运单注明的收货地或接受监管地与装货港不同,装船批注也须包括信用证规定的装货港和已装货船只的名字,即使货物已装上不可转让海运单所指名的船只。本条款也适用于以印就文字表明货物已装船的情况,及

　　iii. 注明信用证规定的装货港和卸货港,尽管不可转让海运单:

　　(a) 注明的接受监管地与装货港不同及/或最后目的地与卸货港不同,及/或

　　(b) 载有关于装货港及/或卸货港"预期"的说明或类似的限制,只要单据也说明信用证规定的装货港及/或卸货港;及

　　iv. 包括单份正本不可转让海运或者,如签发一份以上正本,则需所签发的全套正本,及

　　v. 表面上看已包括所有承运条件,或在某些承运条件需参阅不可转让海运单(简式的或背面空白的不可转让海运单)以外的其他文件时,银行将不审核这些条件的内容,及

　　vi. 未注明受租船契约约束力/或未注明承运船舶仅以风帆为动力,及

　　vii. 在其他各方面都符合信用证规定。

　　b. 就本条款而言,转运意指在信用证规定的装货港和卸货港之间的海运过程中,货物从一条船只卸下,再装上另一条船只的行为。

　　c. 除非信用证条款禁止转运,银行将接受表明货物将被转运的不可转让海运单,如果同一不可转让海运单包括全程海运。

　　d. 即使信用证禁止转运,银行将接受如下的不可转让海运单:

　　i. 注明将发生转运,只要不可转让海运单证明有关货物是装在集装箱、拖车及/或子母型驳船("LASH"barge(s))中装运的,如果同一不可转让海运单包括全程海运,及/或

　　ii. 印有承运人保留转运权的条款。

　　第二十五条　租船提单

　　a. 信用证如要求或允许提供租船提单,除非信用证另有规定,银行将接受下列单据而不论其名称如何:

　　i. 注明受租船契约约束,及

　　ii. 表面上看已由下列是当事人签署或以其他方式证实:

　　——船长或代表船长的具名代理人,或

　　——船东或代表船东的具名代理人。

　　船长或船东的任何签署或证实,必须视情况可识别其为船长或船东。代表船长或船东签署或证实的代理人,还必须表明被代理一方(即船长或船东)的名称和身份,及

ⅲ. 注明或未注明承运人的名称,及

ⅳ. 注明货物已装上或已装运于一具名船只。

已装上或已装运于具名的船只可以在提单上以预先印就的货物已装上具名船只或货物已装运于具名船只的文字表明,在此情况下,签发提单的日期即视为装船日期和装运日期。

在所有其他情况下,已装上具名船只必须用提单上关于货物已装船的日期的批注来证明,在此情况下,该装船批注的日期即视为装运日期,及

ⅴ. 注明信用证规定的装货港和卸货港,及

ⅵ. 包括单份正本提单或者,如签发一份以上正本提单,则需所签发的全套正本,及

ⅶ. 未注明承运船舶仅以风帆为动力,

ⅷ. 在其他各方面都符合信用证规定。

b. 即使信用证要求提交与租船提单有关的租船契约,银行将不审核该租船契约,仅予转递,而不承担任何责任。

第二十六条 多式运输单据

a. 如信用证要求提供一份至少包括两种不同运输方式(多式运输)的运输单据,除非信用证另有规定,银行将接受下列运输单据而不论其名称如何:

ⅰ. 表面上注有承运人或多式运输经营人的名称,并由下列当事人签署或以其他方式证实:

——承运人或多式运输经营人或代表承运人或多式运输经营人的具名代理人,或

——船长或代表船长的具名代理人。

承运人、多式运输经营人或船长的任何签署或证实,必须视情况可识别其为承运人、多式运输经营人或船长。代表承运人、多式运输经营人或船长签署或证实的代理人还必须表明被代理一方(即承运人、多式运输经营人或船长)的名称和身份,及

ⅱ. 注明货物已发运、接受监管或装船。

发运、接受监管或装船可在多式运输单据上用相应的文字注明,多式运输单据的签发日期即视为发运、接受监管或装船的日期和装运日期。但如该单据上用印章或其他方式注明发运、接受监管或装船的日期,则该日期即视为装运日期,及

ⅲ. (a) 注明信用证规定的接受监管地,该地可与装货港、装货机场或装货地不同,以及注明信用证规定的最后目的地,该目的地可与卸货港、卸货机场或卸货地不同,及/或

(b) 载有关于船只及/或装货港及/或卸货港"预期"的说明或类似的限制,及

ⅳ. 包括单份正本多式运输单据或者,如签发一份以上正本,则需所签发的全套正本,及

ⅴ. 表面上看已包括所有承运条件,或在某些承运条件需参阅多式运输单据(简式或背面空白的多式运输单据)以外的其他文件时,银行将不审核这些条件的内容,及

ⅵ. 未注明受租船契约约束及/或未注明承运船舶仅以风帆为动力,及

ⅶ. 在其他各方面都符合信用证规定。

b. 即使信用证禁止转运,银行将接受注明将发生或可能发生的转动的多式运输单据,如同一多式运输单据包括全程运输。

第二十七条 空运单据

a. 如信用证要求提供一份空运单据,除非信用证另有规定,银行将接受下列单据而不论其名称如何:

i. 表面上注明承运人名称并已由下列当事人签署或以其他方式证实：
——承运人，或
——代表承运人的具名代理人。
承运人的任何签署或证实必须可识别其为承运人。代表承运人签署或证实的代理人，还必须表明被代表的一方（即承运人）的名称和身份，及

ii. 注明货物已收妥待运，及

iii. 当信用证要求有一实际发运日期时，在空运单据上作出该日期的特定批注，该发运日期即视为装运日期。
就本条款而言，空运单据上标有"仅供承运人使用"或类似词语一栏中显示的有关航班和日期的信息将不作为发运日期的特定批注。
在所有其他情况下，空运单据的签发日期即视为装运日期，及

iv. 注明信用证规定的起运机场和目的地机场，及

v. 表面上看是供装货人/托运人使用的正本，即使信用证规定全套正本或类似措辞，及

vi. 表面上看已包括所有承运条件，或在某些承运条件需参阅空运单据以外的文件时，银行将不审核这些条件的内容，及

vii. 在其他各方面都符合信用证规定。

b. 就本条款而言，转运意指在信用证规定的起运机场到目的地机场的运输过程中货物从一架飞机卸下，再装上另一架飞机的行为。

c. 即使信用证禁止转运，银行将接受注明将发生或可能发生转运的空运单据，如果同一份空运单据包括全程运输。

第二十八条　公路、铁路或内河运输单据

a. 如信用证要求提供一份公路、铁路或内河运输单据，除非信用证另有规定，银行将接受下列类型的单据而不论其名称如何：

i. 表面上注明承运人的名称并由承运人或代表承运人的代理人签署或以其他方式证实，及/或由承运人或代表承运人的具名代理人加盖收货印章或已收到货物的其他标记。
承运人的任何签署、证实、收货印章或其他收货标记必须从其表面可识别为承运人所为者。代表承运人签署、证实的代理人，还必须表明被代理一方（即承运人）的名称和身份，及

ii. 注明货物已收妥待运、待发运或待运输或类似意义的字样。运输单据的签发日期将视为装运日期，除非运单上另盖有收货印章，在此情况下，收货印章日期即视为装运日期，及

iii. 注明信用证规定的装运地和目的地名称，及

iv. 在其他各方面都符合信用证规定。

b. 运输单据如未注明签发张数时，银行将对所提交的运输单据作为全套接受，不管运输单据是否注明为正本，银行将作为正本接受。

c. 就本款而言，转运意指在信用证规定的装运地到目的地之间用不同的运输方式的运输过程中，货物从一种运输工具卸下，再装上另一种运输工具的行为。

d. 即使信用证禁止转运，银行将接受注明将发生或可能发生转运的公路、铁路或内河运输单据，如果全程运输是用同一种运输方式并由同一运输单据包括。

第二十九条 专递及邮局收据

a. 如信用证要求提供一份邮局收据或邮寄证明,除非信用证另有规定,银行将接受下列邮局收据或邮寄证明:

i. 表面上看已在信用证规定的货物装运或发运地盖戳或以其他方式证实并加具日期,该日期即视为装运或发运日期,及

ii. 在其他各方面都符合信用证规定。

b. 如信用证要求提供一份由专递或快递服务机构证明货物已收妥待递的运输单据,除非信用证另有规定,银行将接受如下单据而不论其名称如何:

i. 表面上注明专递或快递服务机构名称并已由其盖戳、签置或以其他方式证实(除非信用证特别要求提供由具名的专递或快递服务机构签发的单据,银行将接受由任何专递/快递机构签发的单据),及

ii. 注明收取或收到寄件或以类似意义的文字表明的日期,该日期即视为装运或发运日期,及

iii. 在其他各方面都符合信用证规定。

第三十条 运输行出具的运输单据

除非信用证另有授权,银行将只接受运输行出具的运输单据,如其表面上注明:

i. 作为承运人或多式运输经营人的运输行的名称,并由作为承运人或多式运输经营人的运输行签署或以其他方式证实,或

ii. 承运人或多式运输经营人的名称,并由作为承运人或多式运输经营人的具名代理人的运输行签署或以其他方式证实。

第三十一条 "货装舱面"、"发货人装载和计数"、"发货人名称"

除非信用证另有规定,银行将接受下列运输单据:

i. 在海运或包括海运在内的多式运输情况下,未注明货物已装舱面或将装舱面。然而,银行将接受载有货物可能装舱面条款的运输单据,如果它并未特别说明货装舱面或将装舱面,及/或

ii. 表面上注有诸如"发货人装载和计数"或"内容据发货人报称"或类似意义文字的条款,及/或

iii. 表明以信用证受益人以外的一方为发货人。

第三十二条 清洁运输单据

a. 清洁运输单据是指不载有明确宣称货物及/或包装有缺陷状况的条款或批注的运输单据。

b. 除非信用证明确规定可以接受上述条款或批注,银行将不接受载有这类条款或批注的运输单据。

c. 信用证要求运输单据载有"清洁已装船"条款时,如运输单据符合本条款及第二十三、二十四、二十五、二十六、二十七、二十八或三十条的规定者、银行将认为已经符合信用证的要求。

第三十三条 运费待付/预付的运输单据

a. 除非信用证另有规定,或与信用证项下提交的任何单据不一致,银行将接受表明运费或运输费用(以下称"运费")待付的运输单据。

b. 如信用证规定运输单据必须表明运费已付或预付,银行将接受以印章或其他方式清楚表明运费已付或预付的文字,或以其他方法表明运费已付或预付的运输单据。如信用证要求专递费用应付或预付,银行将接受专递/快递机构出具的,表明专递费用由非收件人一方负担的运输单据。

c. 运输单据上出现"运费可预付"或"运费应预付"或类似文字时,将不能作为运费已付的证明而予接受。

d. 银行将接受以印章或其他方式注有运费以外的附加费用,诸如有关装货、卸货或类似作业所引起的费用或支出的运输单据,除非信用证条款明确禁止此类批注。

第三十四条 保险单据

a. 保险单据表面上必须是由保险公司或保险商或其代理人出具和签署的。

b. 如保险单据注明出立一式多份正本,除非信用证另有授权,所有正本均须提交。

c. 除非信用证特别授权,保险经纪人出具的暂保单将不予接受。

d. 除非信用证另有规定,银行将接受保险公司或保险商或其代理人签发的保险凭证或在预约保险项下的保险声明书。信用证如特别要求提供保险凭证或在预约保险项下的保险声明书,银行将接受保险单以作替代。

e. 除非信用证另有规定,或除非保险单据上表明保险责任最迟于货物装船或发运或接受监管之日起生效,银行将不接受出单日期迟于运输单据上注明的货物装船或发运或接受监管日期的保险单据。

f. i. 除非信用证另有规定,保险单据必须以信用证同样的货币表示。

ii. 除非信用证另有规定,保险单据必须表明最低投保金额为货物的 CIF(成本加保险费和运费……(指定目的港)或 CIP(运费、保险费付至……(指定目的地))货值加10%,但这仅适用于可以从单据表面上 CIF 或 CIP 的货值予以确定者。否则,银行将接受以信用证规定的付款、承兑或议付金额的110%,或发票毛值的110%,以金额较大者为最低保额。

第三十五条 保险险别

a. 信用证应规定所需投保的险别以及应投保的附加险别(如有的话)。不应使用诸如"通常险别"或"惯常险别"一类含义不明确的条款。如果使用了这类条款,银行将接受提交的保险单据,而对任何险别未予投保不承担责任。

b. 信用证如无明确规定,银行将接受提交的保险单据,而对任何险别未予投保不承担责任。

c. 除非信用证另有规定,银行将接受表明有相对免赔率或绝对免赔率的保险单据。

第三十六条 一切险

当信用证规定"投保一切险"时,如保险单包括有任何"一切险"批注或条款,不论有无"一切险"标题,甚至注明不包括某些险别,银行将接受该保险单,而对任何险别未予投保不承担责任。

第三十七条 商业发票

a. 除非信用证另有规定,商业发票:

i. 表面上必须由信用证指定的受益人出具(第48条规定者除外),及

ii. 必须作成申请人抬头(第48条h款规定者除外),及

iii. 无需签署。

b. 除非信用证另有规定,银行可拒绝接受其金额超过信用证允许金额的商业发票。但如根据信用证被授权付款、承担延期付款责任、承兑或议付的银行接受了该发票,该银行的决定将对各有关方面均具有约束力,只要它付款、承担延期付款责任、承兑或议付的金额并未超过信用证允许的金额。

c. 商业发票中对货物的描述必须符合信用证中的描述。而在所有其他单据中,货物的描述可

使用统称,但不得与信用证中货物的描述有抵触。

第三十八条　其他单据

在海洋运输以外的情况下,如信用证要求重量证明时,除非信用证规定重量证明必须是一项独立单据,银行将接受由承运人或其代理人在运输单据上加注的重量印章或声明。

E. 其他规定

第三十九条　信用证金额、数量及单价的增减幅度

a. 凡"约"、"近似"、"大约"或类似意义的词语用于涉及信用证金额或信用证规定的数量或单价时,应解释为允许有关金额、数量或单价可有10%的增减。

b. 除非信用证规定货物数量不得增减,只要支取的金额不超过信用证金额,则可有5%的增减幅度。但当信用证规定的数量按包装单位或以个数计数时,则此增减幅度不适用。

c. 除非禁止分批装运的信用证另有规定,或本条 b 款可予适用,如信用证规定货物数量而该数量已全部装运,另如信用证规定单价而该单价并未减低,则支取金额可允许有5%的减少幅度。当本条 a 款中词语使用于信用证时,则本规定不适用。

第四十条　分批装运/支款

a. 除非信用证另有规定,分批支款及/或装运均被允许。

b. 运输单据表面上注明同一运输工具、同一航次、同一目的地的多次装运,即使其表面上注明不同的装运日期及/或不同的装货港、接受监管地或发运地,将不视作分批装运。

c. 货物经邮运或专递运输,如邮局收据或邮寄证明或专递收据或发运单显示它们是在信用证规定的发运地并于同一日期盖戳、签署或以其他方式证实的,则该邮寄或专递装运将不作为分批装运。

第四十一条　分期装运/支款

如信用证规定在指定的时期内分期支款及/或装运,而任何一期未按期支款及/或装运,除非信用证另有规定,则信用证对该期及以后各期均告失效。

第四十二条　交单到期日和地点

a. 所有信用证必须规定一个到期日和一个付款交单、承兑交单的地点,或除了自由议付信用证外,一个议付交单的地点。规定的付款、承兑或议付的到期日将被解释为交单到期日。

b. 除了第四十四条 a 款所规定者外,单据必须在到期日之前或当天提交。

c. 如开证行规定信用证有效期为"一个月"、"六个月"或类似期间而又未列明从何时起算时,开证行的开证日期将被视为起算日。银行应劝阻使用此种表明信用证到期的做法。

第四十三条　到期日的限制

a. 除规定一个交单到期日外,每份要求提供运输单据的信用证还应规定一个从装运日期后必须提交符合信用证条款单据的特定期间。如无此期间规定,银行将不接受迟于装运日期二十一天后提交的单据。在任何情况下,单据必须不迟于信用证到期日提交。

b. 在适用第四十条 b 款的情况上,装运日期被认为是所提交的运输单据上的最迟装运日期。

第四十四条　到期日的展延

a. 如信用证的到期日及/或信用证规定的或根据第四十三条适用的交单期间的最后一天,适逢接受单据银行因第十七条所述以外的原因而停止营业,则规定的到期日及/或装运日期后交单期间的最后一天,按情况展延至银行的次一营业日。

b. 最迟装运日期不能根据上述 a 款展延到期日及/或装运日期后的交单期间的理由而展延。如信用证或有关修改未规定最迟装运日期,银行将不接受注明装运日期迟于信用证或有关修改规定的到期日的运输单据。

c. 于次一营业日接受单据的银行必须提供一声明书,说明单据系按《跟单信用证统一惯例》(1993 年修订本)(国际商会第 500 号出版物)第四十四条 a 款在展延的期限内提交的。

第四十五条 交单时间

银行在营业时间外,无接受提交单据的义务。

第四十六条 装运日期的一般用语

a. 除非信用证另有规定,用于规定最早及/或最迟装运日期的"装运"一词,将被理解为包括诸如"装船"、"发运"、"收妥待运"、"邮局收据日期"、"收货日期"等及类似词语,还包括在信用证要求多式运输单据下的"接受监管"。

b. 不应使用诸如"迅速"、"立即"、"尽可能快"及类似词语,如使用这类词语,银行将不予置理。

c. 如使用了"于或约于"及类似词语,银行将解释为规定于所述日期前后各五天之内装运,起讫日均包括在内。

第四十七条 装运期间的日期术语

a. "到"、"直到"、"至"、"从"及类似意义的词语用于信用证中关于装运日期或期间时,将被理解为包括该日期。

b. "以后"一字将被理解为不包括该日期。

c. "上半月"、"下半月"应分别被解释为每月的一至十五日和十六至该月的最后一天,首尾两天均包括在内。

d. "月初"、"月中"、"月末"各词应分别被解释为每月的一至十日、十一日至二十日及二十一日到该月的最后一天,首尾两天均包括在内。

F. 可转让信用证

第四十八条 可转让信用证

a. 可转让信用证是指受益人(第一受益人)可要求被授权付款、承担延期付款责任、承兑或议付的银行(转让行),或在自由议付信用证下被特别授权的转让行,使信用证的全部或部分可供一个或几个其他受益人(第二受益人)使用的一种信用证。

b. 只有开证行明确注明为"可转让的"信用证才能转让。诸如"可分割"、"可分开"、"可让渡"、"可转移"等词语不能使信用证成为可转让。如使用这类词语,银行将不予置理。

c. 转让行并无办理转让的义务,除非转让的范围和方式为该行明确同意。

d. 在要求转让而尚未转让前,第一受益人必须不可撤销地指示转让行,他是否保留不允许转让行将信用证的修改通知第二受益人的权利。转让行如同意在这些条件下办理转让,它必须在转让时将第一受益人有关修改的指示通知给第二受益人。

e. 如信用证被转让给一个以上的第二受益人,其中的一个或几个对修改的拒绝,不能使其他第二受益人对其信用证修改所作的接受无效。对拒绝修改的第二受益人来说,信用证仍保持未予修改。

  f. 除非另有约定,转让行的转让费用包括手续费、费用、成本费和各项开支,均由第一受益人负担。在转让行尚未收到各项费用前,转让行即使用同意转让信用证,也无办理转让的义务。

  g. 除非信用证另有规定,可转让信用证只能转让一次。因而,第二受益人不能要求将信用证再转让给任何其后的第三受益人。就本条款而言,不禁止将信用证再转让给第一受益人。

  如果信用证不禁止分批装运/支款,可转让信用证可以分成几个部分分别转让(累计不超过信用证金额),各项转让金额的总和将视为信用证的一次转让。

  h. 信用证只能按原证规定条款办理转让,但下列各项除外:

——信用证金额,

——信用证内的任何单价,

——到期日,

——按第四十三条规定的最后交单日,

——装运期间。

  上述任何一项或所有各项都可减少或缩短。

  投保额的百分比可增加到原信用证要求保足的金额或本惯例条文所要求的金额。

  此外,可用第一受益人的名称替代申请人的名称,但如原信用证特别要求在除了发票外其他单据上注明申请人的名称,该项要求必须予以满足。

  i. 第一受益人有权以自己的发票(和汇票)替换第二受益人的发票(和汇票),金额不得超过信用证规定的原金额和原单价(如信用证订有单价),在替换发票(和汇票)时,第一受益人即可在信用证下支取他的发票与第二受益人所出具的发票间可能存在的差额。

  当信用证已被转让,第一受益人应提供自己的发票(和汇票)以替换第二受益人的发票(和汇票),如他未能在首次要求时立即照办,转让行有权将转让证下收到的单据,包括第二受益人的发票(和汇票)交给开证行,而不再对第一受益人承担责任。

  j. 除非原信用证明确注明该证不得在规定的付款或议付地点以外付款或议付,第一受益人可要求在信用证被转让到的地点和在信用证有效期内,对第二受益人进行付款或议付。这并不损害第一受益人嗣后以其自身的发票(和汇票)替换第二受益人的发票(和汇票)及收取任何应得的差额的权利。

G. 款项让渡

第四十九条 款项让渡

  信用证未注明可转让这个事实,不影响信用证受益人根据适用法律的规定,将该信用证项下其应得的任何款项让渡给他人的权利。本条款仅涉及款项的让渡,而与在信用证本身项下执行权利的让渡无关。

附录五:《关税与贸易总协定》

《关税与贸易总协定》共有4个部分,38条,9个附件

第一部分共2条,主要介绍一般最惠国待遇和减让表

第1条 一般最惠国待遇

1. 在对输出或输入、有关输出或输入及输出入货物的国际支付转账所征收的关税和费用方面,在征收上述关税和费用的方法方面,在输出和输入的规章手续方面,以及在本协定第3条第2款及第4款所述事项方面,成员方对来自或运往其他国家的产品所给予的利益、优待、特权或豁免,应当立即无条件地给予来自或运往所有其他成员方的相同产品。

2. 任何有关进口关税或费用的优惠待遇,如不超过本条第4款规定的水平,而且在下列范围以内,不必按本条第1款的规定予以取消:

(甲)本协定附件一所列两个或两个以上的领土之间专享的现行优惠待遇,但以不违反这个附件所订的条件为限;

(乙)本协定附件二、附件三和附件四所列已于1939年7月1日以共同主权、保护关系或宗主权互相结合的两个或两个以上的领土之间专享的现行优惠待遇,但以不违反这些附件所订的条件为限;

(丙)美利坚合众国和古巴共和国之间专享的现行优惠待遇;

(丁)本协定附件五和附件六所列的毗邻国家之间专享的现行优惠待遇。

3. 原属于奥托曼帝国后于1923年7月24日分离出来的国家之间实施的优惠待遇,如能按本协定第25条第5款的规定予以批准,应不受本条第1款规定的约束。对这个问题运用本协定第25条第5款,应参考本协定第29条第1款。

4. 按本条第2款可以享受优惠待遇的任何产品,如在有关减让表中未特别规定所享受的优惠就是优惠最高差额,则应按以下规定办理:

(甲)对有关减让表内列明的任何产品的关税和费用,这一产品的优惠差额应不超过表列的最惠国税率与优惠税率的差额;表中对优惠税率若未作规定,应以1947年4月10日有效实施的优惠国税率作为本条所称的优惠税率;表中对最惠国税率若未作规定,其差额应不超过1947年4月10日所实施的最惠国税率与优惠税率的差额;

(乙)对有关减让表内未列明的任何产品的关税和费用,这一产品的优惠差额应不超过1947年4月10日所实施的最惠国税率与优惠税率的差额。

对于本协定附件七所列的各成员方,本款(甲)项及(乙)项所称1947年4月10日的日期,应分别以这个附件所列的日期代替。

第2条 减让表

1.(甲)一成员方对其他成员方贸易所给的待遇,不得低于本协定所附这一成员方的有关减

让表中有关部分所列的待遇。

（乙）一成员方领土的产品如在另一成员方减让表的第一部分内列名,当这种产品输入到这一减让表所适用的领土时,应依照减让表的规定、条件或限制,对它免征超过减让表所列的普通关税。对这种产品,也应免征超过于本协定签订之日对输入或有关输入所征收的任何其他税费,或免征超过于本协定签订之日进口领土内现行法律规定以后要直接或授权征收的任何其他税费。

（丙）一成员方领土的产品如在另一成员方减让表的第二部分内列名,当这种产品输入到这一减让表所适用的领土,按照本协定第1条可以享受优惠待遇时,应依照减让表的规定、条件或限制,对它免征超过减让表所列的普通关税。对这种产品,也应免征超过于本协定签订之日对输入或有关输入所征收的任何其他税费,或免征超过于本协定签订之日进口领土内现行法律规定以后要直接或授权征收的任何其他税费。但本条的规定并不妨碍成员方维持在本协定签订日关于何种货物可按优惠税率进口的已有规定。

2. 本条不妨碍成员方对于任何输入产品随时征收下列税费:

（甲）与相同国产品或这一输入产品赖以全部或部分制造或生产的物品按本协定第3条第2款所征收的国内税相同的费用;

（乙）按本协定第6条征收的反倾销税和反补贴税;

（丙）相当于提供服务成本的规费或其他费用。

3. 成员方不得变更完税价格的审定或货币的折合方法,以损害本协定所附这一成员方的有关减让表所列的任何减让的价值。

4. 当成员方在形式上或事实上对本协定有关减让表列名的某种产品的进口建立、维持或授权实施某种垄断时,这种垄断平均提供的保护,除减让表内有规定或原谈判减让的各成员方另有协议外,不得超过有关减让表所列的保护水平。但本款的规定,并不限制成员方根据本协定的其他规定,向本国生产者提供任何形式的援助。

5. 如果一成员方相信某一产品应享受的待遇在本协定所附另一成员方的减让表所订的减让中已有规定,并认为另一成员方未给予此种待遇时,这一成员方可以直接提请另一成员方注意这一问题。后一成员方如同意减让表所规定的待遇确系对方所要求的待遇,但声明:由于本国法院或其他有关当局的决定,按照本国税法有关产品不能归入可以享受减让表的应有待遇的一类,因而不能给予这项待遇时,则这两个成员方,连同其他有实质利害关系的成员方,应立即进一步进行协商,以便对这一问题达成补偿性的调整办法。

6. （甲）成员方若是国际货币基金的成员国,其减让表所列的从量关税和费用以及其维持的从量关税和费用的优惠差额,系以这一国家的货币按照国际货币基金在本协定签订之日所接受或临时认可的平价表示。因此,当这项平价按国际货币基金协定的规定降低达20%时,上述从量关税和费用以及优惠差额可根据平价的降低作必要的调整;但须经成员方全体(指按本协定第25条采取联合行动的各成员方)同意这种调整不致损害本协定有关减让表及本协定其他部分所列减让的价值,而对于与调整的必要性和紧迫性有关的一切因素,都应予以适当考虑。

（乙）对于不是国际货币基金成员国的成员方,自其成为国际货币基金的成员国或按照本协定第15条签订特别汇兑协定之日起,上述规定也应适用。

7. 本协定所附的各减让表,应视为本协定第一部分的组成部分。

第二部分是总协定的核心部分,是关于成员方之间的关税和贸易的一系列基本原则的具体规定,共 21 条和 109 款

第 3 条 国内税与国内规章的国民待遇

1. 各成员方认为:国内税和其他国内费用,影响产品的国内销售、推销、购买、运输、分配或使用的法令、条例和规定,以及对产品的混合、加工或使用须符合特定数量或比例要求的国内数量限制条例,在对进口产品或本国产品实施时,不应用来对国内生产提供保护。

2. 一成员方领土的产品输入到另一成员方领土时,不应对它直接或间接征收高于对相同的本国产品所直接或间接征收的国内税或其他国内费用。同时,成员方不应对进口产品或本国产品采用其他与本条第 1 款规定的原则有抵触的办法来实施国内税或其他国内费用。

3. 与本条第 2 款有抵触的现行实施的国内税,如果是 1947 年 4 月 10 日有效的贸易协定中所特别规定允许征收的,而且在有关贸易协定中还规定了凡已征收这种国内税的产品,它的进口关税即不能任意增加,则征收这种国内税的成员方,可以推迟实施本条第 2 款的规定,直到在贸易协定中所承担的义务得到解除,并能将进口关税增加到抵消国内税保护因素所必需的水平时为止。

4. 一成员方领土的产品输入到另一成员方领土时,在关于产品的国内销售、推销、购买、运输、分配或使用的全部法令、条例和规定方面,所享受的待遇应不低于相同的本国产品所享受的待遇。但本款的规定不应妨碍国内差别运输费用的实施,如果实施这种差别运输费用纯系基于运输工具的经济使用而与产品的国别无关。

5. 成员方不得建立或维持某种对产品的混合、加工或使用须符合特定数量或比例的国内数量限制条例,直接或间接要求条例规定的某一产品的特定数量或比例必须由国内来源供应成员方。还不应采用其他与本条第 1 款规定的原则有抵触的办法来实施国内数量限制条例。

6. 本条第 5 款的规定不适用于 1939 年 7 月 1 日,或 1947 年 4 月 10 日,或 1948 年 3 月 24 日(各成员方可以从这三个日期中自行选择一个日期)在一个成员方领土内有效实施的国内数量限制条例;但这种条例如与本条第 5 款的规定有抵触,不应采取损害进口货物的利益的办法来加以修改,应该把它们当作关税来进行谈判。

7. 任何对产品的混合、加工或使用须符合特定数量或比例要求的国内数量限制条例,在实施时不得把这种数量或比例在不同的国外供应来源之间进行分配。

8. (甲)本条的规定不适用于有关政府机构采购供政府公用、非商业转售或非用以生产供商业销售的物品的管理法令、条例或规定。

(乙)本条的规定不妨碍对国内生产者给予特殊的补贴,包括从按本条规定征收国内税费所得的收入中以及通过政府购买本国产品的办法,向国内生产者给予补贴。

9. 各成员方认为,规定国内物价最高限额的管理办法,即使符合本条的其他规定,对供应进口产品的成员方的利益,可能产生有害的影响。因此,实施这种办法的成员方,应考虑出口成员方的利益,以求在最大可能限度内,避免对它们造成损害。

10. 本条的规定不妨碍成员方建立或者维持符合本协定第4条要求的有关电影片的国内数量限制条例。

第4条 有关电影片的特殊规定

成员方在建立或维持有关电影片的国内数量限制条例时,应采取符合以下要求的放映限额办法:

(甲)放映限额可以规定,在不短于一年的指定时间内,国产电影片的放映应在各国的电影片商业性放映所实际使用的总时间内占一定最低比例;放映限额应以每年或其相当期间内每一电影院的放映时间作为计算基础。

(乙)除根据放映限额为国产电影片保留的放映时间以外,其他放映时间,包括原为国产电影片保留,后经管理当局开放的时间在内,不得正式或实际上依照电影片的不同来源进行分配。

(丙)虽有本条(乙)项的规定,任一成员方可以维持符合本条(甲)项要求的放映限额办法,在实施这项办法的国家以外,对某一国家的电影片保留一最低比例的放映时间。

(丁)放映限额的限制、放宽或取消,须通过谈判确定。

第5条 过境自由

1. 货物(包括行李在内)、船舶及其他运输工具,经由一成员方的领土通过,不论有无转船、存仓、起卸或改变运输方式,只要通过的路是全部运程的一部分,而运输的起点和终点又在运输所经的成员方的领土以外,应视为经由这一成员方领土过境,这种性质的运输本条定名为"过境运输"。

2. 来自或前往其他成员方领土的过境运输,按照最便于国际过境的路线通过每一成员方的领土是一种自由。船舶的国籍、来源地、出发地、进入港、驶出港或目的港的不同,或者以有关货物、船舶或其他运输工具的所有权的任何情况,不应被用作实施差别待遇的依据。

3. 成员方对通过其领土的过境运输,可以要求在适当的海关报关;但是,除了未遵守应适用的海关法令条例以外,这种来自或前往成员方领土的过境运输,不应受到不必要的迟延或限制,并应对它免征关税、过境税或有关过境的其他费用,但运输费用以及相当于因过境而支出的行政费用或提供服务的费用,不在此限。

4. 成员方对来自或前往其他成员方领土的过境运输所征收的费用及所实施的条例必须合理,并应考虑运输的各种情况。

5. 在有关过境的费用、条例和手续方面,一成员方对来自或前往其他成员方的过境运输所给的待遇,不得低于对来自或前往任何第三国的过境运输所给的待遇。

6. 一成员方对经由另一成员方领土过境的产品所给的待遇,不应低于这些产品如未经另一成员方领土过境,而直接从原产地运到目的地时所应给予的待遇。但是,如果直接运输是某些货物在进口时得以享受优惠税率的必要条件或与成员方征收关税的某种估价办法有关,则成员方得保留其在本协定签订之日已实施的有关直接运输的那些规定。

7. 本条的规定不适用于航空器的过境,但对空运过境货物(包括行李在内)则应适用。

第6条 反倾销税和反补贴税

1. 各成员方认为:用倾销的手段将一国产品以低于正常价值的办法进入另一国市场内,如因此对某一成员方领土内已建立的某项工业造成实质性损害或产生实质性威胁,或者对某一国内工业的新建产生实质性阻碍,这种倾销应该受到谴责。本条所称一产品以低于它的正常价值进入进口国的市场内,系指从一国向另一国出口的产品的价格:

（甲）低于相同产品在出口国用于国内消费时在正常情况下的可比价格,或

（乙）如果没有这种国内价格,低于:

（1）相同产品在正常贸易情况下向第三国出口的最高可比价格;或

（2）产品在原产国的生产成本加合理的推销费用和利润。

但对具体销售的条件差异,赋税差异以及影响价格可比性的其他差异,必须予以适当考虑。

2. 成员方为了抵消或防止倾销,可以对倾销的产品征收数量不超过这一产品的倾销差额的反倾销税。本条所称的倾销差额,系指按本条第1款的规定所确定的价格差额。

3. 一成员方领土的产品输入到另一成员方国领土时,对这种产品征收的反补贴税,在金额上不得超过这种产品在原产国或输出国制造、生产或输出时,所直接或间接得到的奖励或补贴的估计数额。一种产品于运输时得到的特别补贴,也应包括在这一数额以内。"反补贴税"一词应理解为:为了抵消商品于制造、生产或输出时所直接或间接接受的任何奖励或补贴而征收的一种特别关税。

4. 一成员方领土的产品输入到另一成员方领土,不得因其免纳相同产品在原产国或输出国用于消费时所须完纳的税捐或因这种税捐已经退税,即对它征收反倾销税或反补贴税。

5. 一成员方领土的产品输入到另一成员方领土,不得因抵消倾销或出口补贴,而同时对它既征收反倾销税又征收反补贴税。

6. （甲）一成员方对另一成员方领土产品的进口,除了断定倾销或补贴的后果会对国内某项已建的工业造成实质性损害或产生实质性威胁,或者实质性阻碍国内某一工业的新建以外,不得征收反倾销税或反补贴税。

（乙）为了抵消倾销或补贴,对另一个向进口成员方领土输出有关产品的成员方的领土内某一工业造成的实质性损害或产生的实质性威胁,成员方全体可以解除本款(甲)项规定的要求,允许这一进口成员方对有关产品的进口征收反倾销税或反补贴税。如果成员方全体发现某种补贴对另一个向进口成员方领土输出有关产品的成员方的领土内某一工业正在造成实质性损害或产生实质性威胁,它们应解除本款(甲)项规定的要求,允许征收反倾销税。

（丙）然而,在某些例外情况下,如果延迟将会造成难以补救的损害,一成员方虽未经成员方全体事前批准,也可以为本款(乙)项所述的目的而征收反补贴税;但这项行动应立即向成员方全体报告,如未获批准,这种反补贴税应即予以撤销。

7. 凡与出口价格的变动无关,为稳定国内价格或为稳定某一初级产品生产者的收入而建立的制度,即令它有时会使出口商品的售价低于相同产品在国内市场销售的可比价格,也不应认为造成了本条第6款所称的实质性损害,如果与有关商品有实质利害关系的成员方各国协商后确认:

（甲）这一制度也曾使商品的出口售价高于相同产品在国内市场销售时的可比价格,而且

（乙）这一制度的实施,由于对生产的有效管制或其他原因,不至于不适当地刺激出口,或在其他方面严重损害其他成员方的利益。

第7条　海关估价

1. 各成员方承认本条下列各款规定的估价一般原则有效;各成员方还承担义务,保证对所有

以价值作为输出入征收关税或其他费用或实施限制的依据的产品,实施这些原则。另外,经另一成员方提出要求,各成员方应根据这些原则检查各自国家有关海关估价的法令或条例的执行情况,成员方全体可以要求各成员方就执行本条规定所采取的步骤提供报告。

2.(甲)海关对进口商品的估价,应以进口商品或相同商品的实际价格,而不得以本国产品的价格或者以武断的或虚构的价格,作为计征关税的依据。

(乙)"实际价格"系指,在进口国立法确定的某一时间和地点,在正常贸易过程中于充分竞争的条件下,某一商品或相同商品出售或推销的价格。由于这一商品或相同商品的价格在具体交易中系随数量而转移,为统一计,本条所称的价格系指下述数量之一的价格:

(1)可比数量,或

(2)与输出国和输入国贸易之间出售较大商品数量相比,不至于使进口商不利的那种数量。

(丙)按照本款(乙)项的规定不能确定实际价格时,海关的估价应以可确定的最接近于实际价格的相当价格为根据。

3.海关对进口产品的估价,不应包括原产国或输出国所实施的但对进口产品已予免征,或已经退税,或将要予以退税的任何国内税。

4.(甲)除本款另有规定者外,当一成员方为了本条第2款的目的,须将另一国货币表示的价格折成本国货币时,它对每一有关货币所使用的外汇折合率,应以符合国际货币基金协定条款规定的平价或以基金认可的汇率为根据,或以符合本协定第15条签订的特别外汇协定规定的平价为根据。

(乙)如果没有规定的平价或认可的汇率,则折合率应为有效地反映这种货币在商业交易中的现行价值。

(丙)对按国际货币基金协定条款的规定可以保留多种折合率的外币,成员方在全体取得国际货币基金的同意后,应制订管理各成员方折合这种外币的规则。成员方为了本条第2款的目的,可以对这种外币实施这种规则,以代替平价的使用。在成员方全体未通过这些规则以前,成员方为了本条第2款的目的,可以对这种货币采用旨在有效反映这种货币在商业交易上的价值而制订的折合规则。

(丁)本款的规定不得解释为要求成员方改变在本协定签订之日已在其领土内实施的为海关目的所使用的货币折合办法,如果这种改变会引起普遍增加应纳关税的话。

5.另如果产品系以价值作为征收关税和其他费用或实施限制的依据,则确定产品价值的根据和方法必须稳定,并应广为公告,以便贸易商能够相当准确地估计海关的估价。

第8条 规费和输出入手续

1.(甲)成员方对输出入及有关输出入所征的除进出口关税和本协定第3条所述国内税以外的任何种类的规费和费用,不应成为对本国产品的一种间接保护,也不应成为了财政目的而征收的一种进口税或出口税。

(乙)各成员方认为:本款(甲)项所称规费和费用的数量和种类有必要予以减少。

(丙)各成员方认为:输出入手续的负担和繁琐,应降低到最低限度;规定的输出入单证应当减少和简化。

2.经另一成员方或经成员方全体提出请求,一成员方应根据本条的规定检查它的法令和规章的执行情况。

3. 成员方对违反海关规章和手续的轻微事项,不得严加处罚。特别是对海关单证上的某种易于改正明显无欺骗意图或重大过失的漏填、误填,更不应科以超过警告程度的处罚。

4. 本条的规定应适用于政府当局在有关输出入方面所实施的规费、费用、手续及规定,包括有关输出入的下述事项:

(甲) 领事事项,如领事签证发票及证明;

(乙) 数量限制;

(丙) 许可证;

(丁) 外汇管制;

(戊) 统计事项;

(己) 文件、单据和证明;

(庚) 分析和检查;以及

(辛) 检疫、卫生及蒸熏消毒。

第9条 原产国标记

1. 一成员方在有关标记规定方面对其他成员方领土产品所给的待遇,应不低于对第三国相同产品所给的待遇。

2. 各成员方认为,在采用和贯彻实施原产国标记的法令和条例时,对这些措施对出口国的贸易和工业可能造成的困难及不便应减少到最低程度;但应适当注意防止欺骗性的或易引起误解的标记,以保护消费者的利益。

3. 只要行政上许可,各成员方应允许所要求的原产国标记在进口时贴在商品上。

4. 各成员方的有关进口产品标记的法令和条例,应不至于在遵照办理时会使产品受到严重损害,或大大降低它的价值,或不合理地增加它的成本。

5. 成员方对于输入前未依照规定办理标记的行为,除不合理地拖延、不更正,或贴欺骗性的标记,或有意不贴要求的标记以外,原则上不得征收特别税或科以特别处罚。

6. 各成员方应通力合作制止滥用商品名称假冒产品的原产地,以致使受到当地立法保护的某一成员方领土产品的特殊区域名称或地理名称受到损害。每一成员方对其他成员方就业已通知的产品名称适用上述义务问题可能提出的要求或陈述,应予以充分的同情考虑。

第10条 贸易条例的公布和实施

1. 成员方有效实施的关于海外对产品的分类或估价,关于税捐或其他费用的征收率,关于对进出口货物及其支付转账的规定、限制和禁止,以及关于影响进出口货物的销售、分配、运输、保险、存仓、检验、展览、加工、混合或使用的法令、条例与一般援用的司法判决及行政决定,都应迅速公布,以使各国政府及贸易商对它们熟悉。一成员方政府或政府机构与另一成员方政府或政府机构之间缔结的影响国际贸易政策的现行规定,也必须公布。但本款的规定并不要求成员方公开那些会妨碍法令的贯彻执行、会违反公共利益或会损害某一公私企业的正当商业利益的机密资料。

2. 成员方采取的按既定统一办法提高进口货物关税或其他费用的征收率,或者对进口货物及其支付转让实施新的或更严的规定,限制或禁止的普遍的适用的措施,非经正式公布,不得实施。

3.（甲）各成员方应以统一、公正和合理的方式实施本条第1款所述的法令、条例、判决和决定。

（乙）为了能够特别对于有关海关事项的行政行为迅速进行检查和纠正，各成员方应维持或尽快建立司法的、仲裁的或行政的法庭或程序。这种法庭或程序应独立于负责行政实施的机构之外，而它们的决定，除进口商于规定上诉期间向上级法院或法庭提出申诉以外，应由这些机构予以执行，并作为今后实施的准则；但是，如这些机构的中央主管机关有充分理由认为它们的决定与法律的既定原则有抵触或与事实不符，它可以采取步骤使这个问题经由另一程度加以检查。

（丙）如于本协定签订之日在成员方领土内实施的事实上能够对行政行为提供客观公正的检查，即使这个程序不是全部或正式地独立于负责行政实施的机构以外，本款（乙）项的规定，并不要求取消它或替换它。实施这种程序的成员方如被请求，应向成员方全体提供有关这种程度的详尽资料，以便成员方全体决定这种程序是否符合本项规定的要求。

第11条 数量限制的一般取消

1. 任何成员方除征收税捐或其他费用以外，不得设立或维持配额、进出口许可证或其他措施以限制或禁止其他成员方领土的产品的输入、或向其他成员方领土输出或销售出口产品。

2. 本条第1款的规定不适用于：

（甲）为防止或缓和输出成员方的粮食或其他必需品的严重缺乏而临时实施的禁止出口或限制出口。

（乙）为实施国际贸易上商品分类、分级和销售的标准及条例，而必须实施的禁止进出口或限制出口。

（丙）对任何形式的农渔产品有必要实施的进口限制，如果这种限制是为了贯彻：

（1）限制相同的本国产品允许生产或销售的数量，或者，如果相同的本国产品产量不大，限制能直接代替进口产品的本国产品的允许生产或销售数量的政府措施；或

（2）通过采用免费或低于现行市场价格的办法，将剩余供国内某些阶层消费以消除相同国产品的暂时过剩，或者，相同本国产品若是产量不大，以消除能直接代替进口产品的本国产品暂时过剩的政府措施；或

（3）限制生产全部或主要地直接依赖于进口原料而生产的动物产品的数量的政府措施，如果本国产品的那种原料的数量可以忽略不计的话。

成员方按照本款（丙）项对某项产品实施进口限制时，应公布今后指定时期内准予进口的产品的全部数量或价值以及可能的变动。同时，根据上述（1）项而实施的限制，不应使产品的进口总量与其国内生产总量间的比例，低于若不执行限制可以合理预期达到的比例，成员方在确定这个比例时，对前一代表性的时期的比例以及可能曾经影响或正在影响这个产品贸易的任何特殊因素，均应给予适当的考虑。

第12条 为保障国际收支而实施的限制

1. 虽有本协定第11条第1款的规定，任何成员方为了保障其对外金融地位和国际收支，可以限制准许进口的商品数量或价值，但须遵守本条下述各款的规定。

2.（甲）一成员方根据本条规定而建立、维持或加强的进口限制，不得超过：

(1)为了预防货币储备严重下降的迫切威胁或制止货币储备严重下降所必需的程度;或

(2)对货币储备很低的成员方,为了使储备合理增长所必需的程度。

在以上两种情况下,对可能正在影响这一成员方储备或其对储备的需要的任何特殊因素,包括在能够得到特别国外信贷或其他资源的情况下,安排适当使用这种信贷或资源的需要,都应加以适当考虑。

(乙)各成员方根据本款(甲)项实施的限制,在情况改善时应逐步予以放宽,只维持根据(甲)项所列情况认为仍有必要实施的为限。如情况改变,已无必要建立或维持根据(甲)项实施的限制,就应立即予以取消。

3.(甲)各成员方在执行国内政策时承担义务:对维持或恢复各自的国际收支平衡于健全持久的基础上的必要和避免生产资源的非经济使用的好处,予以适当注意。各成员方认为:要实施上述目标,最好尽可能采取措施扩大而不是缩小国际贸易。

(乙)按本条规定实施限制的各成员方,可以对不同进口产品或进口产品的不同类别确定不同程度的限制,使比较必需的产品能够优先进口。

(丙)按本条实施限制的各成员方,承担下列义务:

(1)对任何其他成员方的贸易或经济利益,避免造成不必要的损害;

(2)实施的限制不无理地阻碍任何完全禁止其输入即会损害正常贸易渠道的那种最低贸易数量的输入;

(3)实施的限制不阻碍商业货样的输入或阻碍专利权、商标、版权或类似程度的遵守。

(丁)各成员方认为,由于实施某种旨在达到和维持生产效率的充分就业和旨在发展经济资源的国内政策,一成员方可能出现高度的进口需求,造成本条第2款(甲)项那种对货币储备的威胁。因此,对一个在其他方面都执行本条规定的成员方,不得以它的政策的改变使其根据立法实施的限制成为不必要为理由,而要求它撤销或修改它根据本条实施的限制。

4.(甲)建立新的限制或大幅度加强按本条实施的措施因而提高现行限制一般水平的任何成员方,应在建立或加强限制后(如能事前协商,则应于建立或加强前),立即与成员方全体就自己国际收支困难的性质,可能采取的其他补救办法以及这些限制对其他成员方的经济可能造成的影响,进行协商。

(乙)成员方全体应在其确定的某一日期,检查在那一日期按本条规定仍在实施的一切限制。从那一日期后一年开始,凡根据本条规定实施进口限制的各成员方,应每年同成员方全体进行本款(甲)项所规定的那种协商。

(丙)(1)成员方全体在根据上述(甲)项或(乙)项规定同一成员方进行协商的过程中,如判定实施的限制与本条或本协定第13条(受本协定第14条的限制)的规定不符,它们应指出不符的性质,并可建议对限制作适当的修改。

(2)但是,如成员方全体经协商后定为,正在实施的限制严重地与本条或与本协定第13条(受本协定第14条的限制)规定不符,认为它对另一成员方的贸易造成损害或构成威胁,它们应将这一情况通知实施限制的成员方,并应提出旨在使规定在一定期限内得到遵守的适当建议。如实施限制的成员方在规定期限内不执行这些建议,成员方全体在认为必要时,可以解除贸易受到不利影响的那个成员方根据本协定对实施限制的成员方所承担的义务。

(丁)如一成员方有理由认为另一成员方按本条实施的限制与本条或本协定第13条(受本协

定第 14 条的限制)的规定不符,并认为因此它的贸易受到不利的影响,经这一成员方提出要求,成员方全体应邀请实施限制的成员方与其进行协商。成员方全体应先查明,在这两个成员方之间进行了直接讨论,未达成协议,才能发出这样的邀请。经与成员方全体协商如果仍不能达成协议,而成员方全体又认为正在实施与上述规定不符的限制,因而对提出这一程序的那个成员方的贸易造成损害或构成威胁,则成员方全体应建议撤销或修改这项限制。如在成员方全体规定的限制内,并未撤销或修改这项限制,成员方全体如果认为必要,可以解除提出这一程序的那个成员方根据本协定所承担的义务。

(戊)按本款规定办理时,成员方全体应适当注意影响实施限制的成员方的出口贸易的任何不利的外部特别因素。

(己)本款的决定,应尽快实施,如果可能,应在开始协商后 60 天内实施。

5. 如果须持久而广泛地维持按本条实施的进口限制,表明存在着普遍的不平衡限制着国际贸易的发展,则成员方全体应召开会议来讨论是否可由国际收支遭受压力的成员方,或由国际收支趋向非常有利的成员方,或由适当的国际机构,采取其他办法以清除造成不平衡的内在因素。如成员方全体发出这种邀请,各成员方应参加这种讨论。

第 13 条 非歧视地实施数量限制

1. 除非对所有第三国的相同产品的输入或对相同产品向所有第三国的输出同样予以禁止或限制以外,任何成员方不得限制或禁止另一成员方领土的产品的输入,也不得禁止或限制产品向另一成员方领土输出。

2. 各成员方对任何产品实施进口限制时,应旨在使这种产品的贸易分配尽可能与如果没有这种限制时其他各成员方预期可能得到的份额相近;为此目的,各成员方应遵守下列规定:

(甲)在可能时,应固定准许进口的配额(不论是否在供应国之间进行分配),并应按本条第 3 款(乙)项的规定,公告其数额;

(乙)如不能采用配额办法,可采用无配额的进口许可证或进口凭证方式实施限制;

(丙)除了按本款(丁)项分配配额以上,各成员方不得只规定从某一特定国家或来源输入有关产品须用进口许可证或进口凭证。

(丁)如果配额系在各供应国之间进行分配,实施限制的成员方可谋求与供应有关产品有实质利害关系的所有成员方就配额的分配达成协议。如果不能采用这种办法,在考虑了可能已经影响或正在影响有关产品的贸易的特殊因素的情况下,有关成员方应根据前一代表时期供应产品的成员方在这一产品进口总量或总值中所占的比例,将份额分配给与供应产品有实质利害关系的国家。除这一份额应予配额所定的限制内进口以外,有关成员方不得设立任何条件或手续来阻碍任何其他成员方充分利用其从这一总额或总值中所分得的份额。

3. (甲)在为实施进口限制签发进口许可证的情况下,如与某产品的贸易有利害关系的任何成员方提出要求,实施限制的成员方应提供关于限制的管理,最近期间签发的进口许可证及其在各供应国之间的分配情况的一切有关资料,但对进口商或供应商的名称,应不承担提供资料的义务。

(乙)在进口限制采用固定配额的情况下,实施限制的成员方应公布今后某一特定时期内将要准许进口的产品总量或总值及其可能的变动。在公布时,有关产品的供应如果已在运输途中的,应不得拒绝其进口;但是,可将它尽可能计算在本期的准许进口的数量以内,必要时也可以计算在下一期或下几期的准许进口数量以内;另外,任何成员方在对公告后 30 日内为消费而进口的或为消费而从货栈里提出的有关产品,如果按照惯例系免除这种限制,这种惯例应视为完全符合本款的规定。

(丙)当配额系在各供应国间进行分配的情况下,实施限制的成员方应将最近根据数量或价值分配给各供应国的配额份额,迅速通知与供应产品有利害关系的所有其他成员方,并应公告周知。

4. 关于按本条第 2 款(丁)项或本协定第 11 条第 2 款(丙)项所实施的限制,应首先由实施限制的成员方选择产品的有代表性时期和估计影响产品贸易的任何特殊因素;但是,在与供应这一产品有重大利害关系的任何成员方或成员方或成员方全体提出请求后,实施限制的成员方应迅速与其他成员方全体协商,以断定有无必要调整已确定的比例或选定的基础,或重新估计有关的特殊因素,或取消单方面建立的与相应配额的分配或自由利用有关的那些条件、手续或其他规定。

5. 本条的规定应适合于任何成员方建立或维持的关税配额,而且本条的原则应尽可能地适用于出口限制。

第 14 条 非歧视原则的例外

1. 按照本协定第 12 条或第 18 条第 2 节实施限制的一成员方,可以在实施限制时背离本协定第 13 条的规定,但这种背离应与这一成员方当时可能按照国际货币基金第 8 条或第 14 条的规定,或按照根据本协定第 15 条第 6 款签订的特别外汇协定的类似规定对现行国际交易的支付和转让所实施的限制所产生的影响相同。

2. 经成员方全体同意,按照本协定第 12 条或第 18 条第 2 节实施进口限制的一成员方,可以使它的一小部分对外贸易暂离本协定第 13 条的规定,如果这样做后,对有关的一个成员方或几个成员方造成的利益大大超过对其他成员方贸易所造成的损害。

3. 本协定第 13 条的规定,并不阻止在国际货币基金中有共同配额的某些领土根据本协定第 12 条或第 18 条第 2 节的规定,限制来自其他国家的进口,而不限制它们相互间的进口,但这种限制必须在其他方面符合本协定第 13 条的规定。

4. 本协定第 11 条至第 15 条或本协定第 18 条第 2 节的规定,并不阻止按照本协定第 12 条或按照本协定第 18 条第 2 节实施限制的一成员方采取不违反本协定第 13 条规定的措施以指导出口,增加外汇收入。

5. 本协定第 11 条至第 15 条或本协定第 18 条第 2 节的规定,并不阻止一成员方。

(甲)实施与国际货币基金协定第 17 条允许实施的外汇限制有相同影响的数量限制,或

(乙)在本协定附件一所称的谈判取得结果以前,根据这一附件内所列的优惠安排而实施的数量限制。

第 15 条 外汇安排

1. 成员方全体应谋求与国际货币基金合作,以便成员方全体与基金在基金所主管的外汇问题和成员方全体所主管的数量限制或其他贸易措施方面,可以采取一种协调的政策。

2. 成员方全体如果被请求考虑或处理有关货币储备、国际收支或外汇安排的问题,它们与国

际货币基金进行充分的协商。成员方全体在协商中应接受基金提供的有关外汇、货币储备或国际收支的一切统计或其他调查结果;关于一成员方在外汇问题上采取的行动是否符合国际货币基金协定的条款,是否符合这一成员方与成员方全体之间所签订的外汇特别协定的条件,成员方全体也应接受基金的判定,成员方全体如需对涉及本协定第12条第2款(甲)项或第18条第9款所规定的标准的案件作出最后决定,对什么是一成员方货币储备的严重下降,什么是一成员方的货币储备很低,什么是一成员方货币储备的合理增长,以及对协商中涉及的其他事项的财政问题,都应接受基金的判定。

3. 成员方全体应设法与基金就本条第2款所述协商的程序达成协议。

4. 各成员方不得以外汇方面的行动,来妨碍本协定各项规定的意图的实现,也不得以贸易方面的行动,妨碍国际货币基金协定各项规定的意图的实现。

5. 如成员方全体认为,某成员方现行的有关进口货物的支付和转账方面的外汇限制与本协定对数量限制所订的例外规定不符,则成员方全体应将这一情况向基金报告。

6. 凡不是国际货币基金成员的成员方,应在成员方全体与基金商定的时限内,成为基金的成员国;如不能做到这一点,应与成员方全体签订了一个外汇特别协定。一成员方如果退出国际货币基金,应立即与成员方全体签订一个外汇特别协定。一成员方根据本款与成员方全体签订的外汇特别协定,应成为这一成员方对本协定所承担的义务的组成部分。

7. (甲)一成员方与成员方全体根据本条第6款签订的外汇特别协定,须有使成员方全体满意的下述规定:这一成员方在外汇问题上采取的行动,将不妨碍本协定的宗旨的实现。

(乙)任何外汇特别协定的条款要求成员方在外汇问题上所承担的义务,一般应不严于国际货币基金协定的条款要求基金成员国所承担的义务。

8. 不是国际货币基金成员的成员方应向成员方全体提供其为执行本协定规定的任务而需要的国际货币基金协定第8条第5节范围内的一般资料。

9. 本协定不妨碍:

(甲)成员方实施与国际货币基金协定条款和与成员方同成员方全体签订的外汇特别协定条款相符的外汇管制或外汇限制,或

(乙)成员方对输出入实施某种除了产生本协定第11条、第12条、第13条和第14条所允许的影响以外,只是使外汇管制或外汇限制更加有效地限制或管制。

第16条 补 贴

第1节 一般补贴

1. 任何成员如果给予或维持任何补贴,包括任何形式的收入支持或价格支持在内,以直接或间接增加从它的领土输出某种产品或减少向它的领土输入某种产品,它应将这项补贴的性质和范围、这项补贴对输出入的产品数量预计可能产生的影响以及使得这项补贴成为必要的各种情况,书面通知成员方全体。如这项补贴经判定对另一成员方的利益造成严重损害或产生严重威胁,给予补贴的成员方,应在接到要求后与有关的其他成员或成员方全体讨论限制这项补贴的可能性。

第 2 节 对出口补贴的附加规定

2. 各成员方认为：一成员方对某一出口产品给予补贴，可能对其他的进口和出口成员方造成有害的影响，对它们的正常贸易造成不适当的干扰，并阻碍本协定的目标的实现。

3. 因此，各成员方应力求避免对初级产品的输出实施补贴。但是，如一成员方直接或间接给予某种补贴以求增加从它的领土输出某种初级产品，则这一成员方在实施补贴时不应使它自己在这一产品的世界出口贸易中占有不合理的份额，适当注意前一有代表性时期各成员方在这种产品的贸易中所占的份额及已经影响或可能正在影响这种产品的贸易的特殊因素。

4. 另外，从 1958 年 1 月 1 日或其后可能的尽早的日期起，对初级产品以外的任何产品，各成员方不应再直接或间接给予使这种产品的输出售价低于同样产品在国内市场出售时的可比价格的任何形式的补贴。在 1957 年 12 月 31 日以前，任何成员方不得用实施新的补贴或扩大现有补贴的办法，使前述补贴超出 1955 年 1 月 1 日所实施的范围。

5. 各成员方应根据实际的经验随时检查本条规定的执行情况，以了解本条填写在促进本协定目标的实现以及避免补贴对各成员方的贸易或利益造成严重损害方面是否有效。

第 17 条 国营贸易企业

1. （甲）各成员方保证：当它建立或维持一个国营企业（不论位于何处），或对一个企业正式或事实上给予独占权或特权时，这种企业在其有关进口或出口的购买和销售方面的行为，应符合本协定中关于影响私商进出口货物的政府措施所规定的非歧视待遇的一般原则。

（乙）本款（甲）项的规定应理解为要求国营企业，在购买或销售时除适当注意本协定的其他规定外，应只以商业上的考虑（包括价格、质量、资源多少、推销难易、运输和其他购销条件）作为根据，并按照商业上的惯例与其他成员方的国营企业参与这种购买或销售提供充分的竞争机会。

（丙）一成员方不得阻止其所管辖下的企业（不论是否本款（甲）项所述企业）实施本款（甲）项和（乙）项规定的原则。

2. 本条第 1 款的规定不适用于政府为目前或今后公用非为出售或生产供销售的商品而进口的产品。每一成员方应对其他成员方输入货物的贸易给予公平合理的待遇。

3. 各成员方认为，本条第 1 款（甲）项所述的企业活动有可能对贸易造成严重损害，因此，在互惠互利的基础上进行谈判以限制或减少这种损害，对国际贸易的扩展是重要的。

4. （甲）各成员方应将本条第 1 款（甲）项所述企业输入到它们的领土或从它们的领土输出的产品通知成员方全体。

（乙）成员方如对本协定第 2 条减让范围以外的某一产品建立、维持或授权实施进口垄断，在对这一产品有大量贸易的另一成员方提出请求后，它应将最近有代表性时期内产品的进口加价，或者（如不能办到的话）将产品的转售价格，通知成员方全体。

（丙）当一成员方有理由认为，它按本协定可享受的利益由于本款（甲）项所述企业的活动正在受到损害，它可以向成员方全体提出请求，成员方全体可以据此要求建立、维持或授权建立这种企业的那个成员方，就其执行本协定的情况提供资料。

（丁）本款不要求成员方公布那些妨碍法令贯彻执行或在其他方面有损于公共利益或对某些具体企业正当商业利益会造成损害的机密资料。

第18条 政府对经济发展的援助

1. 各成员方认为:各成员方,特别是那些只能维持低生活水平处在发展初期阶段的成员方的经济的逐步增长,将有助于实现本协定的宗旨。

2. 各成员方还认为"为了实施目的在于提高人民一般生活水平的经济发展计划和政策",这些成员方可能有必要采取影响进口的保护措施或其他措施,而且,只要这些措施有助于实现本协定的宗旨,它们就有存在的理由。因此,各成员方同意,这些成员方应该享受额外的便利,使它们(甲)在关税结构方面能够保持足够的弹性,从而为某一特定工业的建立提供需要的关税保护;(乙)在充分考虑它们的经济发展计划可能造成的持续高水平的进口需求的条件下,能够为国际收支目的而实施数量限制。

3. 最后,各成员方认为:有了本条第1节和第2节规定的额外便利,本协定的规定在正常情况下将能足够满足各成员方的经济发展的需要。但是,各成员方同意,可能有一些找不到符合上述规定措施的情况,在这种情况下,一个经济处在发展阶段的成员方政府,就不能为了提高人民生活的一般水平,而对某些特定工业的加速建立提供必需的援助。为了处理这些情况,本条第3节和第4节规定了特别程序。

4. (甲)因此,凡是只能维持低生活水平经济处在发展初期阶段的成员方,有权按本条第1节、第2节和第3节暂时背离本协定其他各条的规定。

(乙)凡是经济处在发展,但又不属于上述(甲)项规定范围的成员方,可以根据本条第4节的规定向成员方全体提出申请。

5. 各成员方认为,经济属于上面第4款(甲)项和(乙)项所述类型并依赖少数初级产品出口的成员方的出口收入,会因这些产品销售的下降而严重减少。因此,当这种成员方的初级产品的出口受到另一成员方所采取的措施的严重影响时,它可以引用本协定第22条规定的协商程序。

6. 成员方全体应每年检查按本条第3节和第4节而实施的一切措施。

第1节

7. (甲)如果本条第4(甲)项规定范围内的一成员方为了加速某一特定工业的建立以提高人民的一般生活水平,认为有必要修改或撤销本协定有关减让表中所列的某项减让,它应将上述情况通知成员方全体,并应与原来跟它谈判减让的任何成员方和成员方全体认为对此有实质利害关系的任何其他成员方进行谈判。如在这些有关的成员方之间能够达成协议,这些成员方为了能将达成的协议付诸实施,应有权对本协定有关减让表中所列减让,包括有关的补偿性调整在内,加以修改或撤销。

(乙)如在上述(甲)项规定的通知发出以后60天内不能达成协议,则建议修改或撤销减让的成员方可将这个问题提交成员方全体,成员方全体应迅速加以研究。如成员方全体认为建议修改或撤销减让的成员方为了达成协议已尽了一切努力,而且它所提供的补偿性调整也是适当的,则这一成员方,只要它同时准备将补偿性调整付诸实施,可以修改或撤销减让。如成员方全体认为,建议修改或撤销减让的成员方所提供的补偿性调整是不适当的,但它已经为提供适当的补偿做了一切合理的努力,则这一成员方可以继续这种修改或撤销。它如果采取这项行动,上述(甲)项规定中所述的任何其他成员方,可以对原与它谈判达成的减让,作基本上相等的修改或撤销。

第 2 节

8. 各成员方认为,本条第 4 款(甲)项规定范围内的成员方,在它们的经济迅速发展的过程中,主要由于努力扩大国内市场和由于贸易条件的不稳定,往往会面临国际收支的困难。

9. 为了保护对外金融地位和保证有一定水平的储备以满足实施经济发展计划的需要,本条第 4 款(甲)项规定范围内的一成员方可以在本条第 10 款到第 12 款规定的限制下,采取限制准许进口的商品的数量或价值的办法来控制它的进口的一般水平;但是,所建立、维持或加强的进口限制不得超过:

(甲) 为了预防货币储备严重下降的威胁或制止货币储备下降所必需的程度,或者

(乙) 货币储备不足的成员方,为了使货币储备能够合理增长所必需的程度。

在这两种情况下,对可能正在影响这一成员方的储备或其对储备需要的任何特殊因素,包括在能够得到特别的国外信贷或其他资源的情况下安排适当使用这种信贷或资源的需要,都应加以适当的考虑。

10. 成员方在实施上述进口限制时,可以对不同进口产品或不同进口产品的不同类别确定不同的限制方式,以便根据其经济发展政策优先进口比较必需的产品;但是,实施的限制应避免对任何其他成员方的贸易或经济利益造成不必要的损害;不应无理地阻碍任何商品的最低贸易数量的输入;完全禁止其输入即会损害正常贸易渠道,也不应阻碍商业货样的输入及专利权、商标、版权或类似程序的遵守。

11. 有关成员方在执行国内政策时,应适当注意自己的国际收支的健全而持久的基础上恢复平衡的必要性以及保证生产资源的经济使用的好处。如情况改善,有关成员方应逐步放宽按本节规定而实施的限制,它们所维持的限制应以本条第 9 款规定的条件使它们有必要实施为限。当情况改变已无必要维持这些限制时就立即予以取消。但是,不得以它的发展政策的改变会使按本节实施的限制成为不必要为理由,而要求一成员方撤销或修改这种限制。

12.(甲) 建立新的限制,或者大幅度加强按本节实施的措施因而提高现行限制一般水平的任何成员方,应于建立或加强限制后(如能事前协商则应于建立或加强前)立即与成员方全体就自己国际收支困难的性质,可能采取的其他补救办法,以及这些限制对其他成员方的经济可能造成的影响,进行协商。

(乙) 成员方全体应在其确定的某一日期,检查在那一日期按本节规定仍在实施的一切限制。从那一日期后两年开始,凡按本节规定实施进口限制的成员方应约每隔两年(但不短于两年),按成员方全体每年拟订的计划,同成员方全体进行上面(甲)项规定的那种协商。但是,在按本款其他规定进行的一般性协商结束还不到两年的时期内,本项规定的协商不应进行。

(丙)(1) 成员方全体在按本款(甲)项或(乙)项同一成员方进行协商的过程中,如判定实施的限制与本节或本协定第 8 条(受本协定第 14 条的限制)的规定不符,它们应指出不符的性质,并可建议对限制作适当的修改。

(2) 但是,如成员方全体经协商后认为正在实施的限制严重地与本节或与本协定第 13 条(受本协定第 14 条的限制)的规定不符,认为这对另一成员方的贸易造成损害或构成威胁,它们应将这一情况通知实施限制的成员方,并应提出适当的建议以保证这些规定在一定限制内能得到遵守。如实施限制的成员方在规定限制内不执行这些建议,成员方全体在认为必要时,可以解除贸

易受到不利影响的那个成员方根据本协定对实施限制的成员方所承担的义务。

（丁）如一成员方有理由认为，另一成员方按本节而实施的限制系与本节或本协定第13条（受本协定第14条的限制）的规定不符，并认为因此它的贸易受到不利的影响，它可以提出要求，请成员方全体邀请实施限制的成员方与成员方全体进行协商。成员方全体应先查明在这两个有关的成员方之间进行了直接讨论，未能达成协议，才能发出这样的邀请。经与成员方全体协商，如果仍不能达成协议，而成员方全体又认为正在实施与上述规定不符的限制，因而对提出这一程序的那个成员方的贸易造成损害或构成威胁，则成员方全体应建议撤销或修改这项限制。如在成员方全体规定的限制内，这项限制并未撤销或修改，成员方全体如果认为有必要，可以解除提出这一程序的成员方按本协定对实施限制的成员方所承担的义务。

（戊）在按本款（丙）（2）项末句按本款（丁）项的规定对一成员方采取行动后，这一成员方如果认为：成员方全体批准的义务解除对它的经济发展计划和政策的实施发生有害的影响，则这一成员方在不迟于采取这项行动以后的60天内，可以将退出本协定的意图用书面通知成员方全体执行秘书长，自秘书长收到书面通知以后第60天起，此项退出开始生效。

（己）在按本款规定办理时，成员方全体应适当注意本条第2款所述因素。按本款作出的决定应尽速作出，如果可能，应在开始协商后的60天内作出。

第3节

13. 本条第4款（甲）项规定范围内的一成员方如果发现：为了提高人民的一般生活水平，有必要对某一特定工业的加速建立提供政府援助，但是采取符合本协定其他规定的措施却无法达到这一目的，则这一成员方可以引用本条的条款和程序。

14. 有关成员方应将它为实现本条第13款所述目标而面临的特殊困难，通知成员方全体，并应说明准备采取什么影响进口的措施以克服这些困难。在本条第15款或第17款规定的时期分别满期以前，有关成员方不得采用这种措施；或者，如采取的措施影响本协定有关减让表所列减让对象的产品的进口，除按本条第18款得到成员方全体同意以外，有关成员方也不得采用这种措施。但如接受援助的工业已经开始生产，则有关成员方于通知成员方全体后，可以采取必要的措施以防止在这一段时期内有关产品的进口大大超过正常水平。

15. 如成员方全体在得到拟采取的措施通知后30天内尚未要求有关成员方与它进行协商，则这一成员方在实施所提措施的必要程序内，可以背离本协定其他各条的有关规定。

16. 如果成员方全体提出要求，有关成员方应与成员方全体协商所提供的目的，可能采取的本协定许可的其他补救办法以及所提措施可能对其他成员方的商业或经济利益产生的影响。如果协商的结果使成员方全体也认为，为了实现本条第13款所列目标，本协定其他规定许可采取的措施都是不切实际的，并对有关成员方所提的措施表示同意，则有关成员方在实施这些措施所必需的程序内应解释本协定其他各条所规定的有关义务。

17. 按本条第14款提出的措施通知成员方全体以后，成员方全体若在90天内尚未表示同意，有关成员方于报告成员方全体后可以采用这一措施。

18. 如果所提的措施影响本协定有关减让表所列减让对象的产品，有关成员方应与原谈判这一减让的任何其他成员方以及成员方全体认为与此有实质利害关系的任何其他成员方进行协商。如果成员方全体也认为，为了实现本条第13款规定的目标，本协定其他规定许可采取的措施都是

不切实际的,并且成员方全体查明:

(甲)有关成员方与其他成员方进行上述协商已经达成协议,或者

(乙)如果在成员方全体接到通知以后60天内尚未达成协议,引用本节规定的成员方为了达成协议已经做了一切努力,并且其他成员方的利益也已经受到适当的保护,则成员方全体应同意提出的措施。引用本节规定的成员方在实施措施所必需的程度内,应因此解除本协定其他各条的有关义务。

19. 本条第13款所述的那种拟采取的措施,如果所涉及的工业,在建立初期由于有关成员方因国际收支的理由根据本协定有关规定实施限度产生的间接影响而得到加速,则这一成员方可以引用本节的规定和程序;但未经成员方全体同意,这项拟采取措施不得加以实施。

20. 本节前述各款并非授权可以对本协定第1条、第2条和第8条的规定有任何偏离。本条第10款的但书也适用于根据本节而采取的任何措施。

21. 当按本条第17款的规定实施一种措施时,凡因此受到实质影响的任何成员方,可以对引用本节规定的成员方的贸易,暂停实施本协定规定的那些大体上对等的减让或其他义务,如果成员方全体对此不表示异议的话;但是,在采用或实质改变使成员方遭受损害的措施后的6个月内,应向成员方全体发出此项暂停的60天预先通知书。任一这类成员方应按本协定第22条的规定提供充分的协商机会。

第 4 节

22. 本条第4款(乙)项规定范围内的一成员方为了发展它的经济,拟对某特定工业的建立采用本条第13款所述的那种措施时,可以申请成员方全体批准实施这项措施。成员方全体应立即与申请的成员方协商,并应以本条第16款所列因素为指导作为它的决定。如成员方全体同意提出的措施,则应在能够实施措施的必要程度内,解除有关成员方根据本协定其他各条的有关规定所承担的义务。如提出的措施所影响的产品是本协定有关减让表所列减让的对象,则本条第18款的规定应予适用。

23. 按本节而实施的任何措施,应符合本条第20款的规定。

第19条 对某些产品的进口的紧急措施

1. (甲)如因意外情况的发展或因一成员方承担本协定义务(包括关税减让在内)而产生的影响,使某一产品输入到这一成员方领土的数量大为增加,对这一领土内相同产品或与它直接竞争产品的国内生产者造成严重损害或产生严重的威胁时,这一成员方在防止或纠正这种损害所必需的程度和时间内,可以以上述产品全部或部分地暂停实施其所承认的义务,或者撤销或修改减让。

(乙)属于优惠减让对象的某一产品,如在本款(甲)项所述情况下输入到一成员方领土,并因此对目前或过去享受这种优惠的另一成员方领土内的相同产品或与它直接竞争的产品的国内生产者造成严重损害或产生严重威胁时,经过另一成员方提出请求后,输入这种产品的成员方可以在防止或纠正这种损害所必需的程度和时间内,全部或部分地对这种产品暂停实施所承担的有关减让,或者撤销或修改减让。

2. 成员方在根据本条第1款的规定采取行动以前,应尽可能提前用书面通知成员方全体,以

便成员方全体及与这项产品的出口有实质利害关系的成员方,有机会与它就拟采取的行动进行协商。如涉及的是有关优惠方面的减让,在书面通知中应注明要求采取行动的成员方的名称。在紧急情况下,如果延迟会造成难于补救的损害,不经事前协商,可以采取本条第1款规定的行动,但在采取行动以后,必须立即进行协商。

3.(甲)如在有利害关系的成员方之间不能就这项行动达成协议,则提议采取或维持这项行动的成员方仍然可以执行它。当它这样做以后,受到影响的成员方在采取这项行动后的90天内,可以从成员方全体收到暂停减让的书面通知之日起30天期满以后,对采取这项行动的成员方的贸易,暂停实施本协定规定的那些大体上对等的减让或其他义务,或如为本条第1款(乙)项所述情况,对要求采取这项行动的成员方,暂停这种减让或其他义务,如果成员方全体对此不表示异议。

(乙)在未经事前协商即按本条第2款采取行动因此对一成员方领土产品的国内生产者造成严重损害或产生严重威胁的情况下,尽管有本款(甲)项的规定,如果延迟会造成难于补救的损失,则那一成员方在这项行动采取以后以及在整个协商期间,可以暂停实施防止或纠正损害所必需的那种减让或其他义务。

第20条 一般例外

本协定的规定不得解释为阻止成员方采用或实施以下措施,但对情况相同的各国,实施的措施不得构成武断的或不合理的差别待遇,或构成对国际贸易的变相限制:

(甲)为维持公共道德所必需的措施;

(乙)为保障人民、动植物的生命或健康所必需的措施;

(丙)有关输出或输入黄金或白银的措施;

(丁)为保证某些与本协定的规定并无抵触的法令或条例的贯彻执行所必需的措施,包括加强海关法令或条例,加强根据本协定第2条第4款和第14条而实施的垄断,保护专利权、商标及版权,以及防止欺骗行为所必需的措施;

(戊)有关监狱劳动产品的措施;

(己)为保护本国具有艺术、历史或考古价值的文物而采取的措施;

(庚)与国内限制生产与消费的措施相配合,为有效保护可能用竭的天然资源的有关措施;

(辛)如果商品协定所遵守的原则已向成员方全体提出,成员方全体未表示异议,或商品协定本身已向成员方全体提出,成员方全体未表示异议,为履行这种国际商品协定所承担的义务而采取的措施;

(壬)在国内原料的价格被压低到低于国际价格水平,作为在政府稳定计划的一部分的期间内,为了保证国内加工工业对这些原料的基本需要,有必要采取的限制这些原料出口的措施;但不得利用限制来增加此种国内工业的出口或对其提供保护,也不得背离本协定的有关非歧视的规定;

(癸)在普遍或局部供应不足的情况下,为获取或分配产品所必须采取的措施;但采取的措施必须符合以下原则:所有成员方在这些产品的国际供应中都有权占有公平的份额,而且,如采取的措施与本协定的其他规定不符,它应在导致其实施的条件不复存在时,立即予以停止。最迟于1960年6月30日以前,成员方全体应对本项规定的需要情况进行检查。

第 21 条 安全例外

本协定不得解释为：

（甲）要求任何成员方提供其根据国家基本安全利益认为不能公布的资料；或

（乙）阻止任何成员方为保护国家基本安全利益对有关下列事项采取人为必须采取的任何行动：

（1）裂变材料或提炼裂变材料的原料；

（2）武器、弹药和军火的贸易或直接和间接供军事机构用的其他物品或原料的贸易；

（3）战时或国际关系中的其他紧急情况；或

（丙）阻止任何成员方根据联合国宪章为维持国际和平和安全而采取行动。

第 22 条 协　　商

1. 当一成员方对影响本协定执行的任何事项向另一成员方提出要求时，另一成员方应给予同情的考虑，并应给予适当的机会进行协商。

2. 经一成员方提出请求，成员方全体对经本条第 1 款协商但未达成圆满结论的任何事项，可与另一成员方或另几个成员方进行协商。

第 23 条 利益的丧失或损害

1. 如一成员方认为，由于

（甲）另一成员方未能实施其对本协定所承担的义务，或

（乙）另一成员方实施某种措施（不论这一措施是否与本协定的规定有抵触），或

（丙）存在着任何其他情况。

它根据本协定直接或间接可享受的利益正在丧失或受到损害，或者使本协定规定的目标的实现受到阻碍，则这一成员方为了使问题得到满意的调整，可以向其认为有关的成员方提出书面请求或建议。有关成员方对提出的请求或建议应给予同情的考虑。

2. 如有关成员方在合理期间内尚不能达成满意的调整办法，或者困难属于第 1 款（丙）项所述类型，这一问题可以提交成员方全体处理。成员方全体对此应立即进行研究，并应向它所认为的有关成员方提出适当建议，或者酌量对此问题作出裁决。成员方全体如认为必要，可以与各成员方、与联合国经社理事会和与适当的政府间组织进行协商。如成员方全体认为情况严重以至于有必要批准某成员方斟酌实际情况对其他成员方暂停实施本协定规定的减让或其他义务，它可以如此办理。如对一成员方的减让或其他义务事实上已暂停实施，则这一成员方在这项行动采取后的 60 天内，可以书面通知成员方全体执行秘书长拟退出本协定，而自秘书长收到通知书后的 60 天开始，退出应即正式生效。

第三部分共有13条,主要内容有适用的领土范围、边境贸易、关税联盟、自由贸易区、成员方的联合行动等15个方面的条款

第24条 适用的领土范围——边境贸易

关税联盟和自由贸易区

1. 本协定的各项规定,应适用于各成员方本协的关税领土,适用按照第26条接受本协定或按照第33条或《临时适用议定书》实施本协定的任何其他关税领土。每一个这样的关税领土,从本协定的领土适用范围来说,应把它作为一个成员方对待。但本款的规定不得解释为:一成员方按照第26条接受本协定或按照第33条或《临时议定书》实施本协定,即因此在两个或两个以上的关税领土之间产生任何权利或义务。

2. 本协定所称的关税领土,应理解为一个与其他领土之间的大部分贸易保持着单独税率或其他单独贸易规章的领土。

3. 本协定和各项规定,不得阻止

(甲)任何成员方为便利边境贸易对毗邻国家给予某种利益;

(乙)毗邻的里雅斯得自由区的国家,对与这一自由区进行的贸易给予某种利益;但这些利益不能与第二次世界大战后缔结的和平条约相抵触。

4. 各成员方认为,通过自愿签订协定发展各国之间经济的一体化,以扩大贸易的自由化是有好处的。各成员方还认为,成立关税联盟或自由贸易区的目的,应为便利组成联盟或自由贸易区的各领土之间的贸易,但对其他成员方与这些领土之间进行的贸易,不得提高壁垒。

5. 因此,本协定的各项规定,不得阻止成员方在其领土之间建立关税联盟或自由贸易区,或为建立关税联盟或自由贸易区的需要采用某种临时协定,但是:

(甲)对关税联盟或过渡到关税联盟的临时协定来说,建立起来的这种联盟或临时协定对未参加联盟或临时协定的各成员方的贸易所实施的关税和其他贸易规章,大体上不得高于或严于建立联盟或临时协定时各组成领土所实施的关税和贸易规章的一般限制水平;

(乙)对自由贸易区或过渡到自由贸易区的临时协定来说,在建立自由贸易区或采用临时协定后,每个组成领土维持的对未参加贸易区或临时协定的各成员方贸易所适用的关税和其他贸易规章,不得高于或严于同一组成领土在未成立自由贸易区或临时协定时所实施的相当关税和其他贸易规章,以及

(丙)本款(甲)项和(乙)项所称的临时协定,应具有一个在合理期间内成立关税联盟和自由贸易区的计划和进程表。

6. 在实施本条第5款(甲)项要求的时候,一成员方所拟增加的税率如与本协定第2条不符,则本协定第28条的程序,应予适用。在提供补偿性调整时,应适当考虑联盟的其他成员在减低相应的关税方面已提供的补偿。

7. (甲)任何成员方决定加入关税联盟或自由贸易区,或签订成立关税联盟或自由贸易区的临时协定,应当及时通知成员方全体,并应向其提供有关所拟议的联盟或贸易区的资料,以便成员方全体得以斟酌向各成员方提出报告和建议。

（乙）经与参加本条第5款所述临时协定的各方对协定所包括的计划和进程表协商研究，并适当考虑本款（甲）项所提供的资料以后，如成员方全体发现：参加协定各方在所拟的期间内不可能组成关税联盟或自由贸易区，或认为所拟议的期间不够合理，成员方全体应向参加协定各方提出建议，如参加协定各方不准备按照这些建议修改临时协定，则有关协定不得维持或付诸实施。

（丙）本条第5款（丙）项所述计划或进程表的任何重要修改，应通知成员方全体。如果这一改变将危及或不适当地延迟关税联盟或自由贸易区的建立，成员方全体可以要求同有关成员方进行协商。

8. 在本协定内，

（甲）关税联盟应理解为以一个单独的关税领土代替两个或两个以上的关税领土，因此，

（1）对联盟的组成领土之间的贸易，或至少对这些领土产品的实质上所有贸易，实质上已取消关税和其他贸易限制（在必要时，按照本协定第11条、第12条、第13条、第14条、第15条和第20条规定准许的，可以除外）。

（2）除受本条第9款的限制以外，联盟的每个成员对于联盟以外领土的贸易，已实施实质上同样的关税或其他贸易规章。

（乙）自由贸易区应理解为由两个或两个以上的关税领土所组成的一个对这些组成领土的产品的贸易，已实质上取消关税或其他贸易限制（在必要时，按照第11条、第12条、第13条、第14条和第20条规定准许的，可以除外）的集团。

9. 本协定第1条第2款的优惠，不应因建立关税联盟或自由贸易区而受到影响，但可以与有关成员方谈判加以调整或取消。当需要按照第8款（甲）项（1）和第8款（乙）项的规定取消优惠时，这种与有关各成员方进行谈判的程序应特别适用。

10. 成员方全体经2/3的多数通过，可以批准与本条第5款至第9款的要求不完全相符但系为建立本条所称的关税联盟或自由贸易区的建议。

11. 考虑到印度和巴基斯坦各自建成独立国家这一特殊情况，并承认这两个国家系长期组成一个经济单位这个事实，各成员方同意，在它们之间的贸易关系尚未建立在确定的基础上以前，本协定的各项规定将不阻止这两个国家对它们的贸易，作了特别的安排。

12. 成员方应采取一切可能采取的合理措施，保证在它的领土内的地区政府和当局及地方政府和当局能遵守本协定的各项规定。

第25条 成员方的联合行动

1. 为了贯彻实施本协定内涉及联合行动的各项协定，以及，一般地说，为了便于实施本协定和促进实现本协定所规定的目的，各成员方代表应当随时集会。本协定中谈到各成员方采取联合行动时，一律称为成员方全体。

2. 联合国秘书长应于1948年2月1日以前，召开成员方全体第一次会议。

3. 每一成员方在成员方全体的各种会议上，应有一票投票权。

4. 成员方全体的决议，除本协定另有规定外，应以所投票数的多数通过。

5. 在本协定其他部分未作规定的特殊情况下，成员方全体可以解除某成员方对本协定所承担的某项义务；但这项决议，应以所投票的2/3的多数通过，而且这一多数包括全体成员方的半数以上。成员方全体可以采用同样投票方法：

（甲）规定须采用其他投票方法来解除承担义务的某些特殊情况,以及

（乙）制订为实施本款规定所必需的某种标准。

第 26 条 接受、生效和登记

1. 本协定的签署日期,应为 1947 年 10 月 30 日。

2. 在 1955 年 3 月 1 日已是成员方或已正在谈判加入本协定的任何成员方,可以任凭接受本协定。

3. 本协定用一份英文正本和一份法文正本写成,两种文本具有同等效力。本协定应交联合国秘书长存放。联合国秘书长应将对已核对的副本,送交各有关政府。

4. 接受本协定的每一政府,应向成员方全体秘书长交存一份接受证书,执行秘书长应将每一接受证书的接受日期及按照本条第 6 款规定的本协定开始生效的日期,通知各有关政府。

5.（甲）凡接受本协定的政府,应代表本国领土及其负有国际责任的其他领土而接受本协定,如有某些单独关税领土不由它来代表,应在接受本协定时通知成员方全体执行秘书长。

（乙）任何政府,经按本款（甲）项的例外规定通知秘书长后,可以随时通知执行秘书长:它的对本协定的接受,应对前作为例外的单独关税领土有效,但这项通知应自执行秘书长接到通知之日后第 30 日起生效。

（丙）原由某成员方代为接受本协定的任何关税领土,如现在在处理对外贸易关系和本协定规定的其他事务方面享有或获得完全自主权,这一领土经负责的成员方发表声明证实上述事实后,应视为本协定的一个成员方。

6. 本协定附件 8 所列各国政府,以政府名义向成员方全体执行秘书长交存接受证书后,如它们领土的对外交易按附件 8 规定适用的百分比计算,达到附件所列各国政府的领土的全部对外贸易之 85％ 时,本协定应自达到这项百分比之日后第 30 日起,在这些接受的各国政府之间开始生效。每一其他政府的接受证书,应自这一政府交存证书之日后第 30 日起生效。

7. 本协定一经生效,联合国应即予以登记。

第 27 条 减让的停止或撤销

如一成员方确定与它谈判减让的另一政府未成为协定的成员方,或已中止为本协定的成员方,则这一成员方可以随时全部或部分地停止或撤销本协定有关减让表内规定的任何减让。成员方在采取这项行动以前,应通知成员方全体;如被要求,应与有关产品有实质利害关系的成员方进行协商。

第 28 条 减让表的修改

1. 在每 3 年的第 1 天（第一期自 1958 年 1 月 1 日起）,或成员方全体以所投票数的 2/3 规定的任何其他期限的第一天,一成员方（在本条内此后简称申请成员方）经与原议定减让的另一成员方和成员方全体认为在供应上具有主要利害关系的其他成员方（上述两类成员方连同申请成员方在本条内此后简称主要有关各成员方）谈判取得协议,并须与成员方全体认为在减让中有实质利害关系的其他成员方进行协商的条件下,可以修改或撤销本协定有关减让表内所列的某项减让。

2. 在上述谈判和协议中(对其他产品所作的补偿性调整规定可能包括在内),有关成员方应力求维持互惠互利减让的一般水平,使其对贸易的优待不低于谈判前本协定所规定的水平。

3. (甲)如在主要有关各成员方之间,不能在1958年1月1日或在本条第1款所规定的期限届满以前达成协议时,原拟修改或撤销减让的成员方仍然可以随时采取行动,而且,如已采取这一行动,这原来与它谈判减让的成员方和按照本条第1款认为在供应上具有主要利害关系的成员方以及按照第1款认为有实质利害关系的成员方,可以有权在不迟于行动采取以后的6个月内,自成员方全体接到撤销的书面通知之日起届满30日后,撤销大体应当于原来与申请成员方所议定的减让。

(乙)如主要有关各成员方之间已达成协议,但按照本条第1款认为有实质利害关系的其他成员方不能认为满意时,则这一其他成员方在不迟于按照这项协议采取行动以后6个月内,自成员方全体接到撤销的书面通知书之日起届满30日以后,应可以撤销大体上相当于原来与申请成员方所议定的减让。

4. 成员方全体可以随时因特殊情况准许某成员方进行谈判,以修改或撤销本协定有关减让表内所列的某项减让,但应在下列程序和条件下进行:

(甲)这一谈判和其他有关协商,应按本条第1款和第2款的规定进行。

(乙)如主要有关各成员方之间在谈判中达成协议,本条第3款规定应予适用。

(丙)如主要有关各成员方之间不能在批准的谈判开始后60天内或成员方全体规定的更长期间内达成协议,这一申请成员方可将问题提交成员方全体处理。

(丁)问题提交成员方全体后,成员方全体应迅速对此进行调查,并应向主要有关成员方提出意见,谋求解决办法。如能获得解决办法,应如在主要有关各成员方之间达成协议一样,适用本条第3款(乙)项的规定。如在主要规定各成员方之间不能获得解决办法,除了成员方全体决定申请成员方不能提供适当补偿是不合理的以外,申请成员方应有权修改或撤销减让。如果采取这一行动,则原与它谈判减让的成员方以及按照本条第4款(甲)项认为在供应上应具有主要利害关系的成员方和按照第4款(甲)项认为有实质利害关系的其他成员方,应有权在不迟于行动采取以后的6个月内,自成员方全体接到撤销的书面通知书之日起届满30日后,修改或撤销大体相当于原来与申请成员方所议定的减让。

5. 1958年1月1日以前和本条第1款规定的其他期间结束以前,成员方可以采取通知成员方全体的方式,保留在下一期内按照本条第1款至第3款的程序对有关减让表进行修改的权利。如一成员方作此选择,则其他成员方应有权在同一时期内,按照同样的程序修改或撤销原与这一成员方议定的减让。

第28条附加 关税谈判

1. 各成员方认为,关税时常成为进行贸易的严重障碍;因此,在互惠互利基础上进行谈判,以大幅度降低关税和进出口其他费用的一般水平,特别是降低那些使少量进口都受到阻碍的高关税,并在谈判中适当注意本协定的目的与各成员方的不同需要,这对发展国际贸易是非常重要的。为此,成员方全体可以不时主持这项谈判。

2. (甲)本条规定的谈判,可以在有选择的产品对产品基础上进行,或者通过实施有关成员方所接受的多边程序来进行。谈判可以使关税降低,把关税固定在现有水平,或对单项关税或某几种产品的平均关税承担义务不超过规定水平。低关税或免税待遇承担义务不再增加,在原则上应视为一种与高关税的降低价值相等的减让。

（乙）各成员方认为,多边谈判的成功,一般来说依赖于相互之间有相当大的比例的对外贸易的所有成员方参加。

3. 谈判时应适当考虑:

（甲）某些成员方和某些工业需要;

（乙）发展中国家为了有助于经济的发展灵活运用关税保护的需要,以及为了财政收入维持关税的特别需要;以及

（丙）其他有关情况,包括有关各成员方在财政上、发展上、战略上和其他方面的需要。

第29条　本协定与哈瓦那宪章的关系

1. 各成员方在按照各自的宪法程序接受哈瓦那宪章以前,应承担义务在其行政权力所及的范围内尽量遵守哈瓦那宪章第1章至第6章以及第9章的一般原则。

2. 本协定第二部分的各项规定,应在哈瓦那宪章生效之日起停止失效。

3. 如至1949年9月30日哈瓦那宪章尚未生效,各成员方应于1949年12月31日以前集会,以商定是否需要对本协定加以修正、补充或维持。

4. 不论何时如哈瓦那宪章停止生效,各成员方应尽速集会以商定是否需要对本协定加以补充、修正或维持。在取得协议以前,本协定第二部分各项规定应重新有效。但是,第二部分的各条规定,除第23条以外,应基本上以当时已作了修改的哈瓦那宪章所规定的内容代替;而且,凡成员方在哈瓦那宪章停止生效时对某项规定没有承担义务的,应对这项规定不承担义务。

5. 如果某一成员方在哈瓦那宪章已生效后仍未接受宪章,成员方全体应即进行协调,就本协定影响的这一成员方与其他成员方之间的关系方面,商定是否需要对协定加以补充或修正以及如何补充修正。在达成协议以前,虽有本条第2款的规定,在不接受宪章的成员方与其他成员方之间,本协定第二部分的各项规定应继续实施。

6. 凡系国际贸易造成组织成员国的各成员方,不应引用本协定的规定来阻止哈瓦那宪章各项规定的运用。对不是国际贸易组织成员的成员方实施本款所包含的原则,应是本条第5款的协商的一个项目。

第30条　修　　订

1. 除本协定其他部分另有规定者外,本协定第一部分或第29条或本条的修正,应于所有成员方接受后生效;本协定其他条款的修正,应于2/3以上成员方接受后在这些已接受的各成员方之间生效,而以后每一其他成员方,则于这一其他成员方接受这项修正时生效。

2. 凡接受本协定某项修正的任何成员方,应于成员方全体指定期间内将接受证书送交联合国秘书长存放。成员方全体可以决定,按本条生效的某项修正应具有这样的性质:成员方在成员方全体的指定期内未接受这项修正的,可以退出本协定,或经成员方全体同意仍继续作为本协定的成员方。

第31条　退　　出

在不损害本协定第18条第12款或第23条或第30条第2款的规定的条件下,任何成员方可

以退出本协定,或单独代表其负有国际责任而在对外贸易关系和本协定规定的其他事务的处理方面当时享有完全自主权的任何单独关税领土退出本协定。这项退出应于联合国秘书长接到退出通知书之日起6个月后生效。

第32条 成 员 方

1．本协定的成员方应理解为依照本协定第26条或第23条或《临时实施议定书》实施本协定各方面规定的各国政府。

2．本协定按照第26条第6款生效后,按照本协定第26条第4款接受本协定的各成员方,可以作出决定,停止未接受本协定的成员方为成员方。

第33条 加 入

不属于本协定成员方的政府加入或代表某个在对外贸易关系和本协定所规定的其他事物的处理方面享有完全自主权的单独关税领土的政府,可以在这一政府与成员方全体所议定的条件下,代表它本身或代表这一领土加入本协定。成员方全体按本款规定作出决定时,应由2/3的多数通过。

第34条 附 件

本协定的附件,应为本协定的组成部分。

第35条 在特定的成员方之间不适用本协定

1．如果：

（甲）两个成员方没有进行关税谈判,和

（乙）成员方的任何一方在另一方成为成员方时不同意对它实施本协定。

本协定或本协定第2条在这两成员方之间不适用。

2．经任何成员方提出请求,成员方全体可以检查在特定情况下本条规定的执行情况,并提出适当建议。

第四部分共3条,中心内容是贸易和发展

第36条 原则和目的

1．成员方。

（甲）忆及本协定的基本目的包括提高所有成员方的生活水平和不断发展所有成员方的经济,并考虑这些目的的实现,对发展中的各成员方是特别迫切的;

（乙）考虑到发展中的各成员方的出口收入,在其经济发展中可起重要作用,并考虑到这种贡献的大小,取决于发展中的各成员方对进口必需品所付的价格,它们的出口商品数量以及这些出口商品所能取得的价格;

（丙）注意到发展中国家和其他国家之间的生活水平有一个很大的差距；

（丁）认为单独和联合行动对促进发展中的各成员方的经济发展，并使这些国家的生活水平得到迅速提高是必要的；

（戊）认为作为取得经济和社会发展的手段的国际贸易，应当按与本条规定的目的相符的规则与程序以及符合这些规则程序的措施加以管理；

（己）注意到成员方全体能使发展中的各成员方采用特别措施，以促进它们的贸易和发展；

议定如下条款。

2．发展中的各成员方须要迅速和持续地发展其出口收入。

3．有必要作出积极努力，以保证发展中的各成员方在国际贸易中能占有与它们经济发展需要相适应的份额。

4．由于许多发展中的成员方长期依靠某些有限初级产品的出口，因此，要尽最大可能对这些产品进入世界市场提供更为有利和满意的条件，而且，在认为适当时，要拟定措施稳定和改善这些产品在世界市场的状况，特别是拟定一些旨在达到稳定、公平和有利价格的措施，使世界贸易和需要有所发展，使这些国家出口的实际收入有一个不停顿的和稳定的增长，为它们的经济发展提供更多的资源。

5．经济结构的多样化和避免过分依赖于初级产品的出口，将有利于发展中的各成员方的经济的迅速发展。因此，对于与发展中的各成员方目前或潜在的出口利益特别有关的某些加工品或制成品，要在有利条件下，尽最大可能增加其进入市场的机会。

6．由于发展中的各成员方的出口收入和其他外汇收入长期缺乏，贸易和财政援助对于发展有着重要的相互关系。因此，在成员方全体和国际信贷机构之间需要紧密和持久合作，这样可以作出最有效的贡献，以减轻发展中的各成员方在发展经济中的负担。

7．成员方全体同与发展中国家的贸易和经济发展有关的其他国际团体和联合国的附属机构之间，需要适当合作。

8．发达的各成员方对它们在贸易谈判中对发展中的各成员方的贸易所承诺的减少或撤除关税和其他壁垒的义务，不能希望得到互惠。

9．各成员方应单独和联合作出自觉和有目的的努力，为实现这些原则和目的而采取措施。

第37条 义　　务

1．发达的各成员方——除因被迫原因（也可能包括法律的原因）不能实施外——应尽一切可能实施以下条款：

（甲）优先降低和撤除与发展中的各成员方目前或潜在的出口利益特别有关的产品的壁垒，包括其初级产品和加工产品之间的不合理的差别关税和其他限制；

（乙）对与发展中的各成员方目前或潜在的出口利益特别有关的产品，不建立新的关税或非关税进口壁垒，或加强已有的这些壁垒；以及

（丙）（1）不实施新的财政措施，和

（2）在调整财政政策时，优先放宽和撤除财政措施，

如果这些财政措施会阻碍或已阻碍那些完全或主要来自发展中的各成员方领土的未加工或已加工的初级产品消费的显著增长，并且系针对这些产品而实施的。

2.（甲）如认为本条第1款（甲）、（乙）或（丙）项中的任何一项规定没有付诸实施,没有实施有关规定的成员方或其他有关成员方应向成员方全体报告这个问题。

（乙）（1）经某一有利害关系的成员方提出要求,并对可能进行的双边协商不造成任何损害的情况下,成员方全体应就这个问题与有关成员方以及有利害关系的所有成员方进行协商,设法达成使所有有关成员方满意的解决办法,以便促进实现本协定第36条的目的。在协商过程中,应当检查不能实施第1款（甲）、（乙）或（丙）项所列举的理由。

（2）鉴于在某些情况下某成员方与其他发达的成员方采取联合行动可能更容易实施本条第1款（甲）、（乙）或（丙）项的规定,因此,如认为适当,可以为此而进行协商。

（3）成员方全体在适当情况下,也可以协商采取第25条第1款规定的旨在促进实现本协定的目的的联合行动。

3. 发达的各成员方应当：

（甲）在由政府直接或间接决定产品的转售价格的情况下,对完全或主要来自发展中各成员方领土的产品,尽力将贸易利润维持在公平的水平；

（乙）积极考虑采取其他措施,为扩大从发展中的各成员方进口提供更大的范围,并为此在有关的国际活动中予以合作；

（丙）在考虑采取本协定所许可的其他措施以解决某项特殊问题时,特别注意发展中的各成员方的贸易利益；而且,如采取的措施将影响发展中的各成员方的根本利益时,在实施这些以前,应研究一切可能的积极纠正办法。

4. 发展中的成员方同意采取适当措施,为其发展中的成员方的贸易利益来贯彻实施本协定第四部分的各项规定,但所采取的措施,应符合它们各自目前和将来的发展、财政和贸易需要,过去的贸易发展及整个发展中的成员方的贸易利益应考虑在内。

5. 在履行本条第1款至第4款所承诺的义务时,每一成员方应对另一有关成员方或其他有关各成员方给予充分和即时的机会,以便对可能发生的任何问题和困难,按照本协定正常的程序进行协商。

第38条 联合行动

1. 各成员方应在本协定规定的范围内和在其他适当情况下共同合作,以促进实现本协定第36条的目的。

2. 成员方全体特别应当：

（甲）在适当的情况下,采取措施,包括通过国际安排,为发展中的各成员方利益特别有关的初级产品进入世界市场,提供改进和满意的条件,并拟定旨在稳定和改善这些产品的世界市场状况的措施,包括为这些产品的出口获得稳定、公平和有利价格所采取的措施。

（乙）在贸易与发展政策方面,同联合国及它的附属机构,包括根据联合国贸易和发展会议的建立而产生的任何机构,谋求适当合作。

（丙）与发展中的成员方一起共同分析它们的发展计划和政策,共同研究贸易和援助的关系,以便拟定具体措施,以促进出口潜力的发展和便利。因此发展起来的工业品的进入出口市场,并应在这方面同各国政府和各个国际组织,特别是同有关主管财政援助以发展经济的国际组织进行适当合作,系统研究各个发展中的成员方的贸易和援助关系,以便对出口潜力、市场前景及任何需要进一步采取的措施,能有一个明确的分析。

(丁)从发展中成员方的贸易增长率的角度,经常检查世界贸易的发展情况,并在必要时向各成员方提供建议。

(戊)通过国际性的协调和调整各国的政策和规章,通过影响生产、运输和销售的技术和商业标准,以及通过建立机构来便利交流贸易情报和发展市场调研的促进出口的措施,共同谋求开展贸易发展经济的可行办法。

(己)建立某些必要的机构以促进实现本协定第36条所规定的目标和贯彻实施本协定第四部分的规定。

《关税与贸易总协定》有9个附件,附件1至附件7与第1条有关,附件8与第26条有关,附件9是注释和补充规定。

主要参考书目

1. 1980年《联合国国际货物销售合同公约》《中华人民共和国合同法》《国际贸易术语解释通则》、UCP500、UCP600、国际商会第522号出版物、《美国统一商法典》等法律和惯例。
2. 1999年《中国对外经济贸易白皮书》,1996年6月。
3. 1999年《中国外资统计》。
4. 陈已昕,《国际服务贸易法》,复旦大学出版社,1997年12月。
5. Dominick Salvatore, *International Economics*, Fifth Edition.
6. 杜厚文、夏庆杰,《世界经济一体化集团化研究》,中国大百科全书出版社,1997年6月。
7. 冯大同,《国际商法》,对外贸易教育出版社,1993年2月。
8. 《国际贸易前沿问题》,中国经济出版社,2000年1月。
9. 《国际商报》《金融时报》《世界经济》《国际贸易问题》等报纸杂志。
10. 海闻、P.林德特、王新奎,《国际贸易》,上海人民出版社,2003年4月。
11. 何晖,《国际贸易理论、政策与实务》,北京大学经济学院,1996年6月。
12. 金祥荣,《关税与非关税壁垒的效应分析》,学苑出版社,1993年9月。
13. 冷柏军,《国际贸易实务》,北京大学出版社,2009年10月。
14. 黎孝先,《国际贸易实务》,对外贸易教育出版社,1998年7月。
15. 李权,《国际贸易》,北京大学出版社,2005年10月。
16. 刘光溪,《互补性竞争论》,经济日报出版社,1996年9月。
17. 刘光溪,《中国与"经济联合国"》,对外经济贸易出版社,1998年6月。
18. 〔美〕罗伯特·考特、托马斯·尤伦著,张军译,《法和经济学》,上海三联出版社。
19. 梅清豪,《新编国际贸易实务》,上海人民出版社,1995年8月。
20. Paul R. Krugman & Maurice Obsfeld, *International Economics: Theory and Policy*, Eighth Edition.
21. 〔美〕萨缪尔森、诺德豪斯著,萧琛译,《经济学》(第十六版),华夏出版社,1999年8月。
22. 谭地洲,《WTO关贸冲击波》,天津人民出版社,1998年9月。
23. 田飞,《最新外贸实务》,经济科学出版社,1994年。
24. 佟福全,《世纪之交的新视角——美洲经济圈与亚太经济圈沿革与趋势》,中国物价出版社,1996年12月。
25. 王俊宜、李权,《国际贸易》(第三版),中国发展出版社,2011年5月。
26. 温厉,《人大MBA案例:国际贸易卷》,中国人民大学出版社,1999年12月。

27. Wilson B. Brown & Jan S. Horgendon, *International Economics: Theory and Context*.
28. 武振山,《国际技术贸易》,东北财经大学出版社,1998年6月。
29. 萧琛,《全球网络经济》,华夏出版社,1998年10月。
30. 徐兆宏,《WTO机制运行论》,上海财经大学出版社,1999年12月。
31. 薛荣久、王晓红,《中国面临冲击》,世界知识出版社,1999年1月。
32. 杨圣明,《服务贸易、中国与世界》,民主与建设出版社,1999年7月。
33. 张二震、马野青,《国际贸易政策》,中国青年出版社,1996年10月。
34. 郑成思,《TRIPs》,中国人民大学出版社,1996年12月。

后 记

《国际贸易实务》(第二版)的出版,深深受益于自1996年我执教该课程以来历届学生在课堂内外的积极交流和睿智提问,不断给予我富有创意的启发,在本书第一版多次印刷的过程中,这些新鲜的思想和知识不断地补充和丰富着教材的内容。本版修订还深深受益于北京市精品教材项目的大力支持,以及中国国家留学基金和北京大学联合培养青年骨干教师项目下的赴美留学积累。本版进一步增补了重要国际惯例的最新版本,例如 Incoterms 2010,以及中国外贸实践的最新进展情况。在多年从事国际贸易系列课程的教学和研究过程中,我也曾有过困惑——国际贸易实务是不是经济学应当注重的范畴?2010年1月我应邀出席了美国经济学年会,并聆听了著名经济学家斯蒂格利茨的开场演讲。他演讲的主题是"经济人:经济危机对经济学的影响",他在结语中强调指出:经济学的未来要更多地探讨那些切实可行的个人和企业的行为。这坚定了我的信念:国际贸易实务不仅是经济学的重要范畴,而且是未来经济学的阳光领域。

本书的出版,我要一如既往地感谢母校北京大学的培养和北京大学世界经济专业二十多年来的教导,在国际贸易学科领域,从本科、硕士到博士,我深深受益于冯晴老师、王俊宜老师和萧琛老师等各位师长。就在本书修订即将完成之际,我再次拜访和请教一直耕耘在国际贸易课堂上的资深教授王俊宜老师,约定的那天下午正好是日本大地震,王老师的儿子、女儿全家都在震区,而她在第一时间已经知道了地震的消息,却不知道孩子们的下落。当毫不知情的我到达时,她仍然那样投入地给予我悉心的指导。我有幸从师于这样无私而敬业的老师,我坚信,这份如此厚重的师恩会激励着包括我在内的一代代莘莘学子将这门学科不断发展和完善。

本书的出版,我要特别感谢北京大学出版社给予我此次机会总结和整理多年来对国际贸易的领悟,并将之展示给广大读者,从而鞭策我在国际贸易领域学得更多、研究得更深。出版社的林君秀老师、郝小楠老师、马霄老师、符丹老师给予我宝贵的鼓励、督促和指导,在此向他们致以深深的谢意。

李 权

2011年3月

教师反馈及教辅申请表

北京大学出版社以"教材优先、学术为本、创建一流"为目标,主要为广大高等院校师生服务。为更有针对性地为广大教师服务,提升教学质量,在您确认将本书作为指定教材后,请您填好以下表格并经系主任签字盖章后寄回,我们将免费向您提供相应教辅资料。

书号/书名/作者				
您的姓名				
校/院/系				
您所讲授的课程名称				
每学期学生人数	_____ 人	_____ 年级	学时	
您准备何时用此书授课				
您的联系地址				
邮政编码		联系电话（必填）		
E-mail（必填）				
您对本书的建议：			系主任签字	
			盖章	

我们的联系方式：

北京大学出版社经济与管理图书事业部
北京市海淀区成府路 205 号，100871
联系人：徐 冰
电　话：010-62767312 / 62757146
传　真：010-62556201
电子邮件：xubingjn@yahoo.com.cn　em@pup.cn
网　址：http://www.pup.cn